高等院校小学教育专业教材

小学数学课程与教学

主　编　曹一鸣　黄友初
副主编　蒲淑萍　曾玉华　岳增成
编写者（按姓氏笔画排序）
王丽燕　朱忠明　汤牧文
岳增成　曹一鸣　黄友初
曾玉华　蒲淑萍

中国教育出版传媒集团
高等教育出版社·北京

内容提要

本书立足新时代对小学数学教师专业素养发展要求，紧密结合《义务教育数学课程标准（2022年版）》小学部分的相关理念和要求，主要针对小学数学课程的改革与发展、《义务教育数学课程标准（2022年版）》解析、小学数学教材的分析与解读、小学生数学学习分析、小学数学教学设计、小学数学课堂教学艺术、小学数学教学实施及小学数学教育评价等方面，对小学数学课程与教学等领域的问题进行探讨，从宏观、中观、微观的角度梳理课程标准的要求、数学教育的诉求与追求。各章设置学习目标、思维导图、走近学生等栏目，并通过知识卡片、二维码、拓展阅读导航等形式，进一步拓展、补充政策文件、学术论文、教学视频等学习资料；理解·分析·实践栏目提供理解性、思辨性、实践性三类习题，供学习者进一步思考。

本书试图为学习者掌握小学数学教学的基本方法，理解并实施数学新课程提供系统指导和帮助。本书可以作为小学数学职前教师的教材，也可作为在职小学数学教师培训教材与学习参考用书，还可作为基础教育管理人员、相关领域研究人员的日常读物。

图书在版编目（CIP）数据

小学数学课程与教学 / 曹一鸣，黄友初主编.
北京 ：高等教育出版社，2025. 2. -- ISBN 978-7-04-062742-8

Ⅰ. G623.502

中国国家版本馆CIP数据核字第2024GV3001号

XIAOXUE SHUXUE KECHENG YU JIAOXUE

策划编辑 何 淼　责任编辑 何 淼　封面设计 姜 磊　版式设计 徐艳妮
责任绘图 马天驰　责任校对 张 薇　责任印制 高 峰

出版发行 高等教育出版社
社　　址 北京市西城区德外大街4号
邮政编码 100120
印　　刷 北京市艺辉印刷有限公司
开　　本 787 mm× 1092 mm 1/16
印　　张 17.75
字　　数 420千字
购书热线 010-58581118
咨询电话 400-810-0598

网　　址 http://www.hep.edu.cn
　　　　 http://www.hep.com.cn
网上订购 http://www.hepmall.com.cn
　　　　 http://www.hepmall.com
　　　　 http://www.hepmall.cn

版　　次 2025年2月第1版
印　　次 2025年2月第1次印刷
定　　价 40.00元

本书如有缺页、倒页、脱页等质量问题，请到所购图书销售部门联系调换

物 料 号 62742-00

前言

培养什么人、怎样培养人、为谁培养人是教育的根本问题，是建设教育强国的核心课题。党的二十大报告明确提出了建设教育强国的方向，凸显了教育在全面建设社会主义现代化国家中的战略性地位。重视教师队伍建设、加强师范教育、建立师范类专业认证制度和健全教师教育质量保障体系至关重要，是全面建设新时代高素质教师队伍的关键。2022 年 4 月，教育部印发了《义务教育数学课程标准(2022 年版)》，该课程标准进一步强调了以人为本的教育理念，以核心素养为导向，落实立德树人根本任务，对新时代数学课程改革以及教师专业发展提出了新的挑战。

本书旨在为即将从事小学数学教育的在校学生以及从事小学数学教育的工作者提供理论与实践指导，帮助他们系统地掌握小学数学教育基本理论，提升小学数学教学实践能力，发展专业素养。本书依据《义务教育数学课程标准(2022 年版)》，结合教学实践案例对小学数学课程、教学、评价的基本理论进行探讨、分析与研究，为学习者提供理论上的指导与实践上的参考。在内容组织与呈现上，编写者充分关注小学数学课程与教学核心内容组织的丰富性与延展性，呈现方式的多样性与直观性，在各章分别设置了学习目标、思维导图、走近学生等栏目，并通过知识卡片、二维码、拓展阅读导航等形式，进一步拓展、补充了政策文件、学术论文、教学视频等学习资料；理解·分析·实践栏目提供了理解性、思辨性、实践性三类习题，供学习者进一步学习与思考。

本书由曹一鸣(北京师范大学)、黄友初(上海师范大学)提出全书整体构想、拟定纲要，并组织全书的撰写、统稿工作。曹一鸣负责绪论的撰写，朱忠明(上海师范大学)负责第一章和第二章的撰写，蒲淑萍(重庆师范大学)负责第三章的撰写，黄友初负责第四章的撰写，岳增成(杭州师范大学)负责第五章的撰写，曾玉华(湖南第一师范学院)负责第六章的撰写，王丽燕(湖南省涟源市教育科学研究所)负责第七章的撰写，汤牧文(海南师范大学)负责第八章的撰写。

在此特别感谢高等教育出版社肖冬民、何淼两位编辑为本书出版的辛勤付出，同时也向本书所引参考文献的各位作者表示感谢。

2024 年 9 月

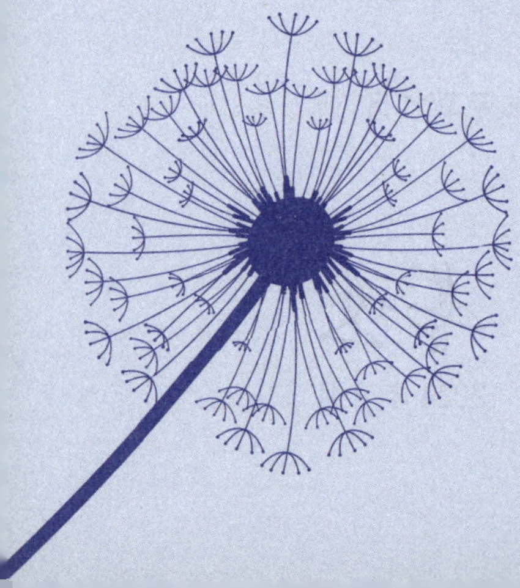

目录

绪论

■ 走近学生

小学毕业多年，现就读于师范院校小学教育专业的晓慧利用假期时间，回到母校看望她的小学数学教师李老师。晓慧一直以李老师为榜样，也正是在李老师的影响下，对数学产生了兴趣，并立志追随李老师的步伐，梦想成为一名优秀的小学数学教师。

进入大学以来，经过了较为系统的教育学、心理学、高等数学及相关课程的学习，同时也进行了小学数学教学课堂见习、观摩，晓慧对小学数学教育有了进一步了解，也越发坚定从事小学数学教育的初心。但作为一名准备参与教育实习的小学数学师范生，晓慧在即将步入一线课堂与小学生面对面开展教学活动之际，心情激动的同时也有点儿惶恐。在请教了李老师关于如何成为一名合格的小学数学教师，甚至是成为像李老师那样优秀的小学数学教师后，晓慧越来越认识到想要成为一名新时代小学数学教师，还需要更加系统地学习。

和晓慧一样，许多立志成为小学数学教师的师范生，对于小学数学教育还停留在懵懵懂懂的阶段，对于合格的小学数学教师的专业标准是什么，自己是否满足课程改革背景下小学数学教师专业标准的要求，如何把大学所学的知识与技能转化与运用到实际教学中，如何更好地规划与调整自己的学习进程以适应小学数学教师专业要求，在课程改革背景下如何上好每一节课等问题还不是非常明了。

本课程主要针对师范生可能会面临的问题，从小学数学课程的改革与发展、《义务教育数学课程标准(2022年版)》解析、小学数学教材的分析与解读、小学生数学学习分析、小学数学教学设计、小学数学课堂教学艺术、小学数学教学实施、小学数学教育评价等角度提供系统的分析指导和学习建议，以期为师范生的专业发展减负、提质、增效。

■ 学习目标

1. 了解“小学数学课程与教学”课程的性质、内容、价值及学习方法。

2. 了解小学数学教师专业发展的本质与内涵。

3. 了解新时代小学教师及小学职前教师专业标准的相关文件精神。

4. 了解义务教育数学课程改革对小学数学教师素质的要求。

5. 理解“小学数学课程与教学”课程对小学数学教师专业成长的作用。

6. 归纳与反思小学数学职前教师专业成长的方法,做好自己的职业生涯规划。

■ 思维导图

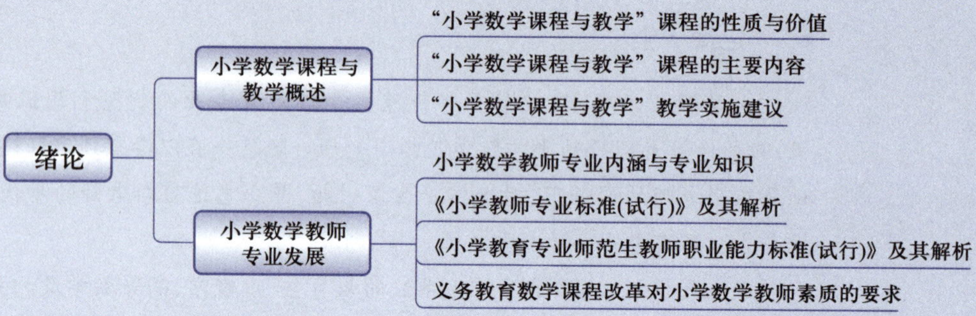

第一节 小学数学课程与教学概述

党的二十大报告密切关注教师专业发展，强调“加强师德师风建设，培养高素质教师队伍，弘扬尊师重教社会风尚”。为响应党和国家对新时代教师队伍的期盼、回应课程改革对新时代教师队伍的要求，我们展开对“小学数学课程与教学”课程的讨论，希望通过课程中理论与实践的碰撞互动，助力小学教育专业师范生及小学数学教师的专业发展。

一、“小学数学课程与教学”课程的性质与价值

（一）课程的性质

新课程改革的实践对小学数学课程与教学提出了新的要求，同时也极大地丰富了它的内涵。数学是小学阶段的主要学科之一，小学数学教师应当全面理解和掌握小学数学课程与教学的基本原理和方法，了解数学教育改革的动态和趋势，能够比较深入地理解小学数学课程标准，能够独立地分析小学数学课程和教材，能够科学地设计小学数学教学。结合国家制定的相关方针政策，以及小学教师教育实践的重要特征，我们可以将“小学数学课程与教学”课程的性质描述如下：

第一，基于对《教师教育课程标准（试行）》《小学教师专业标准（试行）》《小学教育专业师范生教师职业能力标准（试行）》的深入解读，全面体现教师教育课程改革的新精神和新要求，实现高等教育“小学数学课程与教学”课程与基础教育数学课程的有效衔接，为小学教育专业师范生走好未来职业之路奠定必要的专业素养。

第二，尊重小学数学教学实际，反映当前小学数学教学改革的新思想、新方法。本课程广泛吸纳优秀小学数学教师教学中的成功经验、教学智慧和富有成效的改革实践，做好对小学数学课程与教学问题的清理和建构，并介绍小学数学课程与教学中新的研究成果，开发多样化学习方式，建立学习为本的评估体系，深化学习取向的教师专业发展，以及创新学习为本的小学数学教育学知识。

第三，全面解读《义务教育数学课程标准(2022年版)》(简称《数学课程标准(2022年版)》)，通过解析不同领域学习内容的课堂活动，分析课程实施中教师的教学难点和学生的学习难点，研究小学数学教学中的成功经验和常见误区，并提出切实可行的建议，同时介绍一些新的学习方式，归纳并建构一些应用于具体领域内容的个性化的教学模式。

第四，以案例为支撑，注重理论联系实际。本课程通过对小学数学一线教师教学案例的评价与反思，用案例支撑观点、说明问题，不断提升师范生将知识转化为智慧、将理论转化为方法的能力，同时在阐述课程、教材、教法的理论研究热点或教学实践难点时，提供若干阅读材料，以扩大师范生的眼界，引发思考和研究，促进师范生在课程学习中不仅接受教材中阐述的理论和知识，还要有意识地不断丰富和发展小学数学教

学理论，生成新的知识，提升学术性，也为高水平师范生进一步学习研究留有空间。

（二）课程的价值

“小学数学课程与教学”课程的教学目标是使小学教育专业师范生通过理论及实践的学习，树立“师德为先、学生为本、能力为重、终身学习”的小学教师专业标准基本理念，养成小学教育专业师范生需要具备的师德践行能力、教学实践能力、综合育人能力和自主发展能力。这就要求小学教育专业师范生学好小学数学教育的基本理论；熟悉小学数学教材体系；通过教学的模拟实践，熟悉小学数学教学的过程与环节，初步掌握小学数学教学的基本技能；具备从事小学数学教学与研究的基本素养。

鉴于此，“小学数学课程与教学”课程围绕教学目标及小学教育专业师范生的实际需求，设计了相应的课程内容，具有以下几点价值：

1. 围绕时代特征，以新视角和高观点构建教学理论体系

立足新时代高等师范院校学生的学习特点，依据师范院校人才培养方案，贯彻师范性与基础性的统一、理论与实践的统一，对国内外小学数学课程的改革与发展、义务教育数学课程标准解读、小学数学教材分析、小学数学教学设计及课堂艺术、课程改革下的教育评价等动态和发展趋向作较为系统的介绍，助力师范生获得系统的数学课程与教学论知识，提高师范生对数学教育的整体认识水平，培养师范生实际教学能力和教育研究能力，解决现实问题，使之适应当前基础教育改革对数学教师的新要求。

2. 靶向教育实习，促进师范生对数学教学基本技能与方法的掌握

“小学数学课程与教学”是实践性很强的课程，本课程可以解决未来教师在小学数学课程与教学中遇到的问题，指导师范生的教育实习。例如，对传统的小学数学内容如何评价，对数学课程与教材如何理解，在数学课程与教材中如何体现素质教育与核心素养培养的要求等，都是当前亟待解决的问题，也是数学教育应该研究的问题。通过对“小学数学课程与教学”的学习，师范生掌握如何根据新课程的理念设计合理的教学目标，如何在数学教学中开展合作探究，如何进行有效的、有艺术的教学以及如何实施教学评价，在理论与实践的结合上对课程改革的意义、作用和操作予以理解，在规范与创新上对义务教育数学课程体系结构予以充分的把握。

3. 更新教育观念，助力师范生更好地适应数学课程改革的新要求

实现师生观念的转变是一项紧迫的任务，对于数学课程改革也具有重要的意义。观念通常指人们对客观事物和现象的根本认识和看法，它具有主观性、内隐性和稳定性。某种观念一经形成，就会长期对人们的实践活动起指导作用，并直接影响活动的目标取向和操作过程。“小学数学课程与教学”是引领小学数学教师形成正确的教育观、人才观、课程观、教学观和评价观的重要渠道。义务教育数学课程标准的修订，给本课程的教学目标增添了新的内容。通过本课程的教学，一方面，学生能理解、领悟新课程，能转变旧教育观念，树立新的教育观、人才观、课程观、教学观和评价观；另一方面，学生能在未来的教学工作中，运用新的课程理念去理解、领悟、研

究新教材。

4. 立足课程目标，夯实师范生的创造性思维

党的二十大报告强调，必须坚持科技是第一生产力、人才是第一资源、创新是第一动力，深入实施科教兴国战略、人才强国战略、创新驱动发展战略。可见，要发挥教育、科技、人才的协同作用，“创新”至关重要。在国际上，经济合作与发展组织于 2022 年启动了新一轮国际学生评估项目——PISA 测评，其中新增了创造性思维（creative thinking）测评项，关注新时代新挑战下学生的创造性思维。

数学教育需要的不是教书匠，而是教育家，因此将培养创新型人才、创新型教师作为本课程的学习目标是时代的要求。本课程围绕发展师范生创造性思维这一时代性目标，以先进的、科学的教育理论为指导，通过理论解读、案例启发、课堂研讨、课后习题（复盘理解类、思辨分析类、实践反思类）等内容引导教师教育者创造性地使用教材，利用现代教育手段，开发身边的数学教育资源，积极探索课堂教学的创新之路。同时，培养创新型人才是课程改革的根本宗旨，而创新型人才的培养更需要创新型教师，因而培养师范生的创造性思维也是课程改革的要求。

数学课程与教学是一门不断发展、不断完善、实践性极强的理论学科。随着基础教育数学在课程目标、课程功能、课程结构、教学内容、教学方法、教学评价等方面的改革，数学课程与教学的研究日益受到人们的重视，并不断显示出新的生命力。

二、“小学数学课程与教学”课程的主要内容

想要了解“小学数学课程与教学”课程的主要内容，就要先熟悉数学课程论与数学教学论方面的相关内容。“数学课程与教学”等数学教育相关课程一直是我国数学教育相关师范专业本科教育的一门专业必修课程。数学课程与教学所要研究的是与数学教育有关的一切问题，包含数学课程论、数学教学论及其综合。数学课程论是课程论的子学科，它是研究数学课程的发展规律和数学课程编制理论的一门科学。它的研究对象包括数学课程的目标、数学课程的内容、数学课程的体系、数学教材的编订、数学课程的实施与评价等。数学教学论是研究数学教学过程中教和学的联系、相互作用及其统一的科学。广义地说，数学教学论所要研究的是与数学教学有关的一切问题，包括数学课程内容选取、数学教学原则、数学教学组织形式、数学教学设计、数学教学模式的选择与应用、现代化技术手段的使用、数学教师的素养与培训、数学课程标准与教材的研制与评价、学生学习规律的研究、数学思维的结构与培养、数学能力含义与培养、数学教学过程的实质与规律及数学教学研究方法等。狭义地讲，数学教学论以一般课程与教学论和教育学的基本理论为基础，从数学课程与教学的实际出发，分析数学教学过程的特点，总结长期以来数学教学的历史经验，揭示数学教学过程的规律，研究数学教学过程中的诸要素（教学方法、教学组织形式、教学的物质条件等）及其相互间的关系，帮助教师端正教学思想和掌握教学技能，并对数学教学的效果开展科学的评价。

“数学课程与教学”是一门与数学、教育学、心理学、思维科学等学科相关联的综合性课程，是从数学与数学教育的特点出发，运用这些学科的原理、结论、思想、观点和方法，来解决数学教育研究与实践中的基本问题的一门学科。数学课程与教学论所研究的问题来源于实践，并通过问题的解决反哺于实践。例如，如何进行数学概念的教学，如何进行数学课堂教学设计，如何培养学生能力，如何应对新课程的挑战、更新教育观念、改进教学方式等。数学教学实践始终是数学课程与教学论研究的源泉，离开实践，数学教育就会成为无源之水、无本之木。

当前的数学课程与教学论研究需要紧密结合国内外数学教育改革背景，特别是新一轮基础教育课程改革的现状，突出时代特色，使之适应当前基础教育课程改革的新要求。结合小学数学的特点，围绕数学课程与教学论的研究对象，“小学数学课程与教学”课程的主要内容可以确定如下：小学数学课程的改革与发展；《义务教育数学课程标准（2022 年版）》解析；小学数学教材的分析与解读；小学生数学学习的基本特征；小学数学教学设计；小学数学课堂教学艺术；小学数学教学实施；小学数学教育评价。

三、教学实施建议

作为一本面向小学教育专业师范生的教材，本书对师范生走向一线工作岗位及教师专业发展具有重要指导作用。一方面，授课教师要明确课程的定位及价值，深入思考课程内在理念与基础教育改革精神融通问题，实现学习重点、课程内容、行为指导以及评价标准等与基础教育课程改革的有效对接；另一方面，授课教师要结合师范生认知发展规律，引导师范生重视本课程，树立正确的教师专业发展观念，引导师范生对教材中小学一线教师教学案例进行评价与反思，并用来支撑观点、说明问题、启迪思考，促使师范生加深对小学数学课程与教学等理论的理解和认识，提高教学效果；同时还可以创设立体的教学案例和真实的教学现场，通过自评、他评、互评等环节，让师范生通过真实（或模拟）教学场景，充分了解教学实践过程，引发大家思考不同教学技能的应用空间，领略教学技能之善，欣赏教学艺术之美。

（一）坚定理想信念，肩负新时代小学数学教师的神圣使命

在新时代背景下，师范生需要了解包括《教育部关于全面深化课程改革落实立德树人根本任务的意见》《小学教师专业标准（试行）》《小学教育专业师范生教师职业能力标准（试行）》《教师资格条例》《中小学和幼儿园教师资格考试标准（试行）》《教师教育课程标准（试行）》《义务教育数学课程标准（2022 年版）》等一系列党和国家有关教育的政策文件，明晰党和国家对小学数学教师的角色定位、期盼要求及发展建议，回答好自己现在在哪里、将要去哪里、怎样去到那里的时代考题，以自身专业发展切实肩负起为党育人、为国育才的神圣使命。

（二）夯实理论知识，涵养小学教育必备基本功

从学习内容上看，本课程主要涵盖了小学数学教育的课程、教材、学情、教法、评价等理论知识，因此，师范生想要学好本课程，关键是要理解与掌握其中的一些相关

概念、原理、方法和价值观，并把它们内化到自己的认知结构中去；同时，还要掌握小学数学教学设计、艺术及其实施、评价的专门技能和行动要求。另外，为了促进师范生对知识的深化理解，本书每章的最后还推荐了相应的书籍及学术论文供学习参考。

（三）锤炼实践能力，在“学—思—行”一体化中发展教师素养

从学习效果上看，除了在第一课堂的理论学习，师范生还要主动以“学—思—行”一体化的意识来督促自己达成良好学习效果，在学习中思考，在思考中行动，在行动中强化。实际上，本课程中许多内容是与实践密切相关的，如教学设计与实施等，且每章最后也提供了相关的思考题并作了实践指导。因此，在学习中，师范生可以在各章学习之后，先复盘本章涉及的核心概念、原理、方法及价值观，而后通过对理论与实际的分析、比较、归纳、反思等，更好地理解与吸收知识，最后通过自己或者小组合作实践，把课本知识进行实操，学以致用，用以有效，体会理论的重要性，进而将理论知识入脑入心。

（四）通过开放式的学习，提升教学与研究能力

师范生在学习过程中，可以采用小组合作、线上线下结合，校内校外的理论学习与见习、研习相结合等多种形式，充分发挥主观能动性，开展自主学习；还可以通过开放性的项目活动，如调研、讨论、查阅资料、互相交流、汇报展示等形式进行学习。多样化的学习方式，不仅可以促进师范生对于课程内容的深刻理解，还能提升师范生的教学技能、合作能力和解决问题能力。

第二节 小学数学教师专业发展

党的二十大报告将“实施科教兴国战略，强化现代化建设人才支撑”列为专章进行整体论述、作出整体部署，首次提出教育、科技、人才是全面建设社会主义现代化国家基础性、战略性支撑的重要论述，揭示了教育高质量发展与实施人才强国战略的内在逻辑。教育作为强国梦的关键一环，支撑着人才的发展，促进着科技的进步，是人才培育的基础和科技发展的先导。而教师作为打造中华民族“梦之队”的筑梦人，教师队伍的质量在一定程度上影响教育高质量发展的进程。党的二十大报告指出，“加强师德师风建设，培养高素质教师队伍，弘扬尊师重教社会风尚”。这就需要教师专业发展有效率、有效果。

数字化时代的人工智能技术不断发展，给教育带来了一定的变革与挑战，新的教育观、人才观、课程观、教学观、评价观等不断涌现。教师作为教育的关键一环、育人的重要支点，要全面贯彻党的教育方针，深刻理解教育是国之大计、党之大计，端正育人态度、明确育人角色、强化育人素养，在育人中读懂时代需求、读懂教育追求、读懂课标要求，加速自身专业发展，切实肩负起人才强国的神圣使命，以落实立德树人根本任务，实现为党育人、为国育才的目标。

实际上,促进教师的专业发展,提高教师的专业素质已经成为现代教育领域中的一个热点问题,引起了全世界的普遍关注。20 世纪 80 年代,美国教师专业化运动的兴起开创了教师专业化运动的潮流。21 世纪以来,我国陆续出台《小学教师专业标准(试行)》《教师资格条例》《小学教育专业师范生教师职业能力标准(试行)》等与教师专业要求相关的政策文件,为一线教师及师范生的专业发展提供了向导性支持。在新形势下,教师要想实现专业发展有效率、有效果,一是要弄清教师专业发展的内涵及其必要性,明白专业发展"是何"与"为何";二是要明确专业发展可对标的纲领性文件和引领性榜样,找到"如何"的标杆;三是要学透时代发展背景下课程改革对当前教师的新要求,不断调整、革新与反思自我,明晰进一步努力的方向"有何"。为此,本节将从这三个方面为师范生介绍小学数学教师专业发展的相关内容。

一、小学数学教师专业内涵与专业知识

(一)小学数学教师专业内涵

想要正确认识和理解教师专业化的内涵,就首先要清楚、明确地区分"职业"和"专业"这两个相关概念。职业,泛指用以谋生、有金钱酬劳的工作;专业,大家普遍认为它是具备高度的专门技能及相关特性的,有别于一般的职业。对于教师这一特定职业,教师专业化是指教师职业真正成为一个专业,教师成为专业人员并得到社会承认这一发展结果。因此,教师专业化不仅是教师教育的过程,而且是教师教育的目标和发展趋势,体现了对教师专业水平和社会地位的一种肯定和认可。当前,尽管教师的专业能力和水平有了很大的发展,但是与医生、律师、工程师这些专业人员相比,教师的专业化程度相对较低,并且相应地其社会地位也未达到其他专业人员的水平。一些教育界人士认为,当前教师职业正在由"半专业化"向"专业化"方向发展,"专业化"已经成为未来教师发展的努力方向。

教师的专业素质及其发展是教师专业化的核心内容,主要包括以下几个方面:(1)受过较长时间的专门训练,具有较强的专业基础;(2)具有专门的儿童发展与教育理论和实践知识,包括教育学、心理学等多个方面,持有正确的教育观念;(3)具备教育实践能力,包括教育活动组织能力、教育监控能力,以及对儿童的行为、学习、交往、情感的指导能力,创设有利于儿童发展的环境,特别是和谐的师生关系、支持性同伴关系和家校关系等;(4)具有专业责任感和服务精神。除了教师自身发展,良好的外部环境也是实现教师专业化的重要保障。例如,创建完善的教师培训体系,为教师提供严格而专门的职前训练;提供多途径、多形式的教师在职进修机会,以发展和提高其专业水平;为教师提供参与研究的机会,采取切实有效的措施,鼓励其积极参与科研;建立教师专业团体;制定严格的教师选拔和任用制度;提高教师的经济和社会地位等。在小学数学教师专业化的发展中,其内外两方面因素都必不可少,仅强调教师自身素质的发展或仅创设良好的外部环境都不可能真正实现教师专业化,只有这两方面相互配合、相互补充和相互促进,才能为教师专业化创造良好条件,促进教师的专业发展。

（二）小学数学教师专业知识

课程改革的落地、教育观念的落实、教学目标的实现，最终都要靠教师来完成，教师素质的提高是教育改革的关键所在。而教师具备的知识是其素质结构中的一个重要组成部分，亦是教师专业特性的外在表现。因此，了解教师的知识结构，进而不断充实和更新教师的知识是一个值得重视的问题。毫无疑问，一名小学数学教师应当具备扎实而广泛的知识。然而，小学数学教师所应具备的知识包含哪些内容？为配合义务教育数学课程改革的需要，小学数学教师又应如何建立合理的知识结构？这些都是我们需要思考和研究的问题。

1. 数学学科知识与数学教师的教学知识

对优秀数学教师所需要知识的关注首先来自数学学科内部的探讨。每个时代都有一批著名的数学家来关心、研究数学教育，并成为一个时代的领军人物。由于数学家对数学深刻理解和准确把握的“权威地位”，他们常常成为选取和安排数学教学内容、进行决策的核心人物，并且经常通过亲自编写教材、主导课程标准研制与考试评价来实现自己的理想。出现这种现象并非偶然，数学界历来有重视数学教育的传统。古希腊的柏拉图学园和毕达哥拉斯学派的学者们大多是在从事数学研究的同时从事数学教育与传播工作，我国著名的数学家华罗庚、苏步青等人也一直热心于数学教育事业，并成为卓越的数学教育家。

必要的数学修养是成为一名优秀数学教师的首要条件。数学教师的素质在很大程度上决定了数学课程改革的贯彻、实施及成败。义务教育数学课程改革对小学数学教师的素质提出了更新、更高的要求，小学数学教师不仅要熟练掌握传统的数学知识，还要对近现代数学知识、思想、方法都能理解、掌握。更深一步地，能对各类知识融会贯通，能在现代数学的高视角下审视、指导小学数学的教学。然而，是不是教师掌握的现代数学知识越多，对从事的数学教学工作就越有帮助，在数学教学中所遇到的问题就都迎刃而解了呢？

数学教师的数学专业知识对学生学习的影响存在一个“阈限问题”，即教师的数学知识达到某种水平后，数学知识的积累并不能直接对教学效果起到作用，这是因为多数的大学数学课程与中小学数学课程之间并没有直接联系，这些课程往往是通过数学的思想方法、数学文化、正确数学观的形成来间接影响并作用于中小学数学教学的，这些影响并不是显性的，但常常又是深刻的，并起着关键作用。

2. 数学教师的教学知识

数学教师的教学知识对数学教学行为的影响是直接的。一名合格的数学教师，不仅要有扎实的数学学科知识，还要有其他方面的知识。教师在大学里所学过的数学课程的数量，与学生的学习成绩之间并没有直接的关系。这也从一个侧面反映出，并不是教师的数学学科知识掌握得越多，对学生的数学成绩的影响就越大。想要提高数学教育质量，教师就要具备多方面的知识。这些知识不是在教学过程中可以自然而然掌握的，而是需要有意识地学习和在自己的教学实践中不断积累的。

美国学者舒尔曼等人于1987年提出，教师的学科知识、一般教学法知识和学科教学法知识是师范教育和教师培训的基础，并进一步提出了教学内容知识(pedagogical content knowledge，PCK)的概念。此后，研究者从两个方面对教师知识进行了研究，一方面是影响教学的教师知识的分类的理论发展，另一方面通过发展测试工具去研究教师知识。在数学学科领域内，数学教育界的研究者沿着教学内容知识的定义，从实践层面的数学教学知识的测量到数学教学知识的发展等方面进行了研究，对教学、教师专业发展及教师培训均起到了积极的推动作用。

知识卡片：

密歇根大学的研究团队从理论方面对数学教学知识(mathematical knowledge for teaching，MKT)的框架进行研究，指出数学教学知识由学科知识(subject matter knowledge，SMK)及教学内容知识(PCK)两部分组成，如图0-1所示。[①] 学科知识(SMK)包含受过良好教育的一般人具有的一般内容知识(common content knowledge，CCK)和教学所特需的学科内容知识(specialized content knowledge，SCK)及数学跨度内容相互关联所需的水平内容知识(horizon content knowledge，HCK)。教学内容知识(PCK)包含内容与学生知识(knowledge of content and student，KCS)、内容与教学知识(knowledge of content and teaching，KCT)，以及内容与课程知识(knowledge of content and curriculum，KCC)。

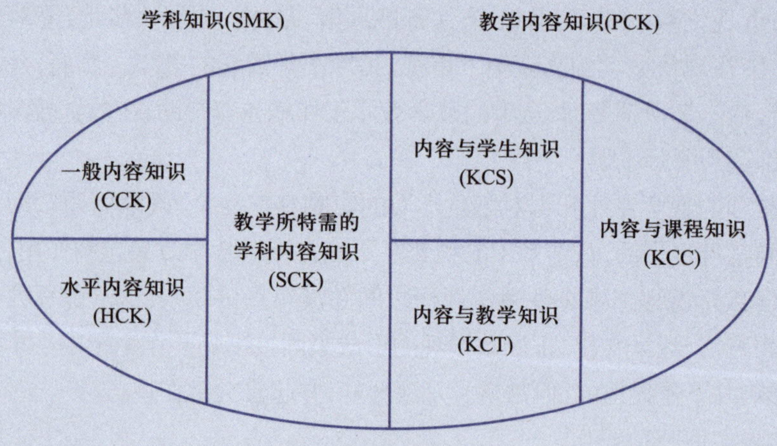

图0-1 数学教学知识框架

3. 数学教师专业知识之间的相互关系

数学教师应具备数学学科知识(包括一般内容知识、教学所特需的学科内容知识

① BALL D L，THAMES M H，PHELPS G. Content knowledge for teaching：what makes it special?[J]. Journal of Teacher Education，2008，59(5)：389-407.

和水平内容知识)、关于数学内容与教学的知识、关于数学内容与学生的知识以及关于内容和教材的知识共四个方面。这四个方面不是孤立存在的,而是相互依存的,共同构成了教师完整的知识结构体系。只有了解教师的知识结构,才能全面地理解教师知识的特征,不断丰富和更新知识,为提高教学质量创造有利条件。

数学学科教学知识将特定的数学内容与学生思维、学习特点结合起来,体现了教师的专业特性。只有具有专业化水准的教师才能比较自如地、充满信心地设计数学教学方案,处理数学教学过程中出现的各种问题,并且在自己的数学教学实践中不断积累和更新,提高数学教学的质量。

在教师的数学教学知识中,数学内容与学生的知识是影响教学实施效果的最重要因素。师范生的教育实习是其数学教学知识的主要来源,大学的其他数学教育课程、教学观摩见习、过去的学习经验也是师范生获得数学教学知识的有效途径。对于资深教师而言,数学教学知识主要来自过去的教学经验与反思、教育子女和学生的经验以及教学反馈和职后培训。师范生数学教学知识的改变,主要是通过系统的数学教学知识学习影响教学行为,透过教学行为得到反馈,经由反馈修正行为得以实现的,当修正的行为一再得到增强时,教师便提升了原有的数学教学知识。

● 数学教学知识可以看作数学学科知识的一种特殊形式

数学教学知识不是数学学科知识本身,而是指如何对数学知识中具体内容的特点和这些内容进行教学的知识。不同领域的知识、不同层次的知识常常有特殊的呈现方式和教学方法,教师对特定内容和方法也有自己的认识和理解。这方面的知识表现在教师的专业素养和对具体内容的设计与实施上。从知识的层面来讲,对于一般的教学原理、教学方法的学习和掌握并不难,但要能够在教学实践中灵活运用却是非常复杂的,甚至让人感觉到教学理论脱离教学实践,对教学起不到指导作用。

● 数学内容与学生及其特征的知识

学生及其特征的知识是指教师对学生的认识和理解,对某一阶段学生特征的认识,以及对学生知识经验的水平和他们在学习中表现的理解。教师需要了解自己的教学对象,了解他们的年龄特点和学习某一具体内容可能表现出的特征。它包括教师对班级和学校的情境、对学校和社会的情境等方面问题的了解。

有一定教学经验的教师在对具体的教学内容的处理上有一定的认识。例如,常常在脑子里呈现出教学场景、教学模式:用什么样的方法进行教学,学生理解这个内容有什么特点,难点所在,容易出现什么样的错误等。

● 教学实践知识是教师知识的一个重要组成部分

有关新入职教师和具有一定经验教师的对比研究结果表明,有经验的教师在头脑中有许多现存的教学模式和策略,他们在教学设计和课堂教学中可以迅速地调取并运用这些模式和策略。对于数学教师而言,数学主题的特定表征与数学方法可以帮助教师预测学生学习方面的理解与困难。但是,在实际的教学情境中,教师要整合各种知识,如学科的知识、学生的知识以及教学法的知识等,要从教学实践中学习与反思,在教学情境中学习各种知识的整合与运用,这些内容在教学中是一个比较大的挑战。有经验的教师在教学过程中,能更多地运用教学和管理方面的一些惯例,帮助自己提高教学效率,把更多的注意力集中在主要问题的解决上。而教师头脑中的这些教学模式和惯例,是在教学实践中积累的丰富的实践知识,这些实践知识成了有效完成教学任务的教师知识的重要组成部分。

要想针对不同的教学任务选择合理的教学活动方式,以更有效的方式进行教学,教师一方面要学习教育科学理论,随时吸收、借鉴新的教育观念、教育方法;另一方面要不断将这些理论知识有意识地运用于数学教学活动之中,使理论与实践相互促进、相互提高。所以,教师应具有一定的人文修养和高尚的情操,具有将数学知识应用于现实生活的能力,能够引导学生开展数学建模、数学探究、数学阅读等数学活动。未来的数学教师不仅是一个学科知识专家,更要能以其广泛而全面的知识,深邃地洞察、透析社会历史发展,以其丰富的阅历、高尚的审美情趣、健康的人格来影响和指导学生的发展。更进一步地说,数学教师将是一个"科研型的教育专家"。新的数学课程内容,必然要求数学教师不断提高专业知识领域的修养;新的教育观念,必然要求数学教师不论是在职前还是在职后,都应该不断汲取教育学、心理学的营养,不断改进教学方法,能对教学中的现象与问题不断反思,探索教育教学规律,成为有能力进行自我成长的、具有渊博知识的复合型人才。

一名合格的数学教师主要应具备数学内容知识、理解学生的知识、效果反馈的知识和教学策略的知识。然而,新入职的教师和有经验的教师在以下方面的知识上存在显著差异:第一,教师能否讲清楚、讲明白数学课程,是否对数学课程内容有深刻的理解;第二,教师能否理解学生,是否能准确找到学生的易解点与误解点;第三,教师能否有针对性地进行教学设计,是否合理确定教学目标、组织教学内容、设计教学方式和教学策略,进行科学的评价;第四,教师能否有效积累教学经验。优秀的数学教师应在数学学科知识、教学知识、对学生及其特征的了解、教学实践等方面协调发展。而在日常教学中进行教学反思、开展教学研究,可以为改善教学、促进教师的专业发展提供有效帮助。

4. 小学数学教师专业发展

20 世纪 60 年代,美国学者富勒对教师专业发展过程进行了研究,他通过《教师关注问卷》对教师的专业成长过程进行了分析。富勒以教师关注事物的变化为基点,将教师的专业成长划分为四个阶段:教学前关注阶段、早期生存关注阶段、教学关注阶段、关注学生阶段。他认为,一个专业教师的成长是经由关注自身、关注教学任务,最后才关注学生的学习以及自身对学生的影响这样的发展阶段而逐渐递进的。富勒的这一理论为教师专业化发展的研究开辟了先河。之后,凯茨、伯登、伯利纳和斯特菲等人都先后提出了自己的教师专业发展阶段论。

师范生虽然尚未成为真正的教师,但是正规的师范教育为师范生持续的专业成长奠定了最基本的专业基础,其在此阶段获得的专业理论知识和教育实践能力对于任职后的发展具有重要的影响，因此，师范教育作为教师专业发展的基础，应被纳入教师专业发展阶段，成为教师专业发展的起点。已有研究大多是根据教师实际的发展历程来进行阶段划分的，对教师理想的专业发展过程的研究，对教师的专业成长也有指导意义，这是因为一方面可以丰富和充实已有的教师发展研究，为教师提供发展的目标与努力方向；另一方面也可以为教育行政部门制定教师发展计划提供指导和依据。此外，已有理论虽然对教师专业发展各阶段的特点、目标和任务等都进行了具体的分析和阐述，但随着社会的进步和教育的发展，教师专业发展的要求和标准也在不断变化和提高。可以说，教师专业发展并不是一个直线发展的过程，而是一个循环往复、不断提高的过程，不存在终点。因此，教师专业发展研究必须关注发展的动态性，这样才能准确地把握和理解专业发展的本质。

通常来说，教师专业发展初期主要包括这样五个阶段：准备阶段（师范教育）、适应阶段（任职第一两年）、巩固阶段（任职第三四年）、更新阶段（任职第四五年）和走向成熟阶段（任职五年以后）。根据教师不同的发展特点，各阶段的年限会有所变化。在各个阶段，教师专业发展有不同的内容和侧重点。同时，在教师专业发展初期的五个阶段中，更新和成熟是连续循环、交叉重叠的两个阶段，正是在求新—成熟—再求新—再成熟的过程中，教师的专业水平不断提高，专业能力得到增强。

数学学科教学知识是体现教学专长的一个重要方面。教师教学对学生学习具有直接而深刻的影响，高质量的教学需要教师千方百计地优化自身教学实践，为学生创造丰富的学习机会，提供适当的学习支持，营造良好的学习环境，从而不断地激发、维持和促进学生学习。

从数学专业的角度看，学好数学是成为一名数学教师必备的前提，但懂数学并不意味着能教数学。数学学科教学知识强调特定的学科知识与教学法的结合，这种知识形式将学科知识的研究向前推进了一步。早期研究者一直将教师的学科知识与一般教学法知识看作两个彼此分离的独立体，这种分离在部分师范教育中依然是明显的。学科知识与教学法作为分离的“两张皮”，使教师在实际的学科教学实践中难以综合运用所学的教学理论。

教师与医生的职业特点有许多相似之处，医生不是仅靠书本上的（原理性）知识治病，还需要临床经验。教师专业发展也是如此，从师范生到新手教师，再到成熟教师及专家教师，教学知识成分发生着变化。新手教师的知识结构以原理性知识为主，包括学科的原理、规则以及教学方法（模式），这些理论知识属于明确的知识。一般而言，教师在教学实践中逐步积累经验，形成案例性知识，主要是特殊案例、个别经验，再通过教学反思，形成策略性知识。成熟教师把案例性知识作为原理的背景知识，而不是止于案例、止于经验。专家教师能运用教育学、心理学原理与特殊案例，形成策略性知识，并进一步提升到具有个性化模式的高度来理性地对待案例性知识。

教师作为一种复杂而特殊的职业，其专业成长是一个不断发展的渐进过程，教师专业发展有自己的特殊轨迹，可能经历从“能干型实践者”“研究型实践者”到“反思型实践者”的发展过程。在此过程中,教师各方面专业能力的发展顺序及其相互间的关系不同,因此,多层次性也是教师专业发展的一个重要特征。首先,能干型实践者是教师专业发展中最基础的一个阶段,因为教师的教育实践能力作为一种社会实践能力,是其各项专业能力中最基本也是最核心的内容,无论是教师的教育研究还是对教育的反思都是围绕着其教育实践活动展开的。其次,在能干型实践者的基础上,教育的研究能力得到提升,教师从能干型实践者逐渐成长为研究型实践者,将教育实践与教育研究密切结合,在发展教育实践能力的同时,逐步提高教育理论水平和教育研究能力。而反思作为一种理论指导下的理性活动,则是教师的教育实践活动与教育研究都不可或缺的一项重要内容,教师必须对其教育实践活动进行不断反思和总结,进而成长为反思型实践者。长期以来,研究者一直致力于教师专业发展范式的探讨,从传统的教师到现在的能干型实践者、研究型实践者、反思型实践者,不同的专业发展范式体现了对教师专业发展的不同要求,教师专业化内涵随着时代和社会的发展不断地丰富和发展,同时随着研究的不断深入,各专业发展范式的内容也得到不断充实和丰富。

总之,教师专业发展是一个多元化、多层次的体系,只有将教师的自身特点、不同发展水平和社会的需求相结合,并分阶段、分层次地对教师提出不同的专业发展要求,才能真正有效地促进教师专业化目标的最终实现。

二、《小学教师专业标准(试行)》及其解析

小学教师专业标准(试行)

2012 年 2 月,教育部颁布《小学教师专业标准(试行)》等文件,这是国家对合格教师的基本要求,是教师开展教育教学工作的基本规范,也是引领教师专业发展的基本准则和教师培养、准入、培训、考核等工作的重要依据标准的框架,还是教师作为专业人员在专业实践和专业发展中应当秉持的价值导向。《小学教师专业标准(试行)》(以下简称《专业标准》)这一纲领性专业文件,提供并指引了小学教师专业化发展的目标、方向及路径,以终身学习理念引领着全体小学教师的专业学习,有助于促进小学教师职业生涯发展,其架构由前言、基本理念、基本内容、实施建议四部分组成。[①]

(一) 基本理念及其解析

《专业标准》提出了四项基本理念:师德为先、学生为本、能力为重、终身学习。这四项理念突出强调了师德的首要性、学生的主体性、能力的重要性、终身学习的时代性。其中,“师德为先”明确了师德居于教师专业的首要位置;“学生为本”体现了以人为本的教育理念,也是教师专业的出发点与归宿;“能力为重”则强调了教育教学能力是教师专业的重点或重心;“终身学习”则对教师专业的可持续性、发展性提出了要求。具体内容如表 0-1 所示。

① 教育部教师工作司. 小学教师专业标准(试行)解读[M]. 北京:北京师范大学出版社,2013:前言 1.

表 0-1 《专业标准》中的基本理念

维度	表现内容
师德为先	热爱小学教育事业，具有职业理想，践行社会主义核心价值体系，履行教师职业道德规范，依法执教。关爱小学生，尊重小学生人格，富有爱心、责任心、耐心和细心；为人师表，教书育人，自尊自律，做小学生健康成长的指导者和引路人
学生为本	尊重小学生权益，以小学生为主体，充分调动和发挥小学生的主动性；遵循小学生身心发展特点和教育教学规律，提供适合的教育，促进小学生生动活泼学习、健康快乐成长
能力为重	把学科知识、教育理论与教育实践有机结合，突出教书育人实践能力；研究小学生，遵循小学生成长规律，提升教育教学专业化水平；坚持实践、反思、再实践、再反思，不断提高专业能力
终身学习	学习先进小学教育理论，了解国内外小学教育改革与发展的经验和做法；优化知识结构，提高文化素养；具有终身学习与持续发展的意识和能力，做终身学习的典范

（二）基本内容及其解析

基本内容由三级指标体系构成。第一级指标体系划分为三个维度，即专业理念与师德、专业知识、专业能力；第二级指标体系为领域，分别规定了每个维度所包含的领域，共有十三个；第三级指标体系为基本要求，分别规定了每个领域的若干条具体要求，共有六十条。具体内容如表 0-2 所示。

表 0-2 《专业标准》基本内容

维度	领域	基本要求
专业理念与师德	职业理解与认识	1—5 条
	对小学生的态度与行为	6—9 条
	教育教学的态度与行为	10—14 条
	个人修养与行为	15—19 条
专业知识	小学生发展知识	20—25 条
	学科知识	26—28 条
	教育教学知识	29—32 条
	通识性知识	33—36 条
专业能力	教育教学设计	37—39 条
	组织与实施	40—48 条
	激励与评价	49—52 条
	沟通与合作	53—57 条
	反思与发展	58—60 条

1. “专业理念与师德”维度

教师具有正确的职业理解与认识是教师职业发展和师德养成的先决条件。“对小学生的态度与行为”领域共分四项要求，具有为关爱小学生、尊重与信任小学生和为小学生创建快乐的学校生活的条件三层意思。《专业标准》从五个方面对小学教师教育教学的态度与行为提出了新要求，由过去重“教学技能”转向更为根本地注重从学生的状态和需要出发来调整教育教学的态度与行为。同时，《专业标准》非常重视小学教师的自身修养，将小学教师的“个人修养与行为”单列为一个领域，从品质、性格、心理、学习、文明五个方面对小学教师提出具体要求。

2. “专业知识”维度

教师专业知识是教师从事教育教学活动必备的专门性知识，区别于其他专门职业的知识特征，是教师成为专业人员的必要条件，也是教师的专业信念和专业能力的基础。《专业标准》对小学教师专业知识从小学生发展知识、学科知识、教育教学知识和通识性知识四个领域作了基本要求。这四个领域的知识，虽然不是小学教师专业知识构成的全部，却是小学教师有效开展教育教学活动的基础和保障。其中，小学生发展知识在四个领域的知识中排列首位且所占比重最大，这体现了小学教育服务于小学生发展的性质。

3. “专业能力”维度

在对教师专业能力的所有要求中，“教育教学设计”处于首要位置，这体现了在教育教学的整体过程中，这一环节工作的重要性。“组织与实施”能力是小学教师专业能力的重要内容，直接关系到学生各项能力的形成，具体体现在教育教学实践的各个环节上。“激励与评价”是小学教师重要的专业能力。“沟通与合作”能力，根据小学教师在实际教育教学工作中人际交往的主要互动人群，分别对小学教师如何有效进行人际沟通与合作提出行为要求。“反思与发展”领域的提出，是对全球教师专业化发展背景下的教师专业发展内在要求的回应，是新时代、新背景对教师的新要求。

（三）《专业标准》的主要特点

《专业标准》旨在进一步强调小学教师从业准则的规范性和科学性，既继承我国原有小学教师职业的规范要求，又在具体内容上与时俱进地进行改进和发展。其主要特点体现在以下五个方面。

1. 科学性

科学性贯穿《专业标准》的始终。首先，《专业标准》框架的制定在充分研究国际教师专业标准的基础上，参照多国教师专业标准的共性，遵循教育要适应社会发展的需要、要适应儿童身心发展的需要两大基本规律。其次，初等教育理论研究成果成为《专业标准》各领域基本要求的制定依据与要素。

2. 规范性

《专业标准》在前言中明确指明四个方面的规范作用，是国家对合格小学教师专业素质的基本要求，是小学教师实施教育教学行为的基本规范，是引领小学教师专业发展的基本准则，是小学教师培养、准入、培训、考核等工作的重要依据。

实施建议明确表达了三个方面的要求，是各级教育行政部门进行小学教师队伍建设、管理的基本依据，是教师教育院校培养培训小学教师的主要依据，是小学教师自身专业发展的重要依据。

3. 基础性

《专业标准》的基础性着重体现为，它是合格小学教师的标准，是对小学教师专业素养的基本要求，同时也对小学教师的专业发展具有引领性。

4. 时代性

《专业标准》的时代性突出表现为，它深刻体现了以人为本的理念、教师专业化发展的时代要求、终身学习和生命教育的理念等。

5. 实践性

《专业标准》凸显了实践品质，体现了当代小学教育实践的需求和小学教师实践的内涵。它注重教师实践，尤其是在专业能力维度各领域的基本要求，具有较强的操作性。

三、《小学教育专业师范生教师职业能力标准（试行）》及其解析

为推进师范生免试认定中小学教师资格改革，建立师范生教育教学能力考核制度，2021 年 4 月，教育部研究制定了《小学教育专业师范生教师职业能力标准（试行）》（以下简称《职业能力标准》）等五个文件。

小学教育专业师范生教师职业能力标准（试行）

（一）研制的总体思路

一是着眼于新时代教师培养目标。围绕有理想信念、有道德情操、有扎实学识、有仁爱之心的“四有”好老师培养，突出师德师风第一标准，细化师范生实践能力要求，基于师范生能达到的实际水平，强调与加快推进教育现代化相匹配的教书育人能力素质提升，与时俱进，守正创新。

二是坚持做好分类指导。根据《免试认定改革方案》要求，《职业能力标准》服务于高校加强培养过程性考核和组织师范生教师职业能力测试的需要，按照中学、小学、幼儿园、职业教育、特殊教育五类师范生教育教学基本能力进行分类指导，突出专业特色。

三是加强教师队伍建设系统设计。《职业能力标准》研制对标师范类专业认证标准的“毕业要求”，按照“一践行、三学会”（践行师德，学会教学、学会育人、学会发展）的基本框架行文，融入中小学教师资格考试标准、考试大纲以及相关专业标准相关要求，指导各校加强师范类专业建设，提升师范生教育教学能力水平。

（二）基本内容及其解析

《职业能力标准》由四级指标构成。第一级指标为四个能力，即小学教育专业师范生需要具备的师德践行能力、教学实践能力、综合育人能力和自主发展能力；第二

级指标为能力的具体表现，分别规定了每个能力所包含的领域，共有十个；第三级指标为每个领域的具体要求，分别规定了每个领域共三十二项具体要求；第四级指标为每项具体要求的操作性定义，共有四十八条，为小学教育专业师范生四大能力的落地提供了参考。

第一部分为师德践行能力，以德为先，强调知行合一，从知、情、意、行等方面引导师范生贯彻党的教育方针，包括遵守师德规范、涵养教育情怀两个方面。

第二部分为教学实践能力，主要从掌握专业知识、学会教学设计、实施课程教学等方面，对师范生教育教学实践所需的基本能力提出细化要求。

第三部分为综合育人能力。《职业能力标准》较为注重小学教育专业师范生的综合育人能力，在《专业标准》的基础上拓展与整合为单列的一个能力维度，主要从开展班级指导、实施课程育人、组织活动育人等方面强调教育"育人为本"的本质要求，落实立德树人根本任务。

第四部分为自主发展能力，从注重专业成长、主动交流合作两个方面，突出终身学习、自主发展，以及在学习共同体中不断提升专业水平的意识和能力。

四、义务教育数学课程改革对小学数学教师素质的要求

数学课程改革是推动21世纪中国基础教育课程改革的主要力量。1999年初，国家正式启动新一轮基础教育课程改革，先后于2001、2011、2022年颁布了《全日制义务教育数学课程标准（实验稿）》（简称《数学课程标准（实验稿）》）、《义务教育数学课程标准(2011年)》(简称《数学课程标准(2011年版)》)和《义务教育数学课程标准(2022年版)》。

《数学课程标准（2022年版）》在教育观、人才观、课程观、教学观、评价观等观念及内容方面都有相应的变化。面对新变化，作为小学数学课程改革的落实者与促进者，小学数学教师的素质亦需有进一步的要求。

（一）小学数学教师应当具备良好的职业道德

教师的职业道德是教师在从事教育工作中应遵守的道德规范，是社会对教师工作的特殊的道德要求。不论是《专业标准》，还是《职业能力标准》，均强调师德为先的理念。党的二十大报告强调要"加强师德师风建设，培养高素质教师队伍"，这就要求将师德师风建设贯穿教师管理全过程，教师自身要有师德，才能发挥育人功能，才能育好人。毫无疑问，小学数学教师要提升自身的思想政治素养，坚持用习近平新时代中国特色社会主义思想培根铸魂，涵养自己的师德师风，积极落实课程思政，引导学生树立共产主义远大理想和中国特色社会主义共同理想，坚定不移听党话、跟党走，努力成为有理想、敢担当、能吃苦、肯奋斗的时代新人。

（二）小学数学教师应当具备较高的数学素养

数学专业知识是数学教师知识结构的核心，数学教师应具备一定广度和深度的数学专业知识、较高的数学素养、扎实的数学功底，通晓基础教育阶段数学学科的全

部知识内容及其思想方法，清楚数学课程的结构体系及发展趋势，能够在高观点站位下，以大观念意识设计单元整体教学，体现数学知识之间的内在逻辑关联，改变传统教学的碎片化、浅表化现象，在单元教学中更好地发展与落实学生的核心素养。数学教师的数学专业知识应具有基础化、理论化、系统化、现代化的特点。

小学数学虽然看起来并不高深，但它犹如一棵破土春笋，根扎得很深。基础教育数学课程改革，使得小学数学的内容涉及方程、不等式、数列、排列组合、平面几何、立体几何等中学数学知识；渗透集合、对应、函数、统计、极限等现代数学思想，有些问题还以概率论、数论、图论、运筹学、统筹学、对策论等数学新分支为背景。数学教师要运用分析、综合、演绎、归纳、逆推、反证、化归、割补、代换、数形结合等数学思想方法解决许多问题，更要具备一定的数学文化素养，还要掌握教育基本理论知识以及较为广泛的其他相关学科知识。

《数学课程标准(2022 年版)》倡导启发式、探究式、参与式、互动式教学，重视情境教学，建议小学阶段可以主要探索跨学科的主题式学习等与学生个性发展密切相关的开放性教学方式，这就要求小学数学教师要对数学课程学习中核心知识和关键能力有所把握，通过领域间、学科间的横跨等整合方式，打破学科界限，实现数学与其他学科及社会生活的有机融合，培养学生的创新意识、实践能力及社会担当等综合品质。①

(三) 小学数学教师应当具备扎实的数学教学素养

第一，需要熟练掌握小学数学教学基本功。小学数学教师要完成基础教育改革背景下的教学任务，一定要有娴熟的专业技能，如数学语言表达基本功、计算的基本功、解决实际问题的基本功、板书绘画的基本功等。

第二，需要熟悉教学活动的设计与组织。小学数学教师要读懂核心素养导向下的课程标准，弄清学情、摸透教材，合理设计与组织教学活动。数学课程改革倡导小学数学教师要能够创设真实情境和合理设计探究问题以促进数学教学活动的开展，数学活动设计要符合课程基本理念以及儿童的认知规律，能被儿童所接受；活动应能促进教学目标的实现，并且数学活动的方式应该是从由表及里的行为参与转向深层次的认知参与，特别是思维的参与；在创设情境时，关注数学的人文价值与育人价值，选取中华优秀传统文化中的数学文化素材，增强学生的文化自信与民族自豪感。

第三，需要具有一定的数学教学机智。数学课堂随时都会出现一些教师预设之外的情况，要将其转化为教学资源，在很大程度上考验教师的教学机智。这就需要小学数学教师具备一定的数学课堂教学艺术，把握好数学教学中预设与生成的处理。

第四，需要掌握核心素养导向下的小学数学教学评价范式。评价是数学教学过程的重要环节之一，国际上关于评价的理念从“对学习的评价”转向“为了学习的评价”，即科学的评价的目的不应是评判学生学习成果，而应是激励学生学习、改进

① 曹一鸣. 新版课程标准解析与教学指导·小学数学[M]. 北京：北京师范大学出版社，2022.

教师教学。核心素养导向下的教学评价不应只关注学生所掌握的知识与技能,应注重学生核心素养的发展。鉴于此,小学数学教师应当掌握多元化的评价范式,即评价形式多元化、评价维度多元化、评价主体多元化:在评价形式上,可以采用书面测试、口头测试、活动报告、课堂观察、课后访谈、课内外作业、成长记录、线上评价等形式;在评价维度上,教师在关注"双基"的同时,还需要关注学生的思维过程、情感态度与价值观等软性指标,全面关注学生核心素养的发展;在评价主体上,可以在教师评价、家长评价、学生互评等他评的综合形式上,引导学生开展自评,学会自我反思。

第五,需要具备数字化时代下的信息素养。物联网、人工智能、大数据等现代信息技术在教育领域的应用,使传统的数学教学方式和学习方式发生变革。面对变革与挑战,小学数学教师应当不断提升自身的信息素养,熟悉信息化环境下的数学教学手段,积极创新探索有利于培养学生核心素养的信息化教学模式,在教学实施、教学评价等环节,创设线上、线下一体化的"混合式"学习生态,促进学生的个性化学习和核心素养的发展。

(四)小学数学教师应当具备一定的教学研究能力

随着新课程改革的不断深入,小学数学教师需要与时俱进,不断开阔自己的专业视野,积极开展数学教学研究,充分发挥主体意识,成为数学课程改革的实践者和研究者。

第一,不断提升数学教育理论素养。教师是教学实践的主体,很多教师都比较重视自身实践技能的提高,而忽略自身理论水平的发展。实际上,理论学习对教师的专业发展是非常有必要的。小学数学教师应加强对教育理论的学习,理解、把握课程标准提出的新的教育理念。随着课程改革的推进,教育理念也在不断更新,从"双基"到"四基"再到核心素养,教师只有深刻理解了这些教育理念的内涵和本质,才能将这些教育理念真正落实到课堂教学当中。

第二,注重数学课程标准与教材研究。课程标准和教材是教师开展教学、促进学生达到教学目标、进行考试评价的依据。教师要认真学习研究数学课程标准和教材,准确把握义务教育数学课程的主线脉络,理解课程内容之间的关联,把握数学核心概念的本质,明晰什么是数学基本思想方法。

第三,积极参加教学研究与培训活动。国家、省(自治区、直辖市)、市、县、学校五级教研体系是我国高质量教学的保障和特色。五级教研部门共同配合,系统开展教学研究与培训,是实施新课程、全面落实课程改革的目标、切实提高教学质量、促进教师专业发展等方面的主导力量,为推进新课程的全面实施提供保障。在这一过程中,每位教师都要积极主动参与,学校也要进一步加强与高校、研究机构的合作,建立由高校专家、教研员、名师、骨干教师构成的教研共同体,从理论和实践的角度对教师进行指导。

教师要主动参与并开展数学教学研究。近年来,教师开展教学研究已经成为一种常态，教师通过开展数学教学案例研究，开展数学教育专题、课题研究，进而提升自己的教学水平。教师通过发现和提炼研究问题，运用科学的研究方法，开展实证研究，总结研究结论，提出对数学课程改革合理的建议。

理解·分析·实践

- 理解性练习题

1. “小学数学课程与教学”课程的价值何在？其定位与内容是什么？

2. 什么是小学数学教师专业发展？如何理解其本质特征？

3. 当前的数学课程改革对小学数学教师的专业素质有哪些要求？

- 思辨性练习题

1. 你认为“小学数学课程与教学”课程对你的专业成长有什么影响？

2. 对照《小学教师专业标准(试行)》《小学教育专业师范生教师职业能力标准(试行)》，即将去实习的你还需要做哪些努力？

3. 具备了扎实的数学学科知识就可以成为合格的小学数学教师吗？为什么？

- 实践性练习题

1. 小组合作，调研 5 名左右优秀小学数学教师，关注他们在成长过程中遇到的问题、解决问题的信念及方法等并生成调研报告，并在班上展示，以一线教师成长经验勉励师范生。

2. 小组合作，以“我理想中的小学数学教师”为主题，对所在区域小学数学教师、学生、家长、校长等进行专题访谈，归纳一名优秀小学数学教师应当具备的品质。

3. 总结反思小学数学教师专业成长的标准及途径，制作个人专业自画像，规划自己的教师专业发展阶段性目标及实现的路径。

拓展阅读导航

1. 曹一鸣. 数学教学论[M].2 版. 北京：高等教育出版社，2020.

2. 曹一鸣. 小学数学课程与教学论[M]. 北京：教育科学出版社，2014.

针对拓展阅读 1、2，读者可以进一步了解数学课程与教学论的学科定位及其意义，思考数学教学与课程的关联，关注数学教师的专业发展、数学观与数学教育观等的关系。

3. 教育部教师工作司. 小学教师专业标准(试行)解读[M]. 北京：北京师范大学出版社，2013.

针对拓展阅读 3，读者应熟悉《小学教师专业标准(试行)》，明白文件的要求，反思及审视自我的不足，对标完善自我。

4. 唐彩斌，孔慰. 落实数学新课标，教师需要提高“四个意识”[J]. 人民教育，2022(Z2)：35-37.

针对拓展阅读 4，为对数学课程改革及其背景下的教师专业发展有进一步的理解，读者可以重点关注新课程背景下教师的角色及专业发展途径，明晰自身的定位与价值，探寻适切的专业发展路径，深入思考《数学课程标准（2022年版）》所提出的教学建议，通过教学建议明晰课程改革对教师素养的要求与期盼，对标弥补差异、发展自我，认识到核心素养的教学对小学数学教师的新要求与挑战。

第一章
小学数学课程的改革与发展

■ 走近学生

如何把新课程改革的理念落实到小学数学课程与教学中？鉴古通今，放眼国际，博采众长，了解国内外小学数学课程改革与发展的历程，可以帮助同学们更好地把握当下的小学数学课程改革，更准确地把握新课程改革的理念，为我国数学课程标准的实施提供启示和借鉴。立志从事小学数学教育的师范生，需要了解国内外小学数学课程改革与发展过程的内容，正确看待教学大纲或课程标准在小学数学课程改革中的作用，了解最新版课程标准的修订背景等。

本章主要针对上述问题，从我国小学数学课程改革与发展的历程，国际小学数学课程改革与发展、我国最新颁布的《义务教育数学课程标准(2022年版)》的研制背景三个方面进行探讨，让同学们进一步了解小学数学课程改革的趋势，为深化我国小学数学课程改革，落实我国的新课程改革明确方向、提供参考。

■ 学习目标

1. 熟悉我国小学数学课程的基本发展历程。
2. 了解国际小学数学课程的发展趋势。
3. 了解我国《义务教育数学课程标准(2022 年版)》的研制背景。

■ 思维导图

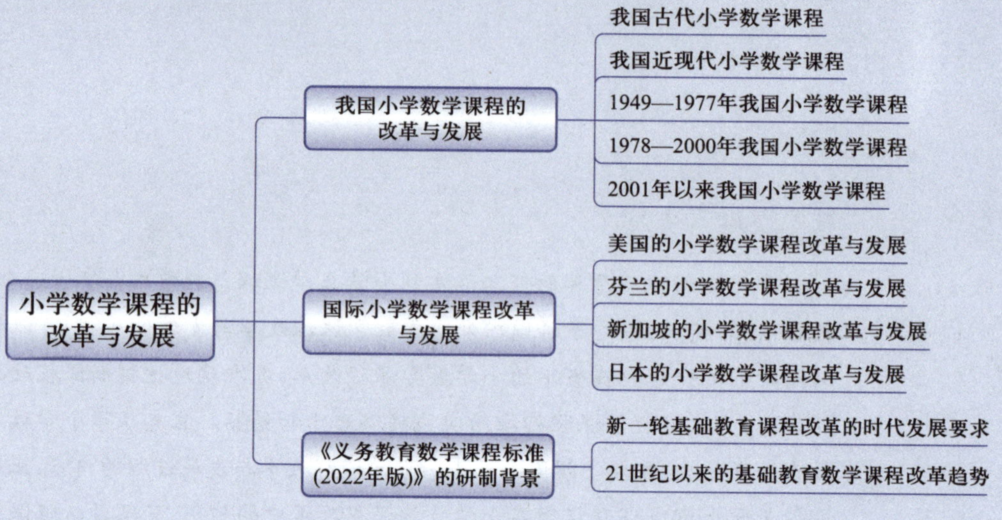

第一节 我国小学数学课程的改革与发展

我国古代的数学教育有着辉煌的历史，近代数学教育则由于当时政治、经济、文化发展相对滞后也随之滞后。新中国成立以后，特别是改革开放以来，我国的数学教育越来越受到重视。而数学教育的每一次变化都自然地促成了数学课程的变化。本节主要介绍我国小学数学课程的改革与发展概况。

一、我国古代小学数学课程

我国古代的数学教育不仅培养了一批杰出的数学家，满足了国民生产实践的需要，而且也对世界数学教育的发展作出了重要贡献。

（一）奴隶社会时期的小学数学课程

我国的数学教育在夏商之际已具雏形，在西周时期已初具规模，在春秋战国时期已经定型，数学成为学校必修课之一。①

我国早在夏商时期就有了数学教育的记录。例如，从殷墟出土的甲骨片上可以清楚地看到十进位值制记数法的优越性。西周时期正式提出“礼、乐、射、御、书、数”的六艺教育。艺者，技艺，把数学作为一种技艺来传授是我国古代非常独特的数学教育观念，也为后世数学教育的发展规定了方向。其中，西周数学教育的内容是“九数”，它们都指向社会生产及生活中的应用领域或者是常用的数学模型，表明了我国古代数学实用性的特点。

（二）封建社会时期的小学数学课程

秦朝时期，我国古代的算书虽然遭受了很大损失，但仍有一些数学著作得以留存。汉朝确立了官学制度，主要讲授伦理道德，不太重视科学，不过这一时期的私学有较多的学术自由，讲学的经师对数学教育作出了一定的贡献。这一时期，总结了我国公元前数学成就的《九章算术》问世，涉及算术、代数、几何等多方面的知识，在分数四则运算、正负数运算、开方和联立方程等方面所取得的成就在当时世界上是领先的。《九章算术》等作为我国古代数学教材，起到了很重要的作用，它也被认为是人类科学史上应用数学的最早巅峰，奠定了我国古代数学教育体系的坚实基础。

魏晋南北朝时期是官学衰弱、私学繁荣的时期，私学中的数学教育有了明显的发展和进步，这一时期我国传统的数学教育体系处于继续发展之中。

隋唐五代时期则是我国算学教育发展的鼎盛时期之一。具体来说，隋朝在公元 589 年统一全国后制定了各种制度，除依照前朝设计国子学以恢复国家教育外，首次增设了算学，制定了算学教育制度，聘请数学教师，招收学生，这标志着我国古

---

① 马忠林. 数学教育史[M]. 南宁：广西教育出版社，2001：3-4.

代的国家数学教育初步形成。可见，隋朝对我国的数学教育产生了深远影响。此外，隋朝实行科举制，并设立算学专门教育机构，这是中国数学教育历史上的一个创举。唐朝建立以后经历几十年的整顿，公元 656 年在国子监中设明算科(科举考试科目之一，用于选拔算学方面的专门人才)。明算科是世界上第一所数学专科学校，学校使用由唐高宗钦定的数学教科书——《算经十书》①。这也是世界史上第一次由国家颁布数学教科书，也标志着我国有了规范、系统的数学课程模式。隋唐时期的数学教育对日本和朝鲜半岛产生了极大的影响，当时的日本数学教育制度几乎完全模仿了唐朝的数学教育制度，《算经十书》成为日本、朝鲜半岛等国家和地区的教科书。

宋元时期的学校教育基本上沿袭了汉唐以来的官学和私学两种渠道。宋代是我国封建社会发展的成熟时期。宋代的数学课程内容主要是《九章算术》《周髀算经》，兼习《海岛算经》《五曹算经》《孙子算经》《夏侯阳算经》《张丘建算经》等，删除了《缉古算经》《缀术》等一些难学的内容。元代在教育上仿照唐宋体制。总的来说，宋元时期是中国古代数学的黄金时期，这一时期出了一大批的数学家、数学教育家，如秦九韶、李冶、杨辉、朱世杰，他们合称为“宋元数学四大家”。在数学教育中，南宋末期数学家、数学教育家杨辉的《乘除通变本末》中的“习算纲目”，是中国第一个数学“教学计划”，也是世界上至今已被发现的最早的“教学计划”。朱世杰所著的《算学启蒙》从简单的四则运算入手，逐步加深直至高次开方、天元术等内容，形成了比较完整的体系，是一部通俗名著，也是当时很好的一部数学启蒙教材。

明朝是我国小学数学教育发展的一个衰落期，这一时期的数学教育和研究的方向转移到商用数学方面，但对于小学数学教育来说，珠算的普及和笔算的引入，彻底打破了以“算筹”为主要运算工具在我国古代数学学习中长达 2000 多年的统治地位，成为小学数学教学的主要内容。珠算也被誉为中国的“第五大发明”。当然，明朝的私学也很有特色，徐光启等学者随西方传教士学习西洋算术，徐光启还与意大利传教士利玛窦共同翻译了古希腊数学家欧几里得的《几何原本》的前六卷。清代前期，朝廷也设立过专业性的“算学馆”，学习内容主要是《数理精蕴》。这一时期的数学教育虽有较大发展，但相比于西方的数学教育的发展速度还是落后的。总的来说，明末清初时期，西方数学通过传教士传入中国，中国数学教育又有了一些活力，中国古代数学课程的发展开始转向西方。西方数学及数学教育在中国逐渐代替了传统数学，彻底改变了中国传统数学。

---

① 《算经十书》包括《周髀算经》《九章算术》《海岛算经》《五曹算经》《孙子算经》《夏侯阳算经》《张丘建算经》《五经算术》《缉古算经》《缀术》。

知识卡片：

算筹作为中国古代特有的计算工具，为中国传统数学发达的计算技术提供了物质基础。从某种意义上来说，中国传统数学是随着算筹的产生而形成和发展起来的。

在我国古代，数学被称为算术。“算”字有一个同音字“筭”，《说文解字》上说：“筭，长六寸，计历数者。从竹从弄，言常弄乃不误也。”可见，“筭”即是计算工具算筹。《说文解字》上说：“算，数也，从竹从具，读若筭。”可知算是用算筹摆成的数。这恰当地概括了中国古代数学使用算器、以算为主的特点，以致于可以把中国古代算法称为“筹算”。

算筹在春秋时代已通用，是当时世界上最灵巧的计算工具，使用起来既简便又准确。汉代则将筹、策通用。《汉书·律历志》在论述了数的功用之后说：“其法在算术。”可见，算术即是用以处理实际问题的计算方法。算术后来又称为算学、算法或数学。

从根本上说，算筹表现的数学形式是“位置模式”，这是中国传统数学赖以发展的基础。算筹在算板上可以根据需要随意摆弄，按不同的排列形成筹式，筹码不同的位，就表示不同的值，算筹表示数就依据布位的原理。算筹的使用加速了十进位置值制记数法的完成，虽无零的符号，但用空位表示零，这种记数法非常有利于四则运算，加之汉语数字都是单音节，为算法改进，进而促进计算工具的改革提供了有利条件，这对后来中国数学长于计算、提高数学的机械化水平起了重大作用。利用算筹按算法进行布列、运筹就能顺利地得出结果，这是筹算过程的一大特点。算筹及其十进位置值记数法都是我国的创造发明。在计算机发明之前，我国古代计算机技术借助算器达到相当高的水平。中国古代数学中的分数、负数、小数的概念与表达、最大公约数与最小公倍数的算法、计算圆周率等都归功于算筹体系的采用。同时，各种运算过程中的数量关系都是用筹的位置关系来表示，因而古代数学著作中一般都不列数学运算符号，这也是中国古代数学中长期没有产生这些符号的一个原因。

当然，算筹这一种算器及其基本运演形式也是构成中国古代数学机械化算法体系的基础。

二、我国近现代小学数学课程

我国近现代数学教育，开始于“西学东渐”——西方科学知识传入中国之时。从鸦片战争到新中国成立，我国近现代小学数学课程总体上经历了萌芽、确立以及发展这三个阶段，接下来我们分别对这三个阶段的小学数学课程沿革进行阐述。

(一) 1840—1900 年:我国近代小学数学课程的萌芽与确立

1840 年第一次鸦片战争后,一些具有爱国主义思想的知识分子和开明官吏认为,要抵御帝国主义的入侵,首要的任务是改革旧教育制度建立新教育体系,向西方学习先进的科技知识,师夷长技以制夷。在这些改革尝试中,数学更是首当其冲。我国逐渐不再讲授中国古代数学,西方数学成为学校的主修科目。

1856 年第二次鸦片战争后,洋务运动中兴办"新学堂"是一次主动向西方学习近代科技知识的一种尝试,数学知识的传授居于重要地位。其中,洋务派创建的各类学校中,创建于 1862 年 8 月的京师同文馆是当时创建时间最早、持续时间最长、影响最大的一所学校。1866 年,京师同文馆中增设天文算学馆,并于 1868 年聘请当时的著名数学家李善兰担任第一任算学教习。天文算学馆的成立,使得数学等自然科学成为教育的必修课,不仅改变了以文为主的传统教育内容,同时也使得清代教育出现了科学教育渗入科举的构思与行动。同文馆的数学教学内容主要包括整数、分数四则计算,代数、几何、三角的基本知识及其在日常生产、生活和天文、历算等方面的实际应用问题。其中,关于整数和分数的四则计算的要求明确为"凡算学,以加减乘除为入门"。可见,这一历史时期入学初期的数学学习内容与当今小学阶段的教学内容基本相同。① 算学馆的教学内容出现了小学数学课程设置的端倪,也为后来小学数学课程的确立做了必要的准备。

1875 年,清政府首开近代算学科举,为普通教育引入数学课程创造了条件。1898 年戊戌政变之后,中国的部分地区开始产生新学的普通学堂,并将数学列为必修课程之一。② 大量赴日的留学生回国后从事日文书籍翻译,王国维翻译藤泽利喜太郎的《算术条目及教授法》,弥补了中小学数学教育空白。③

这一时期小学数学所用的教材,除了继续沿用前清时期留传下来的《算经十书》《数理精蕴》,还翻译了西方的一些初等数学教材,如《笔算数学》,这也是当时流传很广的小学算术教科书。该书中不仅收录了西方初等数学的主要内容,还加入了一些中国古代数学的问题。但是,由于《笔算数学》等外译教材难以适应近代班级授课制教学的要求,当时已有部分学堂开始自编小学数学教材。1897 年,上海南洋公学编印了《蒙学课本》三编,其中包括算学课本。我国近代小学数学教材开始从翻译外国教材逐步过渡到自编各级教材。④

(二) 1901—1948 年:我国近现代小学数学课程的发展

广义的小学课程古已有之,现代学科意义上的小学课程则是近代"西学东渐"的产物。自 1901 年起实行"新政"改革教育直至新中国成立这段时期,基于这一时期的课程文件(表 1-1),可以看出我国这一时期的小学数学课程经历了现代意义上小

① 王权. 中国小学数学教学史[M]. 济南:山东教育出版社,1996:99.
② 王权. 中国小学数学教学史[M]. 济南:山东教育出版社,1996:103.
③ 张奠宙,宋乃庆. 数学教育概论[M]. 2 版. 北京:高等教育出版社,2009.
④ 王权. 中国小学数学教学史[M]. 济南:山东教育出版社,1996:106.

学数学课程发展的基础、我国现代小学数学课程的发展等多个发展阶段。

表 1-1　1901—1948 年颁布的小学数学课程文件一览表

年份	课程文件	发展阶段
1902	《钦定学堂章程》	现代意义上小学数学课程发展的基础（学习日本）
1904	《奏定学堂章程》	
1912	《小学校教则及课程表》	现代意义上小学数学课程发展的基础（学习欧美）
1916	《国民学校令施行细则》	
1916	《高等小学校令施行细则》	
1923	《小学算术课程纲要》	我国现代小学数学课程的发展
1929	《小学课程暂行标准·小学算术》	
1932	《小学各科课程标准·算术》	
1936	《小学算术课程标准(修正)》	
1941	《小学算术科课程标准》	
1948	《算术课程标准》	

1. 1901—1911 年：现代意义上小学数学课程发展的基础（学习日本）

1901 年起，清政府开始实行所谓的“新政”，“改革教育”便是其中的一项重要内容。1902 年，清政府颁布了第一个学校课程文件——《钦定学堂章程》，又称“壬寅学制”，其中《钦定蒙学堂章程》在“功课教法”章中的“蒙学堂课堂门目表”以及“蒙学功课年程”中明确提到“算学”；《钦定小学堂章程》在“功课教法”章中的“寻常小学堂课程门目表”“高等小学堂课程门目表”“寻常小学堂课程分年表”“高等小学堂课程分年表”等中都明确提到“算学”。虽然这一章程并未真正实施，但该章程中规定了学堂办学宗旨、学制、课程及各项管理制度，并列出了各年级的教学时间、教学内容及要求。

1904 年，清政府颁布了《奏定学堂章程》，又称“癸卯学制”，包括《奏定初等学堂章程》《奏定高等学堂章程》，这是仿日本学制而制定的，也是我国近代教育史上第一个由中央政府以法的形式正式颁布并推行的学校教育制度，一直沿用到 1911 年清王朝覆灭。该章程对我国小学课程的设置产生了重要影响，这也是我国现代意义上的小学课程发展的基础。该章程规定初等小学堂 5 年，入学年龄为 7 岁，高等小学堂 4 年，入学年龄为 12 岁。而且都开设算术课程，并确定了算术授课时数、目标和内容。其中，《奏定初等小学堂章程》规定：“算术，其要义在使知日用之计算，与以自谋生计必需之知识，兼使纯熟之无误，然后渐加其数至万位而止，兼及小数，并宜授以珠算，以便将来寻常实业之用。”同期还颁布了《奏定高等小学堂章程》。总的来说，《奏定学堂章程》的推行，使得作为课程名称的“算术”一词开始正式使用。

这一时期的小学算术教科书多为翻译和自编。例如，上海的“中国图书公司”翻译的日本算术教科书，上海商务印书馆邀请张元济、高梦旦等人编纂的一套小学《最新教科书》，包括《最新算术教科书》。《最新算术教科书》也成为我国第一部自编出版的小学正式算术课本，其出版也标志着我国具有近代意义的第一本小学算术课本问世。此外，上海文明书局章分别于1907年和1908年出版了张景良编的《小学笔算新教科书》《小学笔算教科书(习问、总答)》等。[①]1908年，清政府学部编译图书局又编写了一部《高等小学算术教科书》。[②]自“癸卯学制”推行以来，《最新算术教科书》与《高等小学算术教科书》等小学数学教科书虽是国内自编教科书，但是主要是抄用日本教材，在编排结构和风格上都与日本的大体相同，只是在选材上增加了一些我国的材料。

2. 1912—1918年：现代意义上小学数学课程发展的基础(学习欧美)

1911年，辛亥革命推翻了清王朝，辛亥革命的胜利对已初步确立的我国小学数学课程体系的发展起到了一定的推动作用。我国的小学数学课程从学习日本开始转向学习美国。1912年，教育部公布《学校系统令》，并在次年进一步修订，形成了中国第二部正式公布并推行的“壬子癸丑学制”。该学制改为初等小学4年，入学年龄为6岁；高等小学3年，入学年龄为11岁。“壬子癸丑学制”中的小学数学课程的前四年(初等小学)主要学习整数四则计算和简易的小数四则计算。这样的教学程度与后来的初级小学的教学程度大致相当。后3年(高等小学)的主要内容大致上相当于以后的高级小学和初中一年级的算术教学内容。总体来说，“壬子癸丑学制”的小学数学课程所制定的教学内容，基本上适应中国的具体情况。此外，教育部1912年颁布的《小学校教则及课程表》、1916年公布的《国民学校令施行细则》中都对算学科目的教学目标、教学内容、教学方法、教学进度等做了规定，且基本相同。

在数学教材方面，近现代数学教育家俞子夷在1913年从美国选购了一套教材带回国，并译成中文版《新体算术》由商务印书馆出版，自此，我国的小学数学教材开始从单一借鉴日本转向引进和改编欧美等多国课本，并逐步向自编教材过渡。[③]此外，许多欧美教学方式的引入也进一步丰富了教材的编写结构，加速了教材新旧更新的过程。这一期间，各地教材编写种类逐渐增多，编写水平逐步提高，从单纯借鉴转为引进改编。

3. 1919—1948年：我国现代小学数学课程的发展

1919年，五四运动宣告了一个旧时代的结束和一个新时代的诞生。在五四运动的推动下，教育界积极推动学校教育改革。20世纪20年代初，民国初年的学制已暴露出越来越多的弊端，而实用主义教育思潮在中国的传播与影响也达到了高潮，美国的教育模式已基本被中国的教育所接受。1922年，教育部通过并公布了《学校系统改革令》，即“壬戌学制”。这一学制受到了美国中小学教育的“六三三”学制以及杜

① 魏佳. 清末小学数学教科书编写：史实与借鉴[J]. 课程·教材·教法，2009，29(11)：85-88.

② 王权. 中国小学数学教学史[M]. 济南：山东教育出版社，1996：111.

③ 王权. 中国小学数学教学史[M]. 济南：山东教育出版社，1996：125.

威的教育思想的影响。随着1922年“壬戌学制”的颁布，中国教育在学制上和美国的“六三三”保持一致，小学、中学均为6年。其中，初级小学四年，高级小学两年。

1923年，新的学科课程标准纲要也随之产生，《算术科课程纲要》包括主旨、限度（最低标准）、程序、方法等部分，集中反映了杜威实用主义教育思潮对中国小学数学教学的影响。同年，商务印书馆根据《算术科课程纲要》编辑出版了《新学制算术教科书》，具体包括《新学制初小算术》（八册）、《新学制高小算术》（四册）和《新法后期小学算术》（四册）。总体来说，这套教材在教学内容、编排体系以及教学方法等方面的革新是空前的。但由于受到美国实用主义教育观念的影响，教材虽然注重算术知识在实际生活中的运用，与以往教材相比，在教学程度上有所下降；同时增加了大量直观形象的插图，珠算教学有所削弱，笔算、口算、珠算之间的关系不太被强调。这一现象与当时教育界关于珠算、笔算的关系以及珠算教材的编写等问题还存在争议有关。①

总的来说，1919—1926年间的小学数学教学并没有完全抛弃传统，而是在新教学思想的指导下吸收国外的先进教学经验，对旧的算术教学在教学宗旨、教学内容和教学方法上进行一场全面的改造。

1927—1937年间，国民党统治区的数学教育基本上仍采用1922年颁布的“壬戌学制”以及1923年颁布的《小学算术课程纲要》，并根据教育宗旨和一系列的教育法令规程，在1929年、1932年和1936年做了3次重大修正。其中，1929年8月，教育部颁布实施《小学算术课程暂行标准》，随后根据各地的具体实施情况以及意见和建议进行了修订，于1932年10月颁布正式的《小学算术课程标准》。这一课程标准与1923年颁布的课程标准纲要相比，程度有所加深，删去了一些不切实际的应用题，增加了一些平面图形的认识和应用：四年级增加了票据、账折的认识和计算，以满足学生以后的就业之需；六年级增加了简易统计图表的认识、制作和计算。在教学内容中，这一课程标准还提出了“算术游戏的练习”和“物价涨落的调查和计算”的课外作业，以增强数学课程的趣味性以及数学课程和实际的联系。1936年颁布的《小学算术课程标准（修正）》在保留教学目标的同时，在教学时数上有所减少，教学内容上有所变化，教学内容适当后移，珠算与笔算结合教学，以应对学生负担过重的问题。

为适应抗战时期的需要，教育部修订《小学算术课程标准（修正）》并于1941年颁布了《小学算术科课程标准》。1948年，为适应抗战胜利后社会的需要，教育部对原课程标准进行了二次修订，修订后的《算术课程标准》中规定，算术从第三学年开始正式教学，第一、二学年只在各学科教学中随机教学。从四年级起，每周安排珠算教学的时间为60分钟。这一时期比较有特色的小学数学教材主要有俞子夷编著的《国防算术课本》和宋文藻编著的《小学珠算科教材和教法》。然而受战争的影响，这一时期的小学算术教学程度低落。②

---

① 王权. 中国小学数学教学史[M]. 济南：山东教育出版社，1996：151.

② 王权. 中国小学数学教学史[M]. 济南：山东教育出版社，1996：233.

总的来说，清末民国直至新中国成立前这一时期的数学课程得到了一定程度的发展，小学数学课程教学体系的建构日渐成熟。小学数学在课程目标方面确立了以儿童本位到生活本位与儿童本位并存的课程价值观，体现了小学数学课程目标制定的实用性、生活性和可行性。在课程内容选择方面，逐步形成数与计算、量与计算、几何图形、数学的应用、统计与账簿这5条主线构成的综合数学知识体系，这一时期的小学数学课程内容存在繁难偏旧现象，且在内容选择上更多地依赖于社会所需。在课程实施方面，开始注重多种教学方法的灵活应用，但在课堂教学活动中，仍然较多地强调教师的主导作用，忽视学生在学习过程中的主体地位，且课堂教学过程依然主要以基础知识为教学重点。①

三、1949—1977年我国小学数学课程

小学数学课程作为基础教育阶段的基础课程，自新中国成立至改革开放之前这一段时期，在教学大纲（课程标准）的制定、教材的编写等方面都发生了较大的变化。而这些发展变化主要体现在国家发布的课程文件中。基于这一时期的课程文件（表1-2）可以看出，我国这一时期的小学数学课程经历了继承和改造民国时期的小学数学课程、模仿苏联的小学数学课程、首次探索中国特色的小学数学课程、实行区域自主化的小学数学课程等多个发展阶段。②

表1-2 1949—1977年颁布的小学数学课程文件一览表

年份	课程文件	发展阶段
1950	《小学算术课程暂行标准（草案）》	继承和改造民国时期的小学数学课程
1952	《小学算术教学大纲（草案）》	模仿苏联的小学数学课程
1952	《小学珠算教学大纲（草案）》	
1956	《小学算术教学大纲（修订草案）》	
1963	《全日制小学算术教学大纲（草案）》	首次探索中国特色的小学数学课程

（一）1949—1951年：继承和改造民国时期的小学数学课程

新中国成立初期，百废待兴，教育领域也是如此，小学数学课程尚未有统一的课程文件，也没有统一编写的小学数学教材，建立统一的小学数学课程标准和编制统一的小学数学教材成为当时的迫切需要。③研制并实施过渡性的小学数学课程也成为

① 陈婷，孙彬博．清末民国时期小学数学课程的嬗变及其评析[J]．数学教育学报，2016，25(1)：21-24.

② 曹一鸣，梁贯成．21世纪的中国数学教育[M]．北京：人民教育出版社，2018：90-95.

③ 孙彦婷，李星云．我国小学数学课程建设70年的历程与发展趋势[J]．课程·教材·教法，2019，39(11)：53-58.

了当时小学数学课程探索和实践的重要内容。

1950 年 7 月,教育部颁布了《小学算术课程暂行标准(草案)》,这也是新中国成立以后的第一套小学数学课程标准,教学内容分为笔算和珠算,且以四则计算为中心。此外,该标准也在思想品德方面提出了新的要求,既体现出小学数学在新中国成立初期的学科育人作用,也体现出社会主义教育与旧教育的不同。使用"暂行标准""草案"等表述也在一定程度上说明该标准还不够完善,旨在统一新中国成立前分散的小学数学课程。

这一期间全国没有统一的教材制度,当时的小学数学教材出版和使用情况存在南北方地区上的差异,但基本上都是初级小学和高级小学的"四二"学制的教材,且主要是选用和修改民国时期的小学算术教材以及老解放区的小学算术教材。这也符合教育部提出的"以老解放区新教育经验为基础,吸收旧教育有用经验,借助苏联经验,建设新民主主义教育"[①] 等要求。

1950 年 12 月,中央政府组建了人民教育出版社,统一课程教材,自此开始,我国的小学数学课程开始进行有计划、有步骤地改造和探索。

(二) 1952—1957 年:模仿苏联的小学数学课程

1949 年 12 月,教育部召开的第一次全国教育工作会议上明确把"借助苏联教育建设先进经验"作为我国教育建设指导方针的重要组成部分。在此方针的指导下,这一期间教育领域进入了全面学习苏联的模式,掀起了学习苏联教育经验的热潮。[②] 在数学教育领域,主要包括研制并实施苏联模式的小学算术课程。

1951 年,教育部翻译了苏联十年制学校中的小学算术教学大纲,并且制定了新中国第一份小学珠算教学大纲。1952 年 3 月,教育部颁布《小学暂行规程(草案)》,小学为五年一贯制,一至五年级开设算术(包括珠算)课程,珠算在第四、五学年教学。1952 年 7 月,教育部成立了中小学各科教学大纲起草委员会,在"学习苏联先进经验,先搬过来,然后中国化"的方针指导下,参照苏联十年制学校课程设置编制中小学数学课程,同时以苏联十年制学校数学教学大纲和教材为蓝本编写教材。

1952 年 12 月,教育部颁布了《小学算术教学大纲(草案)》和《小学珠算教学大纲(草案)》。其中,《小学算术教学大纲(草案)》根据《苏联初等学校算术教学大纲》编译,仅仅是将苏联初等学校四年的小学数学教学内容拉长为我国五年的小学数学教学内容;《小学珠算教学大纲(草案)》则是基于珠算在我国实际生活中的广泛应用单独颁布的。1952 年秋,人民教育出版社以苏联教材为蓝本,开始编写《初、高级小学算术课本》,整套算术课本直到 1955 年编完。这套教材是新中国成立以来第一套全国通用教材,对统一全国小学算术教材、推动小学教育事业发展和探索自编教材体系等方面起到了重要作用。但是这套小学数学教材的内容属于完全照搬苏联教材。

---

① 中共中央文献研究所. 建国以来重要文献选编:第 1 册[M]. 北京:中央文献出版社,1992:86.

② 方晓东,李玉菲,毕诚,等. 中华人民共和国教育史纲[M]. 海口:海南出版社,2002:71.

1952 年，教育部决定从秋季学期开始从小学一年级实施五年一贯制。1953 年 9 月，教育部颁布《试行小学（四二制）教学计划（草案）》。1953 年 11 月，政务院又作出了关于停止推行小学五年一贯制，仍沿用小学四二制的决定。这一决定使得苏联初等学校四年制的算术教学内容拉长为我国六年的小学数学教学内容。1955 年，教育部颁布了《小学教学计划》，该计划为六年制。1956 年，教育部颁布了《小学算术教学大纲（修订草案）》，这套大纲是教育部又一次公布的统一的算术教学大纲，总结了学习苏联的经验。1957 年，教育部颁布了新的《小学教学计划》。

总体来说，这一时期的小学数学课程主要是模仿苏联，小学数学教材编写主要以苏联教材为蓝本，将苏联小学数学四年的教学内容编译为我国小学五年或六年的教学内容。编写及出版高度集中、统一。小学数学教材的编写及出版由人民教育出版社统一承担，国家从全国抽调小学教育专家，集中到人民教育出版社专门从事小学数学教材的编写及出版工作。此外，人民教育出版社及各个省市根据统一教材还出版了一系列的教学参考资料。

（三）1958—1966 年：首次探索具有中国特色的小学数学课程

1. 1958—1960 年：开展“教育革命”，中学内容下移到小学

1958 年，根据“教育为无产阶级政治服务，与生产劳动相结合”的教育方针，全国各地开展了“教育革命”，全民大办教育的风潮盛行，1956 年颁布的《小学算术教学大纲（修订草案）》被迫停止了推行。此举在破除对苏联大纲迷信的同时，也全面否定了学习苏联的经验。同时也要求删除现有教材中的资产阶级思想和教条主义，坚持走群众路线，发动群众共同承担起编写教材的责任。① 但是，过于强调教育与生产实践的结合，加强教育进度和发展速度，出现了一些违背教育规律的情况。

1958 年 9 月，教育部颁布《关于小学算术课临时措施问题的通知》和《小学算术各年级算术教材精简补充纲要》，决定从 1958 年秋季起将初中算术的部分内容下放到小学，对教学内容和教学要求进行调整。

总的来说，1958—1961 年这一期间的教材方面，主要是把初中算术下放到小学，提高小学算术教学的程度，这也是我国小学数学教学的一个转折点，要求在小学阶段学完全部算术。这一期间，北京、江苏、浙江等地分别自主编写了(地方)小学数学教材。尽管各地的教材富有特色，但由于受到“大跃进”运动的影响，教材编写缺乏专家的引领和指导，教材内容缺乏科学性和合理性，过高估计了小学生的接受能力，把过多的初中数学内容下放到小学，学生难以理解，影响教学质量。

2. 1961—1966 年：初步构建我国的小学数学课程

1960 年 10 月，人民教育出版社在总结经验的基础上初步拟定了《十年制学校数学教材的编辑方案(草稿)》，并基于此编制了《十年制学校小学算术课本(试用本)》(十

---

① 孙彦婷，李星云. 我国小学数学课程建设 70 年的历程与发展趋势[J]. 课程. 教材. 教法，2019，39(11)：53-58.

册)、《珠算》(一册)。华罗庚、关肇直、丁尔陞等知名数学家开始担任数学教材编写的顾问。从实验教材的试用情况看,这套教材的教学效果较好,不仅为缩短学制创造了有利条件,而且为以后的算术教学改革提供了有益的经验。这也算是开始初步构建符合我国国情的小学数学课程教材。[①]

1961 年,中央提出“调整、巩固、充实、提高”八字方针,自此直到 1966 年,这一时期是新中国成立以来我国政治比较稳定,经济逐渐开始好转的时期。这为小学数学课程教材的改革发展创造了良好的外部环境。

1963 年,教育部根据《中央关于讨论试行全日制中小学工作条例草案和对当前中小学教育工作几个问题的指示》精神,重新制定并发布了《实行全日制中小学新教学计划(草案)》。新的六年制小学教学计划中,算术有 1 649 课时,比 1954 年修订的“四二学制”中计划的 1 520 课时增加了 129 课时。不过,到了 1964 年 7 月,教育部下发了《关于调整和精简中小学课程的通知》,其中对小学数学课程三至六年级算术的每周课时各减少 1 课时。[②]

1963 年 8 月,在新教学计划基础上,由人民教育出版社拟定并由教育部颁布了六年制新的《全日制小学算术教学大纲(草案)》。该大纲正式提出“使学生牢固地掌握算术和珠算的基础知识,培养学生正确地、迅速地进行四则计算的能力,正确地解答应用题的能力,以及具有初步的逻辑推理的能力和空间观念,以适应他们毕业后参加生产劳动和进一步学习的需要”[③]。明确提出“运算能力、逻辑推理能力、空间观念”三大能力的培养,以及加强“基础知识、基本技能”的双基教学,这是对新中国成立以来我国数学课程改革经验和教训的总结,教学内容、教材编写等方面初步形成了适合我国国情的小学数学课程教材。且教材的变化主要是对“1959 年暂用本”和“1961 年教材”的改变,增加了运算定律、运算性质、用辗转相除法求最大公约数、圆锥的体积、棱柱、棱锥的体积和复比例等内容,重视基础知识和基本技能的教学,加强了数学知识的科学性、系统性和严密性。该大纲的产生,也宣告我国数学教育史上机械模仿外国模式的终结,形成了具有中国特色的数学文件。[④] 在此期间,教育部倡导各地进行课程教材的改革,上海、北京等地都出现了一些自编教材。

这一时期的小学数学教材包括人民教育出版社出版的暂用本,十年制学校实验用算术课本,全日制十二年制学校小学使用的初级小学和高级小学算术课本以及各地自编的各个版本地方性教材。

(四) 1967—1977 年:实行区域自主化的小学数学课程

这一时期,教育领域“无纲自本”,全国没有统一的教学计划和学科教学大纲,无

---

① 宋乃庆,张奠宙. 小学数学教育概论[M]. 北京:高等教育出版社,2008:27.

② 曹一鸣,梁贯成.21 世纪的中国数学教育[M]. 北京:人民教育出版社,2018:93.

③ 课程教材研究所.20 世纪中国中小学课程标准·教学大纲汇编:数学卷[G]. 北京:人民教育出版社,2001:82.

④ 张奠宙,于波. 数学教育的“中国道路”[M]. 上海:上海教育出版社,2013:56.

统一的教材制度，政府鼓励大、中、小学校师生自订方案、自订课程、自选教学内容、自编教材。各地组成中小学教材编写组编写小学数学教材，经当地教育行政部门统一，由各地新华书店发行。1968 年，各个省、自治区、直辖市相继成立中小学教材编写组，着手自编教材。一些经验不足的地方选用北京、上海的教材。1972 年下半年开始，一些省、自治区、直辖市在自编教材的基础上，协作编写教材，以解决各自编写教材中的困难，也使教材在质量上有了一定的保证。1973 年以后，一些省、自治区、直辖市除编写小学数学教材外，还编写了“三算”（即笔算、珠算、口算）结合的小学教材（大多是其下属的地区、县编写的），供学校选用。这一期间的小学数学课程也并非完全停滞不前，例如，教材建设更加注重实用性，在教材建设过程中加入单据、账簿等迎合当时生产需要的实用性内容。此外，这一期间全国执行灵活的小学学制。小学五年制和六年制并存在，很多地方取消初等小学和高等小学，试行五年一贯制。

总的来说，这一阶段的小学数学课程发展从继承与改革民国时期的课程到全面学习苏联模式，再到首次探索新中国的小学数学课程，最后转为各地小学数学课程区域自主。

四、1978—2000 年我国小学数学课程

改革开放以来直至 20 世纪末，我国的小学数学课程在课程目标、课程内容、课程实施和课程评价等方面的发展变化主要体现在国家发布的课程文件中。基于这一时期的课程文件（表 1-3）可以看出，我国这一时期的小学数学课程经历了改革开放初期的再次探索中国特色小学数学课程、九年义务教育时期的构建义务教育小学数学课程等发展阶段。

表 1-3 1978—2000 年颁布的小学数学课程文件一览表

年份	课程文件	发展阶段
1978	《全日制十年制学校小学数学教学大纲（试行草案）》	课程重建时期 再次探索中国特色小学数学课程
1986	《全日制小学数学教学大纲》	课程巩固与发展时期 构建义务教育小学数学课程
1988	《九年制义务教育全日制小学数学教学大纲（初审稿）》	
1992	《九年义务教育全日制小学数学教学大纲（试用）》	
2000	《九年义务教育全日制小学数学教学大纲（试用修订版）》	

（一）1978—1985 年：课程重建时期，再次探索中国特色小学数学课程

为尽快从“文化大革命”对小学数学课程发展的影响中恢复，1978 年 2 月，教育

部颁布了《全日制十年制学校小学数学教学大纲(试行草案)》,这是人民教育出版社按照“借鉴国外的先进经验,结合我国的实际,按照中小学生所接受的数学教学内容,既重视基础知识的教学,又培养学生的能力”的指导思想进行编写的,这部小学数学教学大纲是我国历史上第一次把“小学算术”更名为“小学数学”,这不只是简单的更名,而是使教学大纲、课程教材都发生了变化,小学数学课程教材得以重建。这份大纲提出了全新的关于课程教材内容改革的原则——精选传统的算术内容;适当增加代数、几何的部分内容和渗透一些代数学的思想。

教材改革主要表现为:(1)改革全国通用教材。人民教育出版社在1963年小学数学课本的基础上出版新编《全日制十年制学校小学课本:数学(试用本)》和《六年制小学课本(数学)》,这套教材成为建国40年以来使用时间最长、最稳定的小学数学教材。(2)各地开始出现一些各具特色的实验教材,比较有影响的教材有中科院心理研究所主编的《现代小学数学》实验教材、北京师范大学教育系和北京景山学校合编的《小学实验教材·数学》、中央教育科学研究所编写的《小学数学实验教材》等。

在课程目标方面,这一时期较为重视知识与技能层面的目标,情感态度与价值观维度的目标并未受到足够的重视。在课程内容方面,这一时期的小学数学课程内容主要为数与代数、图形与几何、统计与概率以及综合与实践等领域,具体细分为了数与计算、量与计算、简易方程、比和比例,几何初步知识,简单的统计表和统计图以及应用题等主题。在课程实施方面,这一时期较为关注基础知识的教学,学生计算能力、逻辑思维能力的培养,也较为注重教学方法的改革和创新。在课程评价方面,这一时期主要关注作业的检查、题目的难易以及成绩的评价等方面。[①]

(二) 1986—2000年:课程巩固与发展时期,构建义务教育小学数学课程

伴随着我国政治、经济、文化等的多方面发展,基础教育课程体系需要与之相契合,这一期间的小学数学课程在巩固与不断地调整中进入了一个相对稳定的时期,也基本上构建了我国义务教育小学数学课程。

1985年颁布的《中共中央关于教育体制改革的决定》提出要在我国实施九年义务教育的宏伟目标。1986年,《中华人民共和国义务教育法》正式颁布并施行。为了适应基础教育发展的现实需要,有计划、分步骤地实施义务教育,在此期间国家先后颁布了四份小学数学教学大纲,分别是:1986年的《全日制小学数学教学大纲》,1988年的《九年义务教育全日制小学数学教学大纲(初审稿)》,1992年的《九年义务教育全日制小学数学教学大纲(试用)》,2000年的《九年义务教育全日制小学数学教学大纲(试用修订版)》。

其中,1986年颁布的《全日制小学数学教学大纲》是新中国成立以来我国颁布的第一个不带“草案”字样的正式数学课程文件,也是第一个同时适用于五四学制、

① 章全武.改革开放40年小学数学课程的嬗变:基于7份课程文件内容的分析[J].上海教育科研,2018(9):18-22.

六三学制的小学数学教学大纲。不过，与1978年颁布的《全日制十年制学校小学数学教学大纲(试行草案)》相比，这份文件在课程目标、课程内容、课程实施与课程评价等方面并未做出重大调整，具有一定的一致性。小学数学课程文件的稳定性的保持对恢复与提高小学数学教学质量具有重要价值。

1988年颁布的《九年义务教育全日制小学数学教学大纲(初审稿)》包含了教学目的和要求、教学内容的确定和安排、教学中应注意的几个问题以及各年级的教学内容和教学要求等内容。

1992年颁布的《九年义务教育全日制小学数学教学大纲(试用)》是在全国征求修订意见和建议的基础上颁发的，其与之前的教学大纲相比，进一步加强了思想品德教育，适当降低了要求，删除了部分内容，增加了大纲的弹性和灵活性。修订于2000年的《九年义务教育全日制小学数学教学大纲(试用修订版)》内含了下一阶段课程改革的先期成果，如要求培养学生的创新意识和实践能力。

总的来说，这四份小学数学教学大纲在体例和内容上基本上保持一致，体现出这一期间的小学数学课程建设处于一个相对稳定的阶段。具体来说，在课程目标方面，这一时期在重视知识与技能层面的目标的同时，也逐渐意识到数学学习兴趣、信心等情感价值观维度的因素的重要性。在课程内容方面，这一时期的数学课程内容与改革开放初期的在数与代数、图形与几何、统计与概率以及综合与实践等方面的差异不大。在课程实施方面，这一时期仍然重视基础知识的教学以及教学方法的改革，但是要更为重视学生智力的发展、创新意识和实践能力的培养。在课程评价方面，这一时期开始注重口试、实际操作与笔试相结合的方式，并试图改进考查结果的呈现形式。①

此外，这一时期的小学数学教材由原来的“一纲一本”变为“一纲多本”，全国开始组织编写了“八套半”小学数学教材，即“六三学制”的六套教材，“五四学制”的两套教材和“复式教材”(称为半套)，以供全国不同地区、不同条件的学校使用。“八套半”教材开启了国家层面的教材从“一纲一本”到“一纲多本”的多样化探索之路。②

五、2001年以来我国小学数学课程

21世纪以来，我国的小学数学课程在课程目标、课程内容、课程实施和课程评价等方面的发展变化主要体现在国家发布的课程文件特别是数学课程标准中。基于这一时期的数学课程标准(表1-4)可以看出，我国这一时期的小学数学课程经历了新课程改革时期的完善中国特色小学数学课程、深化课程改革时期的建设核心素养导向的小学数学课程等发展阶段。

---

① 章全武. 改革开放40年小学数学课程的嬗变：基于7份课程文件内容的分析[J]. 上海教育科研，2018(9):18-22.

② 石鸥，张学鹏. 改革开放40年教科书建设再论[J]. 教育学报，2018，14(2):24-33.

表 1-4　2001—2022 年颁布的小学数学课程标准一览表

年份	课程文件	发展阶段
2001	《全日制义务教育数学课程标准(实验稿)》	新课程改革时期 完善中国特色小学数学课程
2012	《义务教育数学课程标准(2011 年版)》	
2022	《义务教育数学课程标准(2022 年版)》	深化新课程改革时期 建设核心素养导向的小学数学课程

(一) 2001—2013 年:新课程改革时期,完善中国特色小学数学课程

2001 年之前,我国中小学的教学纲领性文件以规定教学教什么以及怎么教的教学计划与教学大纲为主。为应对 21 世纪的挑战和激烈的国际竞争,1999 年 6 月,国家层面在《中共中央　国务院关于深化教育改革全面推进素质教育的决定》中要求"调整和改革课程体系、结构、内容,建立新的基础教育课程体系"。2001 年 6 月,教育部印发了《基础教育课程改革纲要(试行)》,这也正式拉开 21 世纪国家层面课程改革的序幕。

2001 年 7 月,《全日制义务教育数学课程标准(实验稿)》正式颁布,标志着义务教育阶段新一轮基础教育数学课程改革的启动,也标志着我国基础教育课程改革开始由教学大纲时代迈入课程标准时代,开始由学科教学大纲到学科课程标准的逐渐过渡,也意味着小学数学课程开始转向大众化。这一时期,多家出版社开始围绕着《数学课程标准(实验稿)》进行义务教育阶段数学实验教材的研制。

2005 年 5 月,《数学课程标准(实验稿)》的修订工作正式启动,结合对义务教育数学课程改革经验与教训的总结,教育部于 2011 年 12 月下发了《关于印发义务教育语文等学科课程标准(2011 年版)的通知》,并颁布了《义务教育数学课程标准(2011 年版)》,该课程标准的颁布意味着小学数学课程建设进入了改革深化期,而且也促使各个出版社对原有的小学数学实验教材进行修订。

总的来说,这一时期是新课程改革背景下中国特色小学数学课程建设的完善时期,一方面,实现了从数学学科教学大纲到数学课程标准的逐渐过渡①;另一方面,这一期间两个版本课程标准的颁布也表明我国的小学数学课程建设进入了改革深化时期。② 具体来说,在课程目标方面,这一时期的目标内容逐渐丰富和完善,不仅继续强调知识与技能、情感态度与价值观等层面的目标,还进一步强调培养适应未来社会需求的具有创新意识和科学态度的公民。在课程内容方面,这一时期的数学课程内容在数与代数方面与之前相比内容结构上没有较大的变化,但在图形与几何、统计与概

① 王光明,刘静. 加强核心素养导向,完善课程标准体系:《义务教育数学课程标准(2011 年版)》与《义务教育数学课程标准(2022 年版)》(小学部分)比较研究[J]. 课程. 教材. 教法,2022,42(7):4-11.

② 孙彦婷,李星云. 我国小学数学课程建设 70 年的历程与发展趋势[J]. 课程. 教材. 教法,2019,39(11):53-58.

率以及综合与实践等方面与之前相比变化较大，新增了一些新的内容。这说明 21 世纪的小学数学课程内容在坚守传统的数与代数内容的同时，还在图形与几何、统计与概率以及综合与实践方面进行了与时俱进的调整，以让学生获得适应现代社会生活的基本数学素养。在课程实施方面，这一时期意识到发挥学生在数学学习中的主体地位的重要性，在重视基础知识与基本技能落实的同时，重视数学思想方法和数学活动经验，“四基”得到了重视。在课程评价方面，这一时期较为注重学生知识技能、数学思考、问题解决、情感态度等方面的评价，并且在评价主体、评价方式以及呈现方式等方面表现出多样化的追求。①

此外，2000 年以来的小学数学课程资源延续了教材、教学参考书、实物直观教具、教学研究期刊的传统。教材“一标多本”，各地可以根据实际情况选用教材，出版社出版配套的教学参考书以及实物直观模型。

（二）2014 年至今：深化新课程改革时期，建设核心素养导向的小学数学课程

党的十八大、十九大、二十大报告中都将“立德树人”作为教育的根本任务，而小学数学课程是发展学生核心素养、落实立德树人根本任务的重要载体。2014 年，教育部颁布的《关于全面深化课程改革落实立德树人根本任务的意见》中明确指出“研究制定学生发展核心素养体系和学业质量标准两个核心内容”，随后，教育部组建新一轮的义务教育课程标准修订组，以核心素养为导向，修订完善了《义务教育课程方案和课程标准》，并于 2022 年 4 月颁布了《义务教育课程方案（2022 年版）》和《数学课程标准（2022 年版）》。《数学课程标准（2022 年版）》的颁布，标志着核心素养成为小学数学教材编写、教学实施、教学评价与考试命题等方面改革的重要引擎。同时也实现了从学科内容标准到核心素养统领的“内容标准+学业质量标准”的初步发展。小学数学课程的建设走向了核心素养导向。

核心素养导向的小学数学课程，在课程理念、课程目标、课程内容、课程实施、课程评价等方面都发生了一定的变化。具体来说，在课程理念方面，确立了核心素养，凸显了数学课程的育人导向。在课程目标方面，《数学课程标准（2022 年版）》将“三会”核心素养作为课程目标进行顶层设计，并以此来统领“四基”“四能”“情感态度与价值观”，构建了义务教育阶段的数学课程目标体系。在课程内容方面，《数学课程标准（2022 年版）》调整了学段划分以及“数与代数”“图形与几何”“统计与概率”“综合与实践”四个内容领域的内容结构，更加注重综合与实践部分的布局，体现出结构化的特征；同时还对每个主题内容从“内容要求”“学业要求”“教学提示”三个方面给出了课程内容的相应要求和评价标准。在课程实施方面，《数学课程标准（2022 年版）》强调实施素养导向的数学课堂教学，注重单元整体设计与实施，注重学科实践与跨学科融合，跨学科主题式学习与项目学习得到重视。在课程评价方面，

① 章全武. 改革开放 40 年小学数学课程的嬗变：基于 7 份课程文件内容的分析[J]. 上海教育科研，2018(9)：18－22.

《数学课程标准(2022年版)》中新增加了"学业质量",明晰了学业质量的内涵及评估指标,同时也凸显了"教—学—评"的一致性。

第二节 国际小学数学课程改革与发展

在经济全球化以及思想文化频繁交流的背景下,国家与国家之间的相互学习与借鉴得到了广泛开展。各个国家也都投入到了数学课程改革之中,国际小学数学课程随着整个课程改革的发展趋势,也得到了改革与发展。全球课程改革的背景驱使我们必须了解国际数学课程的变化、最新进展和发展趋势,以为传承并发展我国的数学课程提供国际视野。本节主要介绍美国、芬兰、新加坡、日本这几个在国际数学教育上备受瞩目,同时也具有较强影响力国家的小学数学课程改革发展情况。

一、美国的小学数学课程改革与发展

由于在一些国际测评项目中的数学教育表现不尽如人意,美国针对基础教育数学课程进行了一系列的改革。不可否认的是,美国始终处在世界数学课程改革的最前列,其数学教育史上的几次大变革对整个国际数学教育都产生过深远的影响。本部分对美国20世纪以来的基础教育数学课程改革进行回顾梳理,特别是对作为美国近年来中小学数学课程改革政策窗口的《中小学数学课程和评价标准》《学校数学教育的原则和标准》《州立共同核心数学课程标准》等进行分析,以期为我国小学数学课程的完善和发展提供参考。

(一) 20世纪的基础教育数学课程改革

美国教育在20世纪所经历的几次重大变革都是以课程改革为核心而非教育体系。[①] 纵观20世纪的美国"课程战争",每次的焦点并不相同:20世纪前20年,实践性的学习VS基于书本的学习;20世纪20年代,项目式学习、体验式学习VS传统知识学习;20世纪40年代,旨在培养个人适应社会的课程VS旨在教授知识和技能的课程;20世纪60和70年代,以学生为中心、开放式课堂和探究性学习VS教师主导的课堂和基本的技能;20世纪90年代,是否超越标准。[②] 作为基础教育核心课程的数学,在20世纪期间的基础教育课程改革过程中也经历了一系列"数学战争",每次的焦点也不同:20世纪前30年,进步教育专家主导整个教育系统;20世纪30年代,活动运动;20世纪40年代,生活调整运动;20世纪50年代和60年代,"新数"运动;20世纪70年代,回到基础;20世纪80年代,问题解决、大众数学以及全美数学教师理事会(National council of teachers of mathematics,NCTM)标准;20世纪90年代,全美数学

① 孙晓天. 数学课程发展的国际视野[M]. 北京:高等教育出版社,2003:8.

② FINN C,SOUSA R. What lies ahead for America's children and their schools [M]. Stanford: Hoover Institution Press,2014:93.

教师理事会数学教材。可以说,20世纪前半程的活动运动,生活调整运动,特别是20世纪后半程的数学家积极参与的“新数”运动,回到基础,问题解决等,在美国20世纪的基础教育数学课程改革历程中留下了重要的印记。

其中,发起于20世纪50年代并一直持续到60年代的“新数”运动,臆想数学教师具有一定的知识储备,并试图通过公理化的方式组织和实施学校的数学课程,却很少关注数学基本技能或数学应用方面的内容,因预设与现实的冲突而最终以失败收场。20世纪70年代早期,伴随着“新数”运动的失败,“回到基础”的呼声较高,不过其因使数学教育处于粗浅状态而黯然离场。这一时期伴随着进步教育势力的复苏,开放教育运动也名噪一时,同样也在一片抵制声中退出舞台。尽管基础教育课程改革在不断推进,数学和科学教育的持续下滑已是20世纪80年代时期人们的共识。20世纪80年代,全美数学教师理事会在《行动议程——80年代数学教育的建议》中提出将“问题解决”作为中学数学的核心,与此同时,“大众数学”的口号也得到了积极的响应;20世纪80年代中期由美国促进科学协会牵头提出的“2061计划”是一项面向21世纪并致力于科学知识普及的中小学课程改革工程;20世纪80年代末,全美数学教师理事会颁布的《学校数学课程和评估标准》因以建构主义为基本理念,肢解了学校数学的知识体系,不仅删减了一些数学内容,忽视了数学基本技能的培养,并且还出现了一些数学错误,如此种种都遭到了不同程度的批判[①],但全美数学教师理事会标准中提出的“认识数学的重要性、对自己的能力充满信心、成为数学问题解决者、学会数学交流、学会数学推理”这五个方面至今仍对数学教育的改革与发展具有重要的指导意义。[②]20世纪90年代是全美数学教师理事会和国家科学基金会共同推动《学校数学课程和评估标准》施行之时,美国投入大量的人力、物力、财力开发相配套的教材。

(二) 21世纪以来的基础教育数学课程改革

为了改变基础教育持续不断衰败的现状,21世纪以来,美国先后颁布并实施了《不让一个孩子掉队法》(2002年)、《每一个学生都成功法》(2015年)等法案,从课程理念、课程内容、师资保障、课程管理、课程改革的评价等方面都进行了一定的改革,并侧重课程实施的保障,以确保每个孩子无论贫富、种族、文化背景差异等都能得到优质的教育。[③]伴随着新世纪基础教育课程改革的推进,数学教育领域也发起了相应的举措。2000年,致力于推动全美数学教育进步的全美数学教师理事会颁布了《学校数学教育的原则和标准》,不过它与1989年的全美数学教师理事会标准非常类似,只是删除了其中过于激进的言辞,并略微强调了算术运算法则以及运算流畅性

---

① 黄荣金.美国“数学战争”始末及其启示[J].数学通报,2007,46(1):24-32.

② 全美州长协会,首席州立学校官员理事会.美国州际核心数学课程标准:历史、内容和实施[M].蔡金法,孙伟,等,译编.北京:人民教育出版社,2016:3.

③ 付谢好,和学新.新世纪以来美国基础教育课程改革及其启示[J].河北师范大学学报(教育科学版),2014,16(3):53-60.

的重要性；[①]2006 年，全美数学教师理事会颁布了《幼儿园学龄前到 8 年级数学课程课程焦点：追求一致性》为数学战争画上了圆满的句号；[②]2008 年，全美顾问小组颁布了《成功的基础——全美数学顾问小组最终报告》，这一报告抓住了数学教育中本质而又实际的问题：学什么、教什么、怎样学习、怎样教学、怎样评价、怎样提高教师水平等；[③]2010 年，美国颁布了《州立共同核心数学课程标准》；2014 年，全美数学教师理事会颁布了《行动准则——确保所有学生的数学成功》，这些标准和文件中提出了关于数学课程、教学、评价等方面的很多新颖理念与观点，并试图建立从课程理念到课堂教学实施之间的有效通道，以期促进美国数学教育质量的提升。此外，美国教育界针对面向 2030 年的课程改革达成共识：变革课程以培养学生适应 21 世纪的技能或能力。[④]

总而言之，20 世纪期间的美国基础教育数学课程改革，数学家和教育家的不同参与程度及方式带来了数学教育改革的不同发展方向，并引发了数学在“内容”和“教育”两个方面的战争。对于数学教育而言，这就像是一个人左右两只脚之间的冲突，且双方的冲突在一定程度上分散了美国基础教育改革者和执行者等的注意力，阻碍了美国数学基础教育质量提升的步伐。21 世纪以来的美国基础教育数学课程改革已逐渐将数学课程内容作为改革的重点，并提升了数学双基在数学教育中的重要作用。

（三）典型标准：基础教育数学课程改革的见证

1. 1989 年颁布的《中小学数学课程和评价标准》

1989 年，全美数学教师理事会制定并颁布的纲领性文件——《学校数学课程和评估标准》（以下简称《1989 年版标准》），这是美国有史以来颁布的第一个国家性的统一的课程标准，对美国数学课程改革有着方向性的指导意义，在促进数学的教育标准、实践以及教材编写上发挥了很大作用。

《1989 年版标准》首先分析了现代信息社会对教育的各种需求，阐明教育改革的必要性。随后，还指出数学教育的目标应当是培养有数学素养的社会成员，并对“有数学素养”提出了五条要求：懂得数学的价值；对自己的数学能力有信心；有解决数学问题的能力；学会数学交流；学会数学推理。基于这五条要求，《1989 年版标准》中对 K—12 年级的数学教学分 3 个学段（K—4 年级、5—8 年级、9—12 年级）做了具体的改革要求，明确提出哪些内容应该加强，哪些内容应该削弱，并制定了相应的课程标准。

---

① KLEIN D.A brief history of american K-12 mathematics education in the 20th century [M]// Mathematical cognition: a volume in current perspectives on cognition, learning, and instruction. 2003: 120-123.

② 岳增成，张维忠，田晨.21 世纪美国基础数学课程改革与启示[J]. 数学教育学报，2014，23(1)：84-88.

③ 王尚志，高凯博，陈荣荣，等. 成功的基础(1)：介绍美国数学教育顾问委员会的报告[J]. 数学通报，2009，48(5)：17-21.

④ 邓莉，彭正梅. 迈向 2030 年的课程变革：以美国和芬兰为例[J]. 湖南师范大学教育科学学报，2018，17(1)：99-108.

此外,《1989年版标准》中还专门设计了配套的评价标准,并说明评价的主要目的是为了帮助教师更好地了解学生的知识掌握情况,以使他们能做出有意义的决策。标准中分一般评价、学生评价、大纲评价三个层次,列出了14个评价标准,并指明了哪些方面的评价应加强、哪些方面的评价应削弱。

2. 2000年颁布的《学校数学教育的原则和标准》

《1989年版标准》的推行,虽然使美国的数学教育取得了一定的进步,但是美国中小学在1995年的国际数学和科学评测中的表现仍然不尽如人意,其中小学数学教育和新加坡、日本等国家之间仍存在较大差距。此外,20世纪90年代信息技术的快速发展也对数学教学产生了很大的影响。在此背景下,结合美国各地数学教学的经验与各种反馈意见,全美数学教师理事会于1996年开始对《1989年版标准》进行修订,并在2000年正式颁布了新的课程标准——《学校数学教育的原则和标准》(以下简称《2000年版标准》)。①

《2000年版标准》保持了《1989年版标准》中提出的数学教育应面向全体学生,而不只是少数人学习的学科的基本理念,这也是数学教学的首条原则——公平原则。"公平原则""课程原则""教学原则""学习原则""评定原则""科技原则"共同构成了《2000年版标准》的6条教学指导原则。与《1989年版标准》相比,《2000年版标准》整体上表现出如下一些特点:

第一,统一了相关标准。《2000年版标准》在结构编排上做了较大的调整。将"课程标准""教学标准""评价标准"三个标准统编在了一个标准之中,使得课程、教学、评价三个方面形成一个更加完整的体系。

第二,新的学段设置更加体现学生年龄特点。在学段的设置上,《2000年版标准》将以往的三个学段(K—4年级、5—8年级、9—12年级)调整划分为四个学段(小学低年级:K—2年级,小学高年级:3—5年级,初中年级:6—8年级,高中年级:9—12年级),这样的划分也让学生的年龄特点区分得更为明确。

第三,重视数学教学指导。《2000年版标准》除了给出学校数学教育的六条原则,包括教学原则、学习原则等,还对如何实施具体的教学给予了一定的实例,以供教师在课堂教学中参考和使用,同时还在标准中给教师指出了教学中应当注意的问题。

第四,强调信息技术与数学课程的融合。将"科技原则"作为学校数学教育的原则之一,鼓励K年级开始的学生使用计算器等就是一个很好的说明。

此外,《2000年版标准》为每个学段设立了10条一致的标准。其中,前5条标准是关于数学内容的,分别是"数与运算""代数""几何""度量""数据分析与概率";后5条标准是关于数学过程的,包括"问题解决""推理与证明""交流""关联""表征"。《2000年版标准》围绕着数学内容标准和数学过程标准对各个学段学生的数

---

① 全美数学教师理事会. 美国学校数学教育的原则和标准[M]. 蔡金法,吴放,李建华,等译. 北京:人民教育出版社,2004.

学学习应该达到的深度和广度进行了规划，并对各个年级的侧重点给出了具体的说明，这样的设计更好地体现出了课程的整体性和连续性。《2000 年版标准》中还在此基础上针对不同学段学生的年龄特征及认知水平，对各条标准做了更为具体细致的说明。

3. 2010 年颁布的《州立共同核心数学课程标准》

2010 年，美国正式颁布《州立共同核心数学课程标准》(以下简称 CCSSM)，这是继《1989 年版标准》《2000 年版标准》之后，又一次基于标准的中小学数学教育改革的突破性成果。

在整体结构上，CCSSM 主要由导言、数学实践标准、数学内容标准三个部分组成，其中数学实践标准和数学内容标准是 CCSSM 的主体。数学实践标准中给出了 K—12 年级学生所需发展的 8 个数学实践能力：理解并解决问题；抽象并量化地推理；构造可行的论证并评价他人的推理；数学建模；灵活地使用适当的工具；精确化；探求并利用结构；在反复推理中探求并表征规律。数学内容标准部分主要由引言、概要和具体的条目构成。K—8 年级成为一个独立体系，按年级顺序依次规定内容标准。其中，1—5 年级的课程内容主要由运算与代数思维、十进制数及其运算、测量与数据、几何四个领域组成。

CCSSM 主要表现出以下几个特点：

第一，标准实施的统一性。CCSSM 旨在统一美国 K—12 年级的数学课程标准，追求重点突出且内容一致，能适用于美国各州、地方的中小学数学课程。

第二，内容重视理解、前后连贯、重点突出。CCSSM 在内容的深度和广度上都有所加强，旨在提高美国学生的数学水平。在内容上重点阐述了数学学习中理解知识的重要性，对各个年级的标准中的重点进行了详细地描述，便于教师与学生更好地把握重点，并要求各年级之间具有连贯性，以实现在实际教学中的自然过渡，让学生能在原来的基础上发展新的知识。

第三，强调对数学建模和数学推理的要求。CCSSM 在数学实践标准中对数学建模和数学推理提出了要求，具体提出了数学建模作为数学实践与教育的核心主线；在数学推理上，CCSSM 将其贯穿整个中小学课程，并且将其作为中小学数学教学的重要成分。

总的来说，在美国的小学数学课程改革过程中，特别是 CCSSM 这一文件的制定，强调实践能力的培养，以及学生数学兴趣和数学思维的培养，既广泛听取各州、各机构的建议，同时也积极吸纳其他国家刚性标准的优势，建立起了美国各州统一的数学课程标准，以解决各州标准参差不齐的问题，不断推进教育公平。

二、芬兰的小学数学课程改革与发展

芬兰的基础教育在全球享有盛名，芬兰学生在国际学生评估项目(PISA)测试中的出色表现，让芬兰的教育体系引起了世界的瞩目。芬兰卓越的基础教育质量得益于相对稳定的教育政策和长期的课程改革。与时俱进地认识芬兰的小学数学课程改革与发展的动向，可以为我国小学数学课程的完善和发展提供参考。下面我们将对芬兰21世纪以来的小学数学课程改革，特别是其颁布的数学课程标准中的小学部分进行分析。

为了让公民在变化的社会背景下更好地适应未来的生活和工作，每隔10年左右，芬兰会启动一次大规模的课程修改程序。芬兰国家层面的《基础教育国家核心课程》由国家教育委员会依据基础教育相关法案制定，是地方课程、校本课程的开发依据。《基础教育国家核心课程》提供有关学前教育、1—9年级基础教育的全国课程框架，其中不仅规定了各学科课程标准，还对基础教育的诸多方面进行了详尽的说明。21世纪以来，芬兰分别在2004年和2016年颁布了《基础教育国家核心课程》。

（一）2004年颁布并实施的《基础教育国家核心课程》

2004年芬兰颁布的《基础教育国家核心课程》，规定了基础教育1—9年级不同学科的学段划分，其中，数学学科分为1—2年级，3—5年级以及6—9年级三个学段。

在整体结构上，2004年版《基础教育国家核心课程》包括9个部分：第一部分，课程；第二部分，教育的出发点；第三部分，教学的执行；第四部分，学习支持；第五部分，特殊学生学习支持；第六部分，不同文化和语言群体的教学；第七部分，学习目标和教育的核心内容；第八部分，学生评价；第九部分，依据特殊教育任务、特殊教育系统或原则进行教学。其中，第七部分即是课程标准，这一部分规定了数学等多个学科的课程目标、核心内容及评价标准。可见，芬兰的数学课程标准并不是一份独立的文件，而是《基础教育国家核心课程标准》中众多科目之一。[①]

在课程目标上，2004年版《基础教育国家核心课程》数学部分明确指出“数学的教学任务是培养学生的数学思维，学习数学思想和广泛应用的解决问题的方法。教学是为了培养学生的创造力、严谨的思维，以及引导学生发现、提出并解决问题”。在此教学任务的指引下，标准中分别对各学段数学教学的核心任务、目标以及具体内容要求进行了阐述。

在课程内容上，2004年版《基础教育国家核心课程》数学部分按学段分领域呈现内容要求。其中第一学段（1～2年级）分“数与运算”“代数”“几何”“测量”“数据处理与统计”五个领域呈现；第二学段（3～5年级）分“数与运算”“代数”“几何”“数据处理、统计与概率”四个领域呈现。

在课程评价上，2004年版《基础教育国家核心课程》数学部分给出了在2年级期末、5年级期末良好表现的评价标准。[②]

（二）2016年颁布并实施的《基础教育国家核心课程》

2016年8月，芬兰颁布了新的《基础教育国家核心课程》，并开启了新一轮的基

---

① 曹一鸣. 十三国数学课程标准评介：小学、初中卷［M］. 北京：北京师范大学出版社，2012：92-93.

② 曹一鸣. 十三国数学课程标准评介：小学、初中卷［M］. 北京：北京师范大学出版社，2012：100.

础教育改革。这一轮基础教育改革提出了核心素养（transversal competence，又称跨界素养），并认为它是学生在特定情境中灵活运用知识与技能的一种综合能力，由知识、技能、价值观、态度、意愿等要素共同组成。①

2016 年版《基础教育国家课程标准》将核心素养融入到各学科的教学目标与内容之中。在课程设计过程中，不断地对核心素养的各个方面进行细化、分解和调整，将宏观上位的核心素养概念具体化，将核心素养的培养完全融入具体的课程，分解到各个学科，直接引导教师开展教学，致力于对学生核心素养的培养落到实处。② 在 2016 年版《基础教育国家核心课程》的"学习目标和教育的核心内容"中，其首先对芬兰学生核心素养的七大主题、各主题欲达成的具体目标以及各主题对应的核心内容分别进行了界定，其次将这七个主题分别落实到每个学科中。在每个学科中，如数学学科，按照学段分别从具体的学科目标、学生所需掌握的核心内容以及学段结束时学生优秀表现的标准三个维度来进行具体论述。即通过细化教育目标以及制定可以用于评价的质量标准，来实现核心素养的塑造。有学者认为，与世界上其他国家相比，芬兰学生核心素养的培养与课程体系的结合是最为紧密的。

关于数学教学目标，2016 年版《基础教育国家核心课程》明确指出数学教学的目的"旨在为学生提供发展数学思维、学习数学概念和数学问题解决的机会，发展学生的创新思维和精确思考的能力，指导学生发现问题、研究问题和寻求解决的能力"。数学教学目标的描述也是分学段进行阐述的，将小学数学教学分为了 1—2 年级、3—6 年级这两个学段。在每个学段，2016 年版《基础教育国家核心课程》从"意义、态度和价值观，操作技能，概念性目标和具体知识目标"三个维度描述教学目标，并且每个维度的内容都与相关的核心素养紧密关联起来。

关于小学数学教学内容，1—2 年级与教学目标相关的重要内容主要有思考与活动技能、数字与运算、几何与测量、数据处理与统计等主题领域。3—6 年级与教学目标相关的重要内容分主要有思考与活动技能、数字与计算、代数、几何与测量、数据处理、统计与概率等主题领域。对于每个主题领域又有具体的阐述。例如，关于小学 1—2 年级"几何与测量"，就进一步要求提高学生感知三维空间和观察其中的平面几何元素方面的技能，练习使用方向和位置的概念；学生与教师一起检视物体和平面图形，除了要会识别它们，学生还要能搭建和绘制；引导学生发现和命名物体和平面图形的性质，会用这些特性对物体和平面图形进行分类；让学生练习测量，指导他们掌握测量的原理；让学生讨论一些量，如长度、质量、体积和时间，并且学习使用相应的测量单位；米和厘米，千克和克，以及升和分升是关键单位；学生在时钟上学习时间和时间单位。

关于教学评价方面，2016 年版《基础教育国家核心课程》在描述具体目标和内

---

① 康建朝，李栋. 从中芬对比视角看芬兰核心素养[N]. 中国教育报，2017-05-12(5).

② 辛涛，姜宇，王烨辉. 基于学生核心素养的课程体系建构[J]. 北京师范大学学报，2014(1)：5-11.

容后，都会明确某一学段具体的评价指导意见。例如，其给出的关于3—6年级的评价指导意见如下：评价应是多功能的，能提供引导性和建设性的反馈。它们应支持学生数学能力的发展，而且必要时应能鼓励学生再次尝试。学生会被引导着进行自我学习的评价，并意识到自我的优势。反馈会帮助学生理解自身应进一步发展哪些知识技能以及如何发展。学生也会被引导着关注自身的学习行为，意识到自身对数学学习的态度。学生被要求通过口语、使用工具、绘图和书面工作不断证明自己的数学思维。评价内容包括学生的操作过程、解题的正确率以及运用已学知识技能的能力。当学生共同合作时，评价既会关注小组成员个体的行动和成果，也会关注整个团队的行动和成果。此外，文件还给出了对实际教学具有直接指导意义的、与数学教学目标相对应的数学教学评价标准。①

总体来说，尽管芬兰《基础教育国家核心课程》中关于数学课程标准的部分并非特别详细，但也起到了提纲挈领的作用。

三、新加坡的小学数学课程改革与发展

新加坡与我国同属东亚国家，两国有着相似的东方传统教育思想，在文化传统、社会价值观念等方面也有许多相似之处。但是新加坡的数学教育受西方的影响颇深，经过几十年的课程改革，形成了独具特色的课程体系。新加坡在国际学生评估项目（PISA）中的优异表现，让其教育质量享誉世界。与时俱进地认识新加坡的小学数学课程改革与发展的动向，可以为我国小学数学课程的完善和发展提供参考。下面我们将对新加坡20世纪以来的小学数学课程改革，特别是其颁布的小学数学教学大纲进行分析。

（一）20世纪的小学数学课程改革

早前，新加坡并没有统一的数学教学大纲，直到1959年，新加坡成立了教育咨询理事会，并下设教材和大纲委员会，开始对本地各语种学校所使用的教学大纲进行修订，并于1961年颁布了一套完整的包括所有传统科目在内的教学大纲。② 其中，适用于新加坡所有学校的数学教学大纲同时包括小学和中学的数学课程内容，课程内容采用螺旋上升的方式编排，数学不分算术、代数或几何等学科，而是作为一个整体。这一大纲一直沿用到1968年。③

1968年，新的小学数学教学大纲的推行开启了对新加坡数学教育影响长达20年之久的数学改革。新加坡于1971年和1976年分别对小学数学教学大纲进行了修订，教学内容有所减少。至此，新加坡数学大纲开始分小学和中学两套进行编订并一直延续至今。④

---

① 唐彩斌. 芬兰《国家基础教育核心课程》小学数学特点分析与借鉴[J]. 课程·教材·教法，2017，37(12)：116−121.

② 孙晓天. 数学课程发展的国际视野[M]. 北京：高等教育出版社，2003：307.

③ 曹一鸣. 十三国数学课程标准评介：小学、初中卷[M]. 北京：北京师范大学出版社，2012：283.

④ 廖运章. 新加坡2013数学教学大纲及其特点分析[J]. 数学通报，2016，55(11)：19−22.

20 世纪 70 年代的数学改革是一个全球现象，它导致了数学标准的衰退，尤其是学生代数计算能力的下降。新加坡的数学领域也呼吁“回到基础”。1979 年，新加坡开始施行新的教育体系，这一教育体系引入了学生分流制，学生被分流成两个分支(后来变成三个)，各分支有各自的数学课程标准。

为贯彻落实新的教育制度，新加坡教育部 1981 年颁布了新的《小学数学教学大纲》，在教学大纲中首次引入“学生分流”的体制，这也成了新加坡数学课程体系的一大特色。其中，小学阶段分流安排在三年级末，分流前所有学生都学习相同的科目。尽管此次改革的整体效果尚可，但是仍然存在学生数学基础不扎实、小学分流过早等问题。

1990 年，新加坡教育部再次对《小学数学教学大纲》进行修订，并首次提出将发展学生的问题解决能力作为数学课程的基本目标，形成新加坡课程框架的五边形模型(图 1–1)，并将数学问题解决确定为该框架的核心。① 随后几次对小学数学教学大纲的修订都与以“数学问题解决”为核心的课程框架一脉相承。

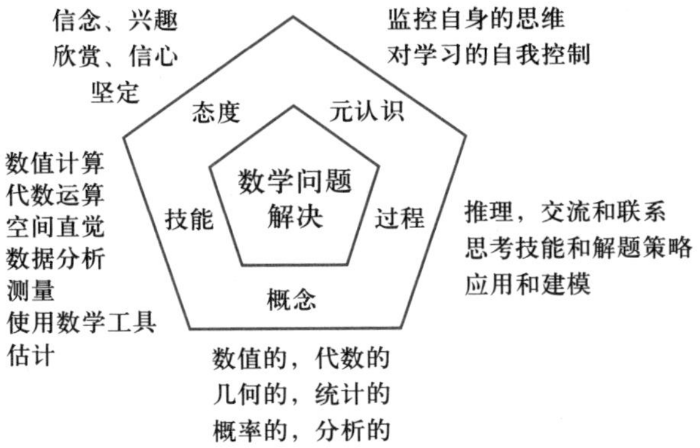

图 1–1　新加坡数学课程框架模型(1990 年)

1995 年，新加坡教育部对小学的分流时间做出了调整：小学分流时间由小学三年级末被推迟至小学四年级末，并且开设 EM1、EM2、EM3 三种课程②。其中，EM1 和 EM2 的教学内容是统一的，只是在教学时间上存在一定差异，EM3 的内容要求上程度较低。

20 世纪末，为了更好地应对各种挑战，新加坡教育部又对小学课程进行了新一轮的改革，于 2000 年颁布了修订后的《小学数学教学大纲》，并从 2001 年开始实施。这次改革依然沿袭并发展了 1990 年颁布的大纲中的以“数学问题解决”为核心的五边形课程框架模型，培养学生的数学问题解决能力仍是数学课程的基本目标。数学问题解决的核心地位得到了巩固，但在教学内容上进行了较大幅度的删减。③ 其中，2000 年颁布的《小学数学教学大纲》中的五边形课程框架模型如图 1–2 所示。

---

① 孙晓天. 数学课程发展的国际视野[M]. 北京：高等教育出版社，2003:313.

② EM：English and mother language，英语和各种族的母语。在新加坡，小学前四年所有学生学习同样的课程，重点是学习双语，辅之数学、道德教育学习。

③ 孙晓天. 数学课程发展的国际视野[M]. 北京：高等教育出版社，2003:314.

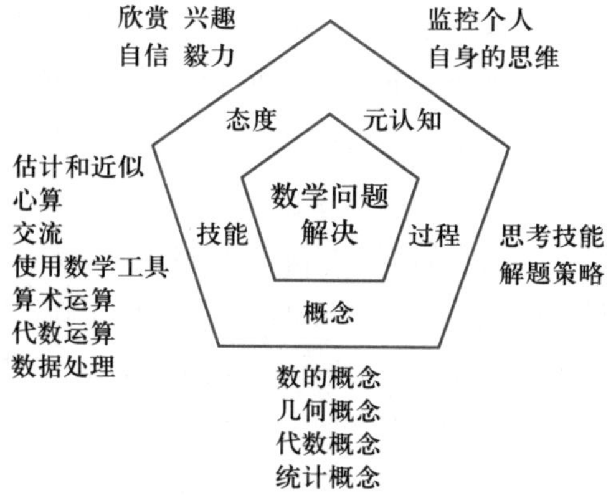

图 1-2 新加坡数学课程框架模型(2000 年)

在图 1-2 中,围绕着数学问题解决这一核心,有"概念、技能、过程、态度、元认知"五个紧密相关的要素。这五个要素组成了新加坡小学数学课程的基本框架。

(二) 21 世纪的小学数学课程改革

1. 2005 年颁布、2007 年实施的《小学数学教学大纲》

2005 年,新加坡教育部颁布了新一版《小学数学教学大纲》,并从 2007 年开始实施。这一版教学大纲与之前的相比,基本理念和结构变化不大,在内容上更加丰富。①

在整体结构上,这一版大纲分为简介和数学课程两个部分。简介部分阐述了大纲的基本理念,数学教育的目标,以及数学课程框架结构。数学课程部分介绍了数学课程目标,计算器与科学技术的应用,以及各年级数学教学的具体内容。

在课程目标上,这一版大纲围绕着解决问题这一中心,进一步阐述了小学数学教育的基本目标:(1) 获得进一步学习数学与其他学科所需的数学概念和技能;(2) 发展获取和应用数学概念与技能的过程中所需的技能;(3) 发展数学思维与问题解决能力,并将其应用于提出问题和解决问题上;(4) 识别和运用数学思想间的联系以及数学与其他学科间的联系;(5) 培养积极的数学态度;(6) 在数学学习与应用中有效利用不同的数学工具(包括信息和交流技术工具);(7) 利用数学思想完成具有想象力和创造力的工作;(8) 发展逻辑推理、数学交流与合作以及自主学习的能力。新增加的第 7 条目标突出强调了要在小学数学教学过程中培养学生的创造性。

在课程内容上,这一版大纲引入了差别化的数学课程体系。小学分 1—4 年级、5—6 年级两个阶段,第一阶段实施共同的标准,第二阶段执行数学课程的分流计划,分别是 EM1、EM2、EM3 课程,其中 EM1、EM2 在内容与计划上差别不大,但与 EM3 有较大区别。EM3 的课程内容要求较少,且课时增多,适合有学习困难的学生。

在课程框架上,这一版大纲中的课程框架(图 1-3)继承了 2000 年颁布的大纲中的基本框架,仍然是以数学问题解决为中心,由概念、技能、过程、态度和元认知组成,但在内容上有所扩展:概念方面增加了"概率与分析";在技能方面增加了"空间

① 孔企平. 对新加坡小学数学课程特色的分析[J]. 课程·教材·教法,2006,26(12):80-84.

观念”;在过程方面把“交流”放入其中,并增加了“应用与建模”;在态度方面,增加了“信念”;在元认知方面,增加了“学习的自我调节”。可见,新加坡的小学数学课程进一步变宽了。

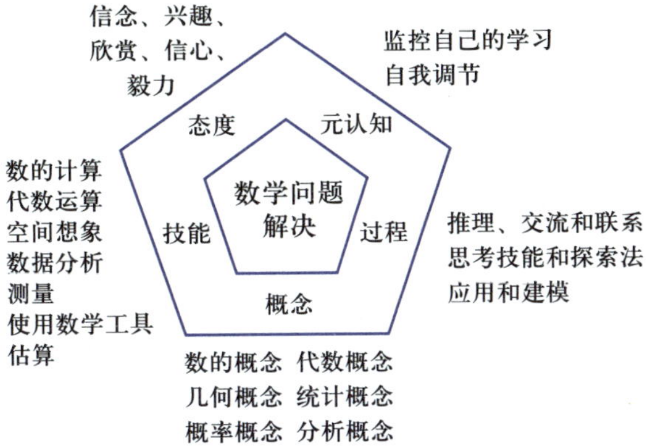

图 1-3 新加坡数学课程框架模型(2005 年)

在课程评价上,这一版大纲体现了评价方案。新加坡教育部还专门颁布《小学数学教学评价指引》等文件,加强对评价工作的规范和指导。总的来说,评价是新加坡小学数学课程的重要组成部分。

此外,这一版大纲也体现出对信息技术与数学课程融合的重视,将“计算机与科学技术的应用”作为一个单独模块加以说明,并且鼓励学生在五、六年级适当的活动中使用计算器,指出使用计算器意味着更加鼓励学生发展高层次的思维,通过数学推理去解各种数学问题。

总的来说,通过 2005 年颁布、2007 年实施的《小学数学教学大纲》,我们可以发现新加坡的小学数学课程表现出如下一些特色:以解决数学问题为课程的中心;形成了概念、技能、过程、态度、元认知五个要素相互融合的课程框架;构建了差别化的课程体系;连续性评价和阶段性评价并重;强调信息技术的重要性。整体上仍然较为强调相关的基础知识与基本技能的培养,同时也更为强调基础知识要转化为学生解决问题的思维能力,在解决问题的过程中发展学生积极的学习态度,加深对数学的理解,发展学生的创造能力。①

2. 2012 年颁布、2013 年实施的《小学数学教学大纲》

2012 年,新加坡教育部颁布了又一版《小学数学教学大纲》,并从 2013 年自一年级开始逐年实施。这次颁布的大纲也是名副其实的“数学教学大纲”(Mathematics Teaching and Learning Syllabus),而新加坡之前的小学数学课程法定文件“数学教学大纲”严格意义上则应称为“数学大纲”(Mathematics Syllabus)。这种变化既是名称表述上的,同时也是基于大纲本身内容的考虑。其中,大纲中新增加的有关数学学习经

① 孔企平. 对新加坡小学数学课程特色的分析[J]. 课程·教材·教法,2006,26(12):80-84.

验、教与学、课堂评价等内容，旨在引领数学期望课程的有效实施，为数学教师开展课堂教学提供针对性的指导。① 此外，这一版的教学大纲在课程框架、课程内容等方面基本没有变化，进行修订的目的重在“深化”。

在整体结构上，2012 年颁布的《小学数学教学大纲》分为简介、数学课程框架、教学与评价、小学数学课程内容四个部分。其中，简介部分对课程改革的背景、整个数学课程的目标体系以及大纲设计进行了介绍。与之前不同的是，该大纲是将数学课程框架（图 1–4）以一个独立的部分加以呈现的。另外，教学与评价这一部分是全新增加的一个模块，由学习活动经验、教与学、课堂评价三个部分组成。

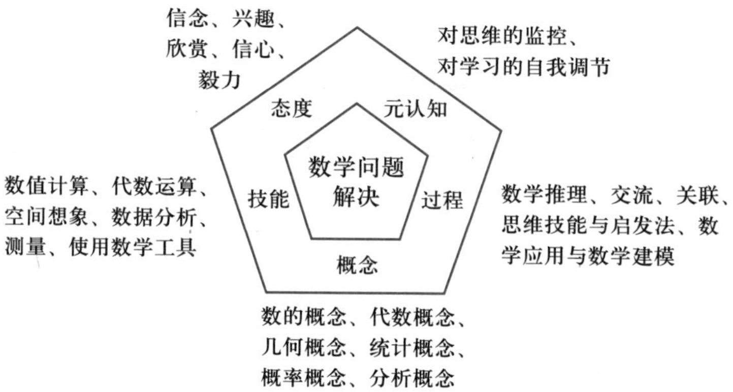

图 1–4　新加坡数学课程框架模型（2012 年）

在课程目标上，2012 年颁布的《小学数学教学大纲》更强调对学生各方面能力、素养与身心的培养，在给出数学教育的数学课程目标和基本目标的同时，阐述小学数学教育阶段的总目标以及各年级数学课程内容的具体目标。其中，大纲中明确指出数学课程的首要目标是“使所有学生能获得生活所需的基本数学知识，同时保证在数学上有兴趣和能力的学生可以得到更好的发展”。

在课程内容上，仍然实施差别化的数学课程体系，差别化也体现在数学内容与数学过程等的安排和选择上。具体数学内容的变化不是本次修订的重点。2012 年颁布的《小学数学教学大纲》中只编写了 1—3 年级的课程内容。学习经验是对数学内容的进一步说明、程度要求的具体描述。

在课程评价上，本次改革不仅保留了原来的连续性评价、阶段性评价等多种评价方式并重的传统，还增加了“课堂评价”这一模块，进一步强调评价在小学数学教学中的作用。这一版的小学数学教学大纲中在阐述评价的作用的基础上，根据评价的功能正式提出终结性评价、形成性评价和诊断性评价，鼓励学生进行自我评价，实施即时评价和预定评价，既传承原有的评价模式，又对评价作出科学的拓展，同时还提出了教学与评价相结合的实践原则。

① 廖运章. 新加坡 2013 数学教学大纲及其特点分析[J]. 数学通报，2016，55(11)：19–22.

总的来说，这一版教学大纲从数学教学、数学评价、数学问题解决框架要素等方面予以综合和强化，对数学课程内容及教学过程的描述在操作层面更具有指导价值。以数学问题解决为中心的五边形课程框架模型，已经成为新加坡小学数学教学大纲的一个标志。以这一版教学大纲为改革政策窗口的小学数学课程改革，一方面对教学过程的要求更加明确，强调“学习经验”；另一方面，提供了可供教学的手段——建模。①

四、日本的小学数学课程改革与发展

日本既固守东方的文化传统，又积极吸收西方的先进经验，在数学课程方面可以说是“进步最快的国家”。我国与日本都属于东亚文化圈，在数学教育传统上有许多相似之处。与时俱进地认识日本数学课程改革与发展的动向，可以为我国小学数学课程的完善和发展提供参考。下面我们将对日本20世纪以来的小学数学课程改革，特别是作为日本小学数学课程改革的政策窗口的小学数学教学指导要领进行分析。

（一）20世纪的小学数学课程改革

1. 日本的数学教育现代化运动

20世纪50年代，数学教育现代化运动在全球范围内展开。然而，日本在这一时期并未开展这一运动，直到1963年才开始着手研究数学教育现代化，并于1968年颁布《小学数学教学大纲》，这份文件标志着日本正式展开数学教育现代化运动。日本的数学教育现代化运动相对较为平稳，不过在实施过程中仍然存在一些问题。1977年，日本针对现代化运动的弊端提出“有余裕的学习”精神，进行了新一轮的改革，修订了之前颁布的《小学数学教学大纲》。不过鉴于考试的压力，这一修订稿中的主旨内容依然未能在学校中有效落实。②

2. 1989年颁布《小学数学学习指导要领》

20世纪80年代，新一轮的小学数学课程改革关注学生学习兴趣的培养，重视数学与日常生活的联系，发展个性化教育。1989年，日本文部省颁布了《小学数学学习指导要领》，并于1992年开始实施。这一指导要领是在20世纪70年代末的《小学数学教学大纲》基础上进行的修订。

在课程目标上，这一指导要领明确小学数学学习的总目标是“使学生掌握有关数量和图形的基本知识技能，培养学生对日常事务进行有条理思路的能力，明白数学处理的好处，并培养学生自觉把数学用于日常生活的态度”。此外，指导要领中还分别对每个年级的教学目标、内容及教学指导进行了说明。

在课程内容上，这一指导要领将学习内容具体分为“数与计算”“量与测量”“图形”“数量关系”四个领域，其中，数量关系是三年级后的学习内容。此外，还对教学方案的制定以及跨年级内容的处理进行了简要阐述。

---

① 金海月，乔雪峰．新加坡数学课程特色、发展趋向及其启示[J]．外国中小学教育，2017(3):61−73.

② 孔企平．小学数学课程与教学[M]．上海：华东师范大学出版社，2016:40.

通过这一指导要领中的目标和内容等表述，我们可以看出学生对知识技能的掌握情况是当时日本小学数学教育关注的一个重点。

3. 1998 年颁布《小学数学学习指导要领》

1998 年，日本文部省又颁布了新一版《小学数学学习指导要领》，并于 2002 年开始实施。这一版的指导要领是在 1989 年版的基础上进行的调整，也可以认为是 20 世纪 80 年代以来小学数学课程改革的继续和深化。

总体来看，这次课程改革将终身学习理念贯穿整个教育教学体系，在近代日本数学教育改革历程上具有突破性的意义：由原来关注知识灌输转向对学生学习能力和基本素质的培养；并且强调自主学习、独立思考、具有良好的解决问题能力；全面关注儿童的身心发展，重视“生存能力”。在这一指导要领实施之后，“宽松教育”在日本全面展开。

在课程目标上，该指导纲要体现出对培养学生数学兴趣与活动参与的重视。将小学数学教学的总目标定位为：“通过数学活动掌握与数理、图形有关的基础知识和技能，培养对日常事物现象的推测和合情合理的思考能力。同时感受数学活动的乐趣，了解用数学方法来处理问题的优越性，进一步培养在生活中自觉应用数学的方法和态度。”

在课程内容上，该指导纲要在保持原有结构的基础上进行了相应的精简与缩减，突出宽松教育。在内容的深度和广度上都有所降低，重点关注的是满足基本生活的知识和技能，强调学生的理解和学习体验。课程内容具体分为“数与计算”“量与测量”“图形”“数量关系”四个领域，1—3 年级主要围绕“数与计算、量与测量、图形”展开，3 年级开始加入“数量关系”，并分年级对内容提出要求。鉴于自 2002 年开始，学校的学时由每周 6 天（星期六半天）改为 5 天，小学数学学习指导要领中的内容将相应地减少 30%，[①] 课时上比原来减少了 8.5%。在课程内容结构上，由原来按 1—2 年级（低年级）、3—4 年级（中年级）和 5—6 年级（高年级）3 个阶段来划分改为 1 年级、2—3 年级、4—5 年级、6 年级四个阶段来安排。[②] 此外，保留原有的“综合课程”“必修加选修课程”，基本出发点是加强课程内容之间的联系以及课程学习的选择性和灵活性；增加操作性、体验性、调查性、探究性、发展性、应用性、综合性等数学活动，基本出发点是让学生在轻松愉快的数学活动中掌握基础的计算技能。其中，数学活动是 1998 年颁布的《小学数学学习指导要领》中新增加的内容。[③]

（二）21 世纪以来的小学数学课程改革

1. 2008 年颁布的《小学数学学习指导要领》

鉴于 1998 年颁布的《小学数学学习指导要领》在实施之后，学生的学习力处于一种下降状态，且日本社会普遍认为 1998 年颁布的指导要领对学生所达到的知识水

---

① 李建华.21 世纪的日本数学课程与评述[J]. 外国中小学教育，1999(3)：26-29.

② 孙联荣. 日本小学数学新学习指导要领述评[J]. 上海教育科研，2001(4)：40-42.

③ 黄燕苹. 日本新公布的小学数学课程目标简介与启示[J]. 数学教育学报，2010，19(3)：67-69.

平要求有所下降,[①] 于是日本文部科学省开始组织进一步的修订,并于 2008 年正式颁布新一版《小学数学学习指导要领》,于 2009 年以数学、理科为中心开始试行,2011 年全面实施。这一新的指导要领相比于 1998 年颁布的版本,发生了较大的变化,是日本数学课程改革的新尝试。

总体来看,这次改革是在定期对全国小学数学教育质量进行检测、调查分析后进行的,这样能够获取更有用的信息进行合理的改革,整体上看这是一次比较科学的改革,改革也是稳步推进。且在课程基本理念和课程目标上基本保持了 1998 年颁布的版本的一致性,在课程内容上做了一定的调整。

在课程目标方面,强调基础知识与技能的落实和思维的培养,同时也强调学校教育应在培养学生思维能力、判断能力的基础上,培养其“表达能力”和应用意识。关于数学教学目标的定位为:“学生通过数学活动,掌握有关数量、图形的基础知识和技能,对于日常事物进行预见性、合理性的思考,培养表达能力,同时发现数学活动的快乐和运用数学的好处,进而养成将数学应用到生活和学习中的态度。”[②] 总的来说,这一时期的课程目标进一步充实了数学活动的内容,对基础知识与技能的表述方式也发生了变化,增加了培养学生的表达能力和在学习中应用数学的意识。[③]

在课程内容上,从内容的广度和深度两个层面调整了一些课程内容和课时安排,以改变原来因内容与课时缩减造成学生学习力下降的困境。例如,这一时期的《小学数学学习指导要领》要求小学生六年的总课时达到 5 645 节,数学的课时增长 22%,小学数学课程课程内容增多,在“数与计算”“量与测量”“图形”“数量关系”这四个学习领域的基础上,增设了“数学活动”这一新的学习领域。不过作为“宽松教育”代表的综合课则被缩减了课时。[④]

2. 2017 年颁布的《小学数学学习指导要领》

2017 年,日本文部科学省颁布了新的幼儿园、小学和初中学习指导纲要,并于 2018 年开始在全日本推广使用。这次修订也被认为是二战后 70 年来“最大规模”的一次修订,反映了新时期日本教育理念和教育理论的最新发展和变化。这一指导纲要中涉及的小学数学课程目标、课程内容等方面的特点如下[⑤]:

在课程目标方面,2017 年颁布的《小学数学学习指导要领》除了继续强调理解数学基础知识、提高数学能力、培养学生运用数学的态度,还根据小学数学学科的特点,基于“知识技能的学习”“思考力、判断力、表达力的培养”和“向学力与人性的养成”

① 黄燕苹,黄翔. 日本《小学数学学习指导要领》内容结构的调整与变化[J]. 课程·教材·教法,2009,29(4):88−93.

② 夏鹏翔,部舒竹. 日本小学数学教育改革新动向:培养“表达能力”[J]. 比较教育研究,2011(9):86−90.

③ 黄燕苹. 日本新公布的小学数学课程目标简介与启示[J]. 数学教育学报,2010,19(3):67−69.

④ 毛耀忠,张锐. 日本小学数学新《学习指导要领》简介及思考[J]. 现代教育科学,2010(2):58−59.

⑤ 李淑文,史宁中,张悦. 日本新订小学数学学习指导要领述评[J]. 课程·教材·教法,2018,38(9):128−133.

这三个支柱，对小学数学培养的素质和能力进行了阐述。一方面，课程目标中的“数学活动、数学视角、数学思维方式”这三个不同的目标达成方式，分别与“数学知识技能的目标、数学能力的目标、数学感情态度的目标”相互联系构成了一个整体，支撑着数学素质和能力。其中，“数学视角”是指着眼于事物现象中蕴含的数量、图形及其关系等，从中发现其特征、本质；“数学思维方式”是指在数学学习和解决问题的过程中，有意识地应用数、式、图、表等，有条理地、系统地、发展地思考问题。“数学的视角和思维方式”确定了数学素质和能力的方向，是进行数学学习不可缺少的素质。另一方面，2008 年颁布的《小学数学学习指导要领》课程目标中的数学活动侧重强调“算数活动”，现统一为“数学活动”，充分体现小学、初中和高中学习中用于培养学生数学素质和能力的活动的连续性。

在课程内容方面，2017 年颁布的《小学数学学习指导要领》首先按照儿童的认知发展规律，幼小的连续性、小学数学与中学数学的衔接性，将小学六个年级分为 1 年级、2—3 年级、4—5 年级、6 年级四个学段，然后根据各个学段学生的年龄特征编制课程内容。编制的课程内容具体分为“数与计算”“图形”“测量”“变化与关系”“数据的活用”五个领域，并将“数学活动”与这五个领域并列呈现。其中，测量是小学 1—3 年级的学习内容，“变化与关系”则是 4—6 年级的学习内容，不同于 2008 年颁布的《小学数学学习指导要领》中将每个年级学习内容分为“数与计算”“量与测量”“图形”“数量关系”，体现出对统计教育的重视，这也是国际数学教育发展趋势的反映。

此外，2017 年颁布的《小学数学学习指导要领》还提炼出了小学数学内容和方法的要点，具体包括：(1) 数的概念形成和表示的理解、计算的掌握；(2) 图形的概念形成和基本性质的理解；(3) 量的把握和测量方法的理解；(4) 现象变化和数量关系的理解；(5) 不确定现象的考察；(6) 有条理地思考；(7) 数学表达；(8) 数学交流。其中，(6) (7) (8) 是小学数学方法的要点，属于新增加的内容。

总的来说，2017 年颁布的《小学数学学习指导要领》明确了数学素质和能力的构成要素：数学知识技能、数学能力、数学情感态度；详细地给出了各学段各内容领域应培养的数学思考力、判断力、表达力以及“向学力与人性”，将数学素质和能力的培养融入课程内容；重视统计教育，在原来“资料整理与阅读”内容的基础上增加了一些统计内容；充实“数学活动”，从课程目标到课程内容设置都非常重视数学活动。①

综上，随着时代的发展和社会的进步，国内外小学数学课程改革都在与时俱进地推行。各国的课程改革在总体上都是继承和发展中推进，既坚持本国自身的特色和优势，同时也积极借鉴其他国家的改革经验和成果。东、西方的数学教育体系在交流与借鉴中也逐步走向了融合。

---

① 李淑文，史宁中，张悦. 日本新订小学数学学习指导要领述评[J]. 课程·教材·教法，2018，38(9)：128－133.

第三节 《义务教育数学课程标准(2022年版)》的研制背景

放眼世界各国,数学课程改革在国家层面受到广泛重视,常常成为整个课程改革的探路者和先行者。[1] 数学课程改革是推动21世纪中国基础教育课程改革的主要力量。[2] 数学课程标准既是基础教育数学课程改革理念的直接反映,同时也是推进基础教育数学课程改革的一个实践指南。《义务教育数学课程标准(2022年版)》正是在国际基础教育数学课程改革以及国内新一轮基础教育改革的大背景下,在《义务教育数学课程标准(2011年版)》的基础上修订而成。

素养立意的数学课程:《义务教育数学课程标准(2022年版)》解读(唐彩斌、史宁中)

一、新一轮基础教育课程改革的时代发展要求

新时代社会环境的不断变化,教育事业的不断发展,基础教育改革的不断深入,数学教育教学理论的发展,数学课程实施过程中面临的问题与挑战等,都对数学课程提出了新的时代发展要求。[3]

(一)社会发展与科技进步提出的新要求

党的十八大、十九大、二十大报告中都提出教育要"落实立德树人的根本任务"。2014年教育部颁布的《关于全面深化课程改革落实立德树人根本任务的意见》中明确指出"研究制订学生发展核心素养体系和学业质量标准",并要求"依据学生发展核心素养体系,进一步明确各学段、各学科具体的育人目标和任务,完善高校和中小学课程教学有关标准"。

如何以核心素养为导向进行数学课程改革,在数学课程中切实落实核心素养,既是落实立德树人根本任务的具体表现,也是顺应国际数学教育改革发展趋势的一大举措,同时也成为对《义务教育数学课程标准(2011年版)》进行修订的一个重要目标和任务。

此外,进入21世纪,信息技术发展迅速,大数据、人工智能等新兴技术成为新时代的发展特征。而在这些技术发展的背后,一方面是数学在现实世界中的应用越来越广泛,发挥着越来越重要的基础作用;另一方面则是新技术在改革教学方式、促进学生学习方式转变上发挥着越来越重要的作用,对数学教学改革的推动作用也越来越受到重视。信息技术与数学课程、教学的日益融合,也是修订《义务教育数学课程标准(2011年版)》的一个重要方面。

---

① 史宁中,曹一鸣.义务教育数学课程标准(2022年版)解读[M].北京:北京师范大学出版社,2022:15.

② 曹一鸣.新版课程标准解析与教学指导·小学数学[M].北京:北京师范大学出版社,2022:1.

③ 曹一鸣.新版课程标准解析与教学指导·小学数学[M].北京:北京师范大学出版社,2022:7-13.

(二)数学课程实施面临的一些问题与挑战

我国21世纪的数学课程实施,在积累了大量经验的同时,也存在一些问题与挑战。例如,在数学课程目标方面,虽然已从"双基"向"四基"逐渐转变,但偏重于数学基础知识、基本技能训练的现象仍较为普遍,数学基本思想、基本活动经验的落实并不乐观;在数学课程内容方面,"数与代数""图形与几何""统计与概率""综合与实践"四个内容领域的内容不够均衡,"综合与实践"领域的内容较为单薄,贴近学生现实生活的真实问题相对缺乏;在数学教学方面,比较强调"学科为本",尽管倡导学生自主探索、合作交流等方式,但是日常教学中"教师讲学生听,学生做教师评"还是常态,"学生为本"的落实并不乐观;在数学学习评价方面,"唯分数"客观存在,学习评价与课程标准要求不一致;在学段衔接方面,小学阶段与初中、幼儿阶段的衔接不够;课程标准与当前信息技术发展水平不适应等问题。[①] 诸如此类的问题,也是研制《义务教育数学课程标准(2022年版)》的重要着眼点。

二、21世纪以来的基础教育数学课程改革趋势

2001年新课程实施以来,我国数学课程标准的形成与发展主要经历了过渡期(2001—2014年)和初创期(2014年以来)。其中,过渡期实现了从数学教学大纲到数学课程标准的逐渐过渡,初创期实现了从数学内容标准到核心素养统领的"内容标准+学业质量标准"的初步发展。[②] 自2001年起,国家层面颁布的数学课程标准有五个,分别是2001年颁布的《义务教育数学课程标准(实验稿)》、2003年颁布的《普通高中数学课程标准(实验)》、2012年颁布的《义务教育数学课程标准(2011年版)》、2018年颁布的《普通高中数学课程标准(2017年版)》(2020年修订为《普通高中数学课程标准(2017年版2020年修订)》)、2022年颁布的《义务教育数学课程标准(2022年版)》。其中,与小学数学直接相关的有《义务教育数学课程标准(实验稿)》《义务教育数学课程标准(2011年版)》《义务教育数学课程标准(2022年版)》。《义务教育数学课程标准(2022年版)》既保留了《义务教育数学课程标准(2011年版)》的合理内核,同时也延续了《普通高中数学课程标准(2017年版2020年修订)》的核心素养,既是中小学数学教材编写、数学教学、评价和考试命题的主要依据,同时也是数学教学标准、评价标准与考试标准、数学教材编写标准。[③]

总的来说,课程标准的不断修订是一种常态,是基础教育数学课程改革趋势的反映,也是与时俱进、修订更新的产物。

---

① 唐彩斌,史宁中.素养立意的数学课程:《义务教育数学课程标准(2022年版)》解读[J].全球教育展望,2022(6):24-33.

② 王光明,刘静.加强核心素养导向,完善课程标准体系:《义务教育数学课程标准(2011年版)》与《义务教育数学课程标准(2022年版)》(小学部分)比较研究[J].课程·教材·教法,2022,42(7):4-11.

③ 孙晓天,邢佳立.中国义务教育:基于核心素养的数学课程目标体系:孙晓天教授访谈录:三[J].教学月刊·小学版(数学),2022(3):9-12.

理解·分析·实践

1. 我国小学数学课程有何特点？其历史变革如何？
2. 20 世纪以来我国小学数学课程目标的发展变化情况如何？
3. 简述美国数学课程改革史上影响较大的几次数学运动。
4. 如何认识我国核心素养导向的小学数学课程改革？

拓展阅读导航

1. 傅海伦. 算筹、算盘与计算机[J]. 自然杂志，2002(1)：56−59.

关于期刊论文《算筹、算盘与计算机》，建议读者重点关注“算筹”部分，了解算筹的内涵及其在我国古代数学发展中的重要地位。

2. 王权. 中国小学数学教学史[M]. 济南：山东教育出版社，1996.

关于书籍《中国小学数学教学史》，建议读者重点阅读第一章“中国古代的数学和小学数学教学”，了解我国古代小学数学课程与教学的发展情况。

3. 孔企平. 小学数学课程与教学[M]. 上海：华东师范大学出版社，2016.

关于书籍《小学数学课程与教学》，建议读者重点阅读第二章“小学数学课程的发展”，了解新中国成立以来我国小学数学课程的发展情况，美国、英国、日本、新加坡等国小学数学课程发展情况，以及国际小学数学课程改革发展趋势。

4. 课程教材研究所.20 世纪中国中小学课程标准：教学大纲汇编：数学卷[M]. 北京：人民教育出版社，2001.

关于书籍《20 世纪中国中小学课程标准·教学大纲汇编（数学卷）》，建议读者重点关注小学部分，在了解小学数学课程标准和教学大纲的发展变化中感悟我国小学数学课程的发展。

5. 曹一鸣. 新版课程标准解析与教学指导：小学数学[M]. 北京：北京师范大学出版社，2022.

关于书籍《新版课程标准解析与教学指导·小学数学》，建议读者重点关注第一章“义务教育数学课程标准的研制背景”，了解《数学课程标准（2022 年版）》的修订背景。

第二章

《义务教育数学课程标准（2022 年版）》解析

■ 走近学生

如何开展小学数学教学？教什么？如何教？很多人都认为小学数学教学只要参考教材和教学参考书就可以了。一些师范生在课后甚至会提出疑问：阅读课程标准、解析课程标准对我们将来做小学数学教师有什么帮助？我们不应该重点训练并提高教学技能吗？课程标准和我们将来从事小学数学教师的工作有什么关系？因此，深化学生对课程标准地位和作用的理解很有必要。立志成为一名小学数学教师的师范生，应如何对待课程标准，需要学习并领悟课程标准的哪些理念精神，以指导教学的设计、实施与评价，开展基于标准的教学与评价，这些问题都需要明确。否则成为小学数学教师后，即使能够顺利开展教学，部分教师也可能存在着缺乏理论高度等问题，自身的专业发展也会受限。

本章主要针对这些问题，从课程标准的整体结构及数学课程理念、目标、内容、实施、学业质量评价等方面，对《义务教育数学课程标准（2022 年版）》进行解析，让同学们进一步了解课程标准内容，为小学数学教学的设计、实施与评价明确方向，提供依据。

■ 学习目标

1. 了解《义务教育数学课程标准(2022年版)》的整体编排结构。

2. 理解小学数学课程的基本理念。

3. 感悟并理解核心素养在小学阶段的主要表现形式及其内涵。

4. 理解核心素养导向的小学数学课程目标体系。

5. 能够准确把握小学数学课程内容,掌握各内容领域的具体数学内容。

6. 能够准确把握小学数学课程实施与评价的方向。

■ 思维导图

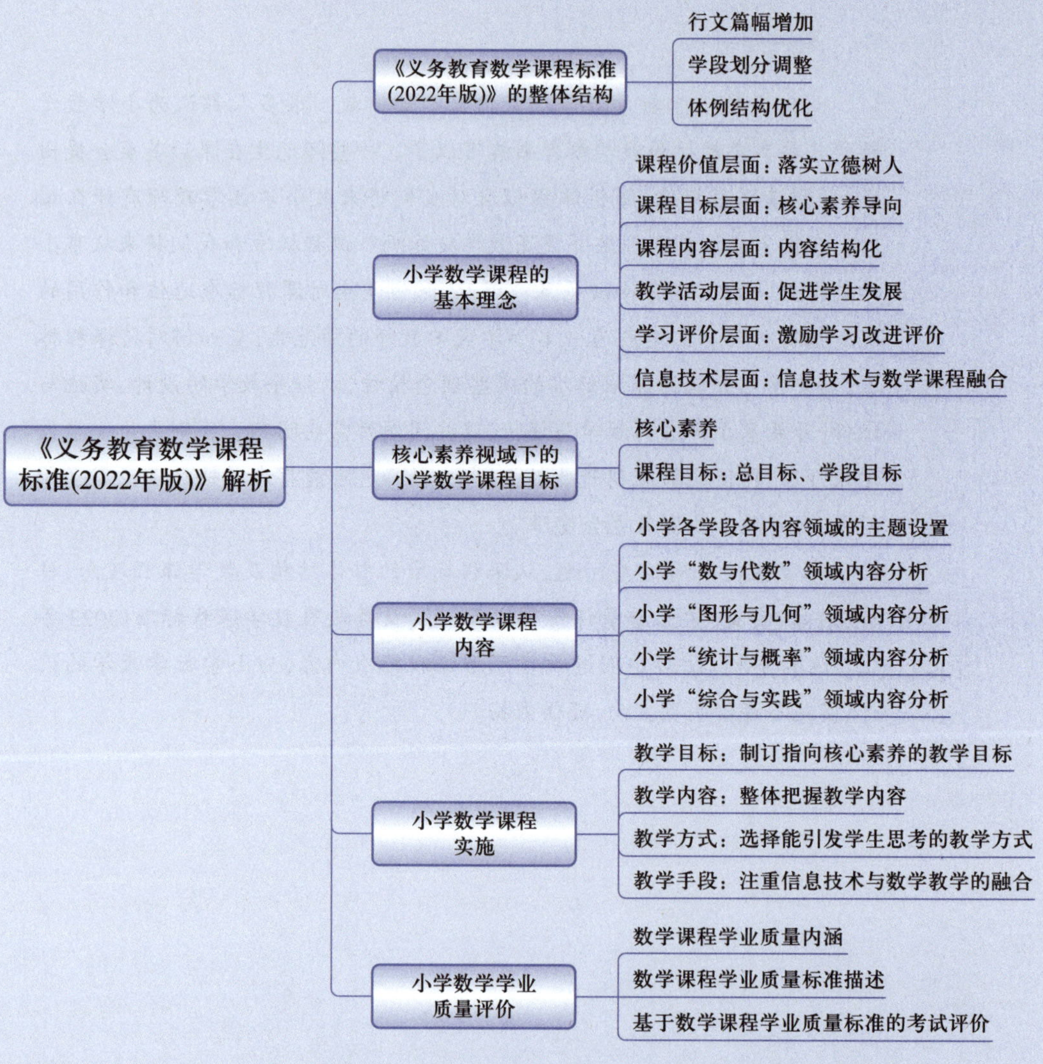

第一节 《义务教育数学课程标准(2022 年版)》的整体结构

课程标准是一个国家相关课程的基本纲领性文件,是国家对课程的基本规范和质量要求。根据国家有关部门的部署安排,基础教育课程标准一般会以十年为一个周期进行修订,"十年修一版"基本上已成为惯例。2022 年 4 月正式颁布的《义务教育数学课程标准(2022 年版)》,就是在 2001 年颁布的《全日制义务教育数学课程标准(实验稿)》以及 2012 年颁布的《义务教育数学课程标准(2011 年版)》基础上修订更新的产物。与《数学课程标准(2011 年版)》相比,《数学课程标准(2022 年版)》在行文篇幅、学段划分、体例结构和课程内容呈现等方面都有所调整。

在行文篇幅上,《数学课程标准(2022 年版)》从《数学课程标准(2011 年版)》的 6 万多字增加到了近 15 万字。

在学段划分上,相比于《数学课程标准(2011 年版)》将"六三学制"小学阶段划分为 1～3 年级、4～6 年级两个学段,《数学课程标准(2022 年版)》将"六三学制"小学阶段调整为 1～2 年级、3～4 年级、5～6 年级三个学段。学段的调整,既是基于学生学习的心理特征和认知规律,同时也在一定程度上反映了对幼小衔接和小初衔接的关注。将 1～2 年级作为单独的学段,更加充分地考虑到了幼小衔接的开展,有利于学生平稳而又健康地成长。[①] 更为细致的学段划分,有利于关照到各学段学生的学习基础和生活经验。

在体例结构上,《数学课程标准(2022 年版)》也做了调整和优化,主要包括课程性质、课程理念、课程目标、课程内容、学业质量、课程实施、附录。例如,课程目标部分,确立了核心素养导向的课程目标;课程内容部分,在描述"内容要求"的同时,还新增了"学业要求"和"教学提示",这在明确"教什么"的同时,还强化了"教到什么程度"以及"怎么教";新增"学业质量"章节,提出每一个学段要达到的学业质量标准,细化了学业质量评价与考试命题的建议,以实现"教—学—评"的一致性。

在课程内容呈现上,与《数学课程标准(2011 年版)》中的"学段+领域"的设计思路不同,《数学课程标准(2022 年版)》按照"部分+领域+学段"的思路设计,即九年义务教育阶段的课程内容分成小学部分、初中部分呈现,每个部分再按内容领域分学段依次呈现。在"数与代数""图形与几何""统计与概率"等内容领域下,每个学段都有明确的主题,且数与运算、图形的认识与测量、数据的收集、整理与表达等主题贯穿不同的学段,这一设计加强了主题之间的联系,体现了内容统整的理念。

---

① 唐彩斌,史宁中. 素养立意的数学课程:《义务教育数学课程标准(2022 年版)》解读[J]. 全球教育展望,2022(6):24-33.

整体来说,《数学课程标准(2022 年版)》将发展学生的核心素养作为数学课程的出发点和立足点,以核心素养为统领,融入学业质量标准,使得"内容为纲+质量驱动"的课程标准发展取向逐渐趋于成熟。① 核心素养统领并贯穿《数学课程标准(2022 年版)》中的课程性质、课程理念、课程目标、课程内容、学业质量、课程实施等所有模块,这也体现了核心素养的纲领性和轴线式作用。②

第二节 小学数学课程的基本理念

小学数学课程是培养公民素质的基础课程,具有基础性、普及性和发展性。课程理念则是课程建设的理论基础和指导思想,决定着课程内容的选择、教学的实施以及评价。③ 理解《数学课程标准(2022 年版)》的课程理念,有利于教师形成科学的数学教育观念,深入理解数学课程与教学的深层内涵,并在小学数学教育中更好地贯彻落实数学课程基本理念,让小学生在学习数学知识的同时,在潜移默化中形成和发展核心素养。《数学课程标准(2022 年版)》在阐述数学课程基本价值追求的同时,分别阐述了课程目标制定、课程内容设计、教学活动实施、评价方式探索、信息技术与数学课程融合等层面的基本理念。

知识卡片:

义务教育数学课程以习近平新时代中国特色社会主义思想为指导,落实立德树人根本任务,致力于实现义务教育阶段的培养目标,使得人人都能获得良好的数学教育,不同的人在数学上得到不同的发展,逐步形成适应终身发展需要的核心素养。

1. 确立核心素养导向的课程目标
2. 设计体现结构化特征的课程内容
3. 实施促进学生发展的教学活动
4. 探索激励学习和改进教学的评价
5. 促进信息技术与数学课程融合

——《数学课程标准(2022 年版)》

---

① 王光明,刘静.加强核心素养导向,完善课程标准体系:《义务教育数学课程标准(2011 年版)》与《义务教育数学课程标准(2022 年版)》(小学部分)比较研究[J].课程·教材·教法,2022,42(7):4-11.

② 吴立宝,刘颖超,郭衎.2022 年版和 2011 年版义务教育数学课程标准比较研究[J].教育研究与评论,2022(5):28-34.

③ 康玥媛.中国、美国、澳大利亚数学课程标准的国际比较与借鉴[J].教育科学研究,2019(9):91-95.

一、课程价值层面：落实立德树人根本任务

《数学课程标准（2022 年版）》明确提出：“义务教育数学课程以习近平新时代中国特色社会主义思想为指导，落实立德树人根本任务，致力于实现义务教育阶段的培养目标，使得人人都能获得良好的数学教育，不同的人在数学上得到不同的发展，逐步形成适应终身发展需要的核心素养。”这是一条贯穿整个数学教育始终的总纲，体现了义务教育数学课程的基本价值追求。

一方面，小学数学课程的设计与实施应以习近平新时代中国特色社会主义思想为指导，落实立德树人根本任务；另一方面，小学数学课程的设计与实施需面向全体学生，使得每个学生在数学上都能得到发展，这是对数学教育的共同要求。考虑不同学生的个性化发展需求，使得不同的人在数学上得到不同的发展，这是基于学生差异性提出的要求。“人人都能获得良好的数学教育，不同的人在数学上得到不同的发展”沿用了《数学课程标准（2011 年版）》的表达，体现了数学课程落实立德树人根本任务的要求，以及实现义务教育阶段培养目标的要求，这已成为义务教育阶段数学教育改革的一个基本共识。

二、课程目标层面：确立核心素养导向的课程目标

核心素养的统领作用体现在数学课程目标的确定之中。《数学课程标准（2022 年版）》明确指出：“核心素养是在数学学习过程中逐渐形成和发展的，不同学段发展水平不同，是制定课程目标的基本依据”。可见，核心素养是数学课程目标的基本导向，也是数学教育追求的学生发展的长远目标。《数学课程标准（2022 年版）》在总目标和学段目标中都有关于核心素养的具体描述。

此外，《数学课程标准（2022 年版）》在强调课程目标要“以学生发展为本，以核心素养为导向”的同时，继续保留并强调“四基”（数学基础知识、基本技能、基本思想和基本活动经验）、“四能”（发现、提出、分析和解决问题）和“情感态度与价值观”等核心要素。简而言之，《数学课程标准（2022 年版）》构建了一个以“三会”为核心的层层递进的三层课程目标体系，这也是一个与数学教学协调一致的数学课程目标体系，如图 2-1 所示。①

其中，位于图 2-1 中心位置的“三会”是这一课程目标体系中的顶层目标或终极目标；位于第二层的是为“三会”提供支撑的中间目标或过渡目标，即核心素养在小学阶段的 11 个主要表现；位于第三层的是“四基”“四能”目标，也是达成核心素养的过渡性目标或支撑目标。

---

① 孙晓天，邢佳立. 中国义务教育：基于核心素养的数学课程目标体系：孙晓天教授访谈录（三）[J]. 教学月刊（小学版），2022（3）：9-12.

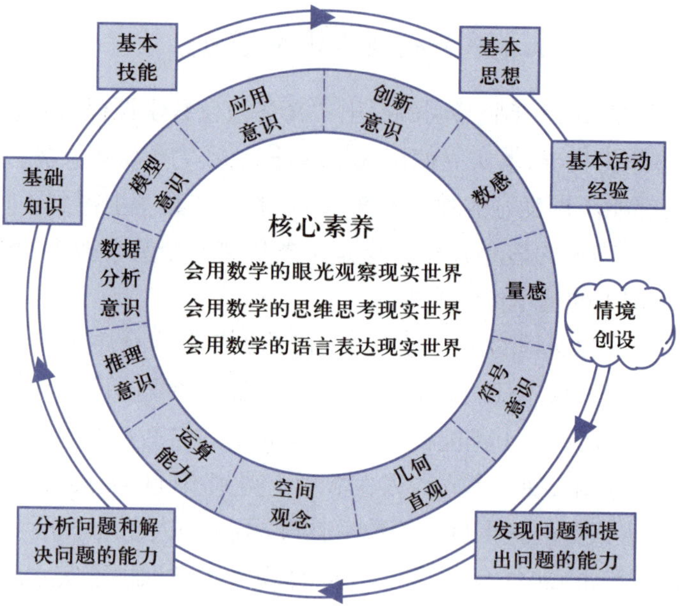

图2-1 基于核心素养的小学数学课程目标体系

三、课程内容层面:设计体现结构化特征的课程内容

《义务教育课程方案(2022年版)》提出“加强课程内容的内在联系,突出课程内容结构化,探索主题、项目、任务等内容组织方式。原则上,各课程用不少于10%的课时设计跨学科主题学习”。在该方案的指导下,《数学课程标准(2022年版)》重视课程内容结构化,并加强跨学科主题学习,从课程内容的选择、课程内容的组织、课程内容的呈现三个方面阐述了课程内容的结构化特征。

(一)课程内容的选择

核心素养的统领作用体现在数学课程内容的选择之中。数学课程内容的选择要以发展学生的核心素养为导向,要反映数学学科的特点,要反映现代科学技术与社会发展的需要,要符合学生的认知规律。这也是课程理论的基本观点。

从数学自身的特点角度来看,数学学科是系统性相对较强的学科,目前已形成了代数、几何、统计等学习主线,并构建了相对稳定的数学学科体系。《数学课程标准(2022年版)》关注数学学科知识的内在逻辑和结构,并将小学数学课程内容分为“数与代数”“图形与几何”“统计与概率”“综合与实践”四个学习领域以及多个主题,反映了数学知识的结构和系统性。

从反映社会需要的角度来看,《数学课程标准(2022年版)》进一步体现数学课程与社会生活和学生经验的联系,具体则体现在小学阶段每个内容领域不同学段具体内容主题的重组和学习内容的选择上。

从符合学生认知规律的角度来看,《数学课程标准(2022年版)》中的内容呈现有充分体现,例如,关于核心素养在小学阶段和初中阶段的不同表现,关于同一主题内容的不同学段要求,关于具体课程内容的不同认知层次(如了解、理解、掌握、运用)要求等。

(二) 课程内容的组织

核心素养的统领作用也体现在数学课程内容的组织之中。课程内容的组织要有助于学生理解和掌握知识,促进学生核心素养的形成。课程内容的结构化有助于学生从学科结构的整体上学习学科的基本原理,促进学生学习的迁移。《数学课程标准(2022 年版)》对课程内容进行了结构化的整合,把学科知识整合和跨学科实践作为课程内容整合的重点,具体体现在内容主题的重组和学习内容的选择与组织中。内容结构化体现学科本质的一致性,有助于整体理解和把握课程内容,注重学习内容之间的关联,通过对内容的整体分析和教学设计,实现对核心概念的掌握,促进学习内容的理解和迁移,发展学生的核心素养。[①]《数学课程标准(2022 年版)》在内容领域对主题的整合,体现了结构化的理念。例如,关于小学“数与代数”领域的主题设置,相比《数学课程标准(2011 年版)》中的“数的认识”“数的运算”“常见的量”“探索规律”“式与方程”“正比例、反比例”六个主题,《数学课程标准(2022 年版)》整合为“数与运算、数量关系”两个主题,这也与初中阶段的“数与式”共同构成了一个结构化的、具有整体性的主题。

《数学课程标准(2022 年版)》在课程内容的组织上继续保留“重视数学结果的形成过程,处理好过程与结果的关系”“重视数学内容的直观表述,处理好直观与抽象的关系”“重视学生直接经验的形成,处理好直接经验和间接经验的关系”等关系,这也是课程内容组织和教学活动应当遵循的基本原则,对课程内容的组织具有重要的导向作用。

(三) 课程内容的呈现

课程内容的呈现方式直接影响学生对学习内容的感知与理解。为激发学生的学习兴趣,满足学生的探索欲望,课程内容的呈现要充分考虑学生的年龄特征和对学生学习的促进作用,适当考虑真实的生活情境、学生感兴趣的故事和游戏、富有逻辑的数学关系等多样的呈现方式。[②]《数学课程标准(2022 年版)》突出强调“跨学科主题学习”,这就意味着在小学数学课程与教学实践中,对一些课程内容的呈现可以考虑以跨学科形式,如百分数内容的呈现,就可以为学生提供跨学科学习的现实情境。其中,“综合与实践”主要以主题活动和项目学习的形式呈现,大部分内容都具有跨学科的性质。

四、教学活动层面:实施促进学生发展的教学活动

课程改革的实际效果取决于课堂教学方式的改进。教学活动的设计与实施是实现课程目标的基本途径。核心素养的统领作用也体现在数学教学活动的设计与实施

---

① 马云鹏.《义务教育数学课程标准(2022 年版)》的理念与目标解读[J].天津师范大学学报(基础教育版),2022,23(5):1-6.

② 马云鹏.小学数学课程标准与教材研究[M].北京:高等教育出版社,2016:23.

之中。《义务教育课程方案(2022 年版)》明确指出,要“准确把握课程要培养的学生核心素养,明确教学内容和教学活动的素养要求,培养学生正确价值观、必备品格和关键能力,设定教学目标,改革教学过程和教学方法,把立德树人根本任务落实到具体教育教学活动中”。《数学课程标准(2022 年版)》明确指出“实施促进学生发展的教学活动”的教学理念。这既是数学教学的方向性要求,也是数学教学实践的根本方向和价值追求。①《数学课程标准(2022 年版)》还进一步指出,“学生是学习的主体,教师是学习的组织者、引导者与合作者。学生的学习应是一个主动的过程,认真听讲、独立思考、动手实践、自主探索、合作交流等是学习数学的重要方式”。这些教学活动方式经受住了教育实践的检验,并且支撑着教育实践的开展,在实际的基础教育课程改革中发挥着重要作用。教与学是数学教学活动的两个重要方面,是实现数学课程理念的关键,将其作为一个整体,有利于教师对教学活动开展形成深入的认识。具体教学活动的设计与实施要注重“做中学”,教师要引导学生积极思考,鼓励学生质疑问难,引导学生在真实情境中发现问题和提出问题,利用观察、猜测、实验、计算、推理、验证、数据分析、直观想象等方法分析问题和解决问题。

此外,《数学课程标准(2022 年版)》提倡的“单元整体教学”“跨学科主题学习”等教学理念与方式,应在小学数学教学活动的设计与实施中得到体现。

五、学习评价层面:探索激励学习和改进教学的评价

评价是检验课程实施效果的一个重要环节,也是考查学习目标达成及学生成长状况的重要手段②,同时还能够为教学改进提供依据。核心素养的统领作用还体现在教学评价的改进上。《数学课程标准(2022 年版)》明确指出“通过学业质量标准的构建,融合‘四基’‘四能’和核心素养的主要表现,形成阶段性评价的主要依据”。评价不仅要关注学生数学学习结果,还要关注学生数学学习过程,激励学生学习,改进教师教学,充分发挥评价的激励功能和改进功能。

继续推进评价改革是《数学课程标准(2022 年版)》的一个基调,且《数学课程标准(2022 年版)》提出要探索指向核心素养的评价方式,采用多元的评价主体和多样的评价方式;在评价目标上既要有针对学生学习表现的评价,也要有用于改进教学的评价;在评价方式的运用上包括书面测验、口头测验、课堂观察、课后访谈、课堂作业、课后作业、活动报告、成长记录袋等。这也意味着教师要以核心素养为导向建构评价指标体系,选择适宜的评价方式方法。

六、信息技术层面:促进信息技术与数学课程融合

现代信息技术对数学课程与教学的影响显而易见。伴随着信息技术的快速发展,

---

① 孔凡哲.让核心素养在数学教学中落地生根:对《义务教育数学课程标准(2022 年版)》中“教学标准”的理解[J].湖北教育(教育教学),2022(7):30-32.

② 史宁中,曹一鸣.义务教育数学课程标准(2022 年版)解读[M].北京:北京师范大学出版社,2022:40.

互联网技术的普及，大数据的广泛应用，人工智能的不断升级，教师应合理科学地尝试在小学数学课程与教学中探索利用信息技术。《数学课程标准（2022 年版）》指出要“注重信息技术与数学课程的融合”，并进一步明确“合理利用现代信息技术，提供丰富的学习资源，设计生动的教学活动，促进数学教学方式方法的变革。在实际问题解决中，创设合理的信息化学习环境，提升学生的探究热情，开阔学生的视野，激发学生的想象力，提高学生的信息素养”。这从丰富学习资源、变革教学形式、创设信息化学习环境等方面阐述了如何促进信息技术与数学课程的融合。数学课程与教学的改革应当探索利用信息技术创造更有效的学习环境，使信息技术与数学学科更好地融合，发挥信息技术对数学教学质量提升的作用，同时通过数学学习提高学生的信息素养。

总的来说，《数学课程标准（2022 年版）》提出的课程理念表现出凸显核心素养统领、体现课程标准的连续与发展、融入时代发展元素等特征。

第三节　核心素养视域下的小学数学课程目标

核心素养是课程目标的集中体现。《数学课程标准（2022 年版）》明确指出“数学课程要培养学生的核心素养”，并给出了核心素养在义务教育阶段的基本要素和在小学阶段的具体表现形式，以及以核心素养为导向的义务教育课程的总目标和学段目标。

一、核心素养

（一）核心素养的整体性与一致性

《数学课程标准（2022 年版）》对核心素养进行了深入的探讨，明确给出了义务教育阶段数学课程要发展的核心素养的三个方面（即“三会”）：会用数学的眼光观察现实世界，会用数学的思维思考现实世界，会用数学的语言表达现实世界。在此基础上进一步阐述了核心素养在小学阶段的主要表现：数感、量感、符号意识、运算能力、几何直观、空间观念、推理意识、数据意识、模型意识、应用意识和创新意识，并且分别给出了这 11 个主要表现的具体内涵。

“三会”以更为综合、联系的视角统领核心素养，同时也涵盖了《数学课程标准（2011 年版）》中的“数感、符号意识、空间观念、几何直观、数据分析观念、运算能力、推理能力、模型思想、应用意识、创新意识”10 个核心概念。其中，小学阶段的数学眼光主要表现为数感、量感、符号意识、几何直观、空间观念和创新意识；数学思维主要表现为运算能力、推理意识；数学语言主要表现为数据意识、模型意识、应用意识。初中阶段的数学眼光主要表现为抽象能力、几何直观、空间观念、创新意识；数学思维主要表现为运算能力、推理能力；数学语言主要表现为数据观念、模型观念、应用意识。高中阶段的数学眼光主要表现为数学抽象、直观想象;数学思维主要表现为数学运算、逻辑推理;数学语言主要表现为数据分析、数学建模。具体如表 2-1 所示。

表 2-1 核心素养在小学、初中与高中数学课程中的主要表现

<table>
<tr><th rowspan="2">“三会”</th><th colspan="3">阶段</th></tr>
<tr><th>小学阶段</th><th>初中阶段</th><th>高中阶段</th></tr>
<tr><td rowspan="6">数学眼光</td><td>数感</td><td rowspan="3">抽象能力</td><td rowspan="3">数学抽象</td></tr>
<tr><td>量感</td></tr>
<tr><td>符号意识</td></tr>
<tr><td colspan="2">几何直观</td><td rowspan="2">直观想象</td></tr>
<tr><td colspan="2">空间观念</td></tr>
<tr><td colspan="2">创新意识</td><td>—</td></tr>
<tr><td rowspan="2">数学思维</td><td colspan="2">运算能力</td><td>数学运算</td></tr>
<tr><td>推理意识</td><td>推理能力</td><td>逻辑推理</td></tr>
<tr><td rowspan="3">数学语言</td><td>数据意识</td><td>数据观念</td><td>数据分析</td></tr>
<tr><td>模型意识</td><td>模型观念</td><td>数学建模</td></tr>
<tr><td colspan="2">应用意识</td><td>—</td></tr>
</table>

总的来说,《数学课程标准(2022 年版)》所提出的核心素养的主要表现,一方面是对《数学课程标准(2011 年版)》中的 10 个核心概念的继承和发展,另一方面是对《普通高中数学课程标准(2017 年版 2020 年修订)》所提出的 6 个数学学科核心素养的延续。且小学、初中、高中三个阶段的核心素养及其主要表现的提出,保证了核心素养在基础教育阶段的整体性与一致性。

(二)核心素养发展的阶段性

《数学课程标准(2022 年版)》关于核心素养的阐述充分体现了核心素养发展的阶段性。鉴于不同学段学生的认知发展存在一定的差异,核心素养在不同阶段的侧重点也不同,小学阶段的核心素养表现侧重经验的感悟,初中阶段则侧重对概念的理解,高中阶段则更加一般化。例如,小学阶段的“数感、量感、符号意识”逐渐发展为初中阶段的“抽象能力”、高中阶段的“数学抽象”;小学阶段的“推理意识、数据意识、模型意识”逐渐发展为初中阶段的“推理能力、数据观念、模型观念”,以及高中阶段的“逻辑推理、数据分析、数学建模”。

此外,《数学课程标准(2022 年版)》将“量感”单独作为小学阶段的核心素养之一,体现出对量感的重视。量感是形成抽象能力的基础,突出强调量感可以为发展学生的抽象能力提供重要的载体和基石。

二、课程目标

《数学课程标准(2022年版)》明确指出，“课程目标的确定,立足学生核心素养发展,集中体现数学课程育人价值”,并构建了“三会”核心素养统领的“四基+四能+情感态度与价值观”的课程目标体系。这与以往数学课程标准中的目标表述相比,既包含“四基”,也涵盖“四能”,并在原来“三维目标”基础上凝练了以“三会”核心素养为导向的课程目标体系,使得核心素养与“四基”“四能”联系成为一个有机的整体,更好地体现了数学的学科育人价值。

(一) 总目标:对学生数学学习的总体要求

《数学课程标准(2022年版)》确定的课程总目标如下:

通过义务教育阶段的数学学习,学生逐步会用数学的眼光观察现实世界,会用数学的思维思考现实世界,会用数学的语言表达现实世界(简称“三会”)。学生能:

(1) 获得适应未来生活和进一步发展所必需的数学基础知识、基本技能、基本思想、基本活动经验。

(2) 体会数学知识之间、数学与其他学科之间、数学与生活之间的联系,在探索真实情境所蕴含的关系中,发现问题和提出问题,运用数学和其他学科的知识与方法分析问题和解决问题。

(3) 对数学具有好奇心和求知欲,了解数学的价值,欣赏数学美,提高学习数学的兴趣,建立学好数学的信心,养成良好的学习习惯,形成质疑问难、自我反思和勇于探索的科学精神。

这一总目标是对数学教育的整体要求,具体包括“三会”及其统领下的“四基”“四能”和“情感态度与价值观”三个方面。

第一,通过义务教育阶段的数学学习,学生能“获得适应未来生活和进一步发展所必需的数学基础知识、基本技能、基本思想、基本活动经验”。“四基”是对义务教育阶段学生数学学习的基本要求,其中基础知识重在让学生理解和掌握数学中的基本概念、定理、性质等内容;基本技能重在让学生理解算理和正确操作,准确地进行计算、测量、作图等;基本思想重在让学生从学习中感悟获得;基本活动经验重在让学生在“做中学”,并获得积累。从“双基”到“四基”,既是育人目标的转变,也能为核心素养的形成和发展提供支撑,而且更加关注为学生未来生活和进一步学习做准备。

第二,通过义务教育阶段的数学学习,学生能“体会数学知识之间、数学与其他学科之间、数学与生活之间的联系,在探索真实情境所蕴含的关系中,发现问题和提出问题,运用数学和其他学科的知识与方法分析问题和解决问题”。对于“四能”的培养,《数学课程标准(2022年版)》更加强调在真实情境中的探索,更加注重运用数学和其他学科的知识与方法解决问题。特别是综合与实践领域,以跨学科主题学习为主,强化了不同内容领域之间以及不同学科之间的联系。

第三,通过义务教育阶段的数学学习,学生能“对数学具有好奇心和求知欲,了解数学的价值,欣赏数学美,提高学习数学的兴趣,建立学好数学的信心,养成良好的学习习惯,形成质疑问难、自我反思和勇于探索的科学精神”。《数学课程标准(2022年版)》在继承并沿用以往“情感态度与价值观”维度的目标部分表述的同时,也进行了适当的调整。例如,增加了“欣赏数学美”,突出数学的美育功能。

(二)学段目标:体现不同学段学生要达到的发展水平

《数学课程标准(2022年版)》根据不同学段学生数学学习的心理特征和认知规律,将总目标分解,描述其在各个学段的表现和要求,并将核心素养的表现体现在每个学段的具体目标之中。

第一,学段目标是总目标的阶段性水平描述。学段目标的描述从知识与技能、问题解决、情感态度与价值观三个方面展开,并将核心素养的相关表现融入其中,这与总目标的“四基”“四能”“情感、态度与价值观”三个方面的目标内容相对应。

第二,学段目标体现各学段内容主题的要求。小学三个学段的目标表述均与“数与代数”“图形与几何”“统计与概率”三个领域的内容要求相对应。由于“综合与实践”领域不是以学科内容为主线安排的,所以就没有与学段目标相对应的内容要求和学业要求,这一方面的目标在问题解决中有所体现。

第三,核心素养的各具体表现融入学段目标之中。核心素养在各个学段的具体表现,既有整体性和一致性,也有阶段性。例如,第二学段(3~4年级)“数与代数”内容领域相关的目标为:认识自然数,经历小数和分数的形成过程,初步认识小数和分数;能进行较复杂的整数四则运算和简单的小数、分数的加减运算,理解运算律;形成数感、运算能力和初步的推理意识。这一学段目标明确了与这些学习内容相关联的“形成数感、运算能力和初步的推理意识”的核心素养的表现。

无论是总目标还是学段目标,都与核心素养在小学阶段的具体表现紧密关联,这也便于教师在数学学科中真正落实学生核心素养的培养。

第四节 小学数学课程内容

课程内容是落实学生核心素养的载体,在课程内容结构化的理念指导下,小学数学课程内容的结构和具体内容都有一定的调整。《数学课程标准(2022年版)》仍将课程内容划分为“数与代数”“图形与几何”“统计与概率”“综合与实践”四个学习领域,但对四个领域下的学习主题进行了适当的整合或调整;在“数与代数”“图形与几何”“统计与概率”领域,小学各学段的主题有较大的变化;在“综合与实践”领域,虽然没有设置主题内容,但是变化较大的是强调跨学科主题学习,并将部分知识内容融入其中。

一、小学各学段各内容领域的主题设置

小学“数与代数”“图形与几何”“统计与概率”三个领域,以数学核心内容和基

本思想为主线循序渐进，各学段的主题有所不同；“综合与实践”领域，以培养学生综合运用所学知识和方法解决实际问题的能力为目标，根据不同学段学生特点，以跨学科主题学习为主，适当采用主题式学习和项目式学习的方式，设计情境真实、较为复杂的问题，引导学生综合运用数学学科和跨学科的知识与方法解决问题。2022 年版和 2011 年版课程标准四个学习领域各学段的主题具体安排如表 2-2 所示。

表 2-2　小学各学段各内容领域的主题安排

领域	《数学课程标准（2022 年版）》的各学段主题			《数学课程标准（2011 年版）》的各学段主题	
	第一学段（1～2 年级）	第二学段（3～4 年级）	第三学段（5～6 年级）	第一学段（1～3 年级）	第二学段（4～6 年级）
数与代数	1. 数与运算 2. 数量关系	1. 数与运算 2. 数量关系	1. 数与运算 2. 数量关系	1. 数的认识 2. 数的运算 3. 常见的量 4. 探索规律	1. 数的认识 2. 数的运算 3. 式与方程 4. 正比例、反比例 5. 探索规律
图形与几何	图形的认识与测量	1. 图形的认识与测量 2. 图形的位置与运动	1. 图形的认识与测量 2. 图形的位置与运动	1. 图形的认识 2. 测量 3. 图形与位置	1. 图形的认识 2. 测量 3. 图形的运动 4. 图形与位置
统计与概率	数据分类	数据的收集、整理与表达	1. 数据的收集、整理与表达 2. 随机现象发生的可能性	（无明确主题） 1. 分类 2. 数据的收集、整理、表达	1. 简单数据统计过程 2. 随机现象发生的可能性
综合与实践	重在解决实际问题，以跨学科主题学习为主，主要包括主题活动和项目学习等。第一、第二、第三学段主要采用主题式学习，将知识内容融入主题活动中			重在感受数学在日常生活中的作用，体验解决简单问题的过程，获得数学活动经验	

具体来说，对于“数与代数”领域，小学三个学段的主题由《数学课程标准（2011 年版）》中的“数的认识”“数的运算”“常见的量”“探索规律”“式与方程”“正比例、反比例”六个调整并整合为“数与运算”“数量关系”两个。这不只是形式上的变化，更是从学科本质和学生学习视角对相关内容的统整。[①] 对于“图形与几何”领域，小学三个学段的主题由《数学课程标准（2011 年版）》中的“图形的认识”“测量”“图形与位置”“图形的运动”整合为“图形的认识与测量”“图形的位置与运动”两个；对于“统计与概率”领域，小学三个学段的主题由《数学课程标准（2011 年版）》中的“分类”“简单数据统计过程”“随机现象发生的可能性”“数据的收集、整理、表达”四个

① 马云鹏. 聚焦核心概念 落实核心素养：《义务教育数学课程标准(2022 年版)》内容结构化分析[J]. 课程·教材·教法，2022，42(6)：35－44.

调整为“数据分类”“数据的收集、整理与表达”“随机现象发生的可能性”三个,其中分类调整为数据分类,与数据的收集、整理、表达一致,二者构成一个整体,都以数据为研究对象,前者是后者的必要准备。对于“综合与实践”领域,强调解决实际问题和跨学科主题学习,以主题学习和项目学习的方式进行设计和组织。

二、小学“数与代数”领域内容分析

(一)“数与代数”领域内容结构分析

数与代数是小学阶段学生数学学习的重要领域,包括“数与运算”和“数量关系”两个主题。将数的认识与数的运算作为一个整体进行组织,体现了二者之间的密切关联。小学阶段的数与运算,主要包括整数、小数和分数的认识及其四则运算。数与运算密不可分,数的认识是数的运算的基础,数的运算有助于学生更好地认识数。数的认识包括数的抽象表达、数的大小比较等,自然数从小到大就是一个累加的过程,这一过程蕴含着加的运算,数的大小比较也与运算密切相关。运算的重点在于理解算理、掌握算法,而算理的理解最终要追溯到数的意义以及数的构成。例如,整数、小数、分数的加法计算都可以理解为相同计数单位的个数相加。将数与运算整合为一个主题,有助于从整体上理解数和运算,为学生从整体上把握和理解数学知识与方法,形成数感、符号意识、运算能力、推理意识等核心素养提供基础。

小学阶段的“数量关系”主题突出了问题解决的内容载体和问题解决能力的培养。这一主题由原来的式与方程,正比例、反比例和探索规律等主题内容,以及分散在数与运算中的常见的数量关系、估算、运用数和数的运算解决问题等内容整合而成,这些内容的本质都是运用数量关系解决问题。① 将这些内容进行整合,并从数量关系的视角理解和把握,有助于学生从整体上认识这些内容的核心概念。其中,方程与不等式等内容调整到了第四学段(7～9年级)。常见的数量关系主要包括加法模型和乘法模型。数量关系的重点在于用数与符号对现实情境中数量之间的关系和规律进行表达,凸显运用数学模型解决现实情境中的问题。数量关系主题包含了用四则运算的意义解决实际问题,理解和运用常见的数量关系解决问题,从数量关系的角度理解字母表示关系和规律、比和比例等内容。

(二)“数与代数”领域内容要求分析

与《数学课程标准(2011年版)》相比,《数学课程标准(2022年版)》中不仅有“内容要求”,还增加了相应的“学业要求”和“教学提示”。下面我们主要对小学“数与运算”“数量关系”两个主题的内容要求进行分析。

1. “数与运算”的内容要求分析

“数与运算”这一主题内容设置在第一、第二、第三学段,贯穿小学数学学习的整个过程。但是,鉴于不同学段学生的认知、经验等方面的差异,同一主题在不同学段

---

① 马云鹏.怎样理解“数量关系”学习主题[J].小学数学教育,2022(6):11-13.

的学习内容及要求不同。具体内容要求及对应的核心素养表现如表 2-3 所示。

表 2-3 小学阶段“数与运算”主题的内容要求及对应的核心素养表现

学段	内容要求	核心素养表现
第一学段	在实际情境中感悟并理解万以内数的意义，理解数位的含义，知道用算盘可以表示多位数	数感
	了解符号 <,=,> 的含义，会比较万以内数的大小；通过数的大小比较，感悟相等和不等关系	符号意识、数感
	在具体情境中，了解四则运算的意义，感悟运算之间的关系	运算能力
	探索加法和减法的算理与算法，会整数加减法	运算能力
	探索乘法和除法的算理与算法，会简单的整数乘除法	运算能力
	在解决生活情境问题的过程中，体会数和运算的意义	符号意识、数感、运算能力、推理意识
第二学段	在具体情境中，认识万以上的数，了解十进制计数法；探索并掌握多位数的乘除法，感悟从未知到已知的转化	数感、运算能力
	结合具体情境，初步认识小数和分数，感悟分数单位；会同分母分数的加减法和一位小数的加减法	数感、符号意识、运算能力
	在解决简单实际问题的过程中，理解四则运算的意义，能进行整数四则混合运算	运算能力
	探索并理解运算律（加法交换律和结合律、乘法交换律和结合律、乘法对加法的分配律），能用字母表示运算律	符号意识、推理意识
	会运用数描述生活情境中事物的特征	数感、运算能力、推理意识
第三学段	知道 2,3,5 的倍数的特征，了解公倍数和最小公倍数，了解公因数和最大公因数，了解奇数、偶数、质数（或素数）和合数	数感、推理意识
	结合具体情境探索并理解小数和分数的意义，感悟计数单位；会进行小数、分数的转化	数感、符号意识
	结合具体情境理解整数除法与分数的关系	数感、推理意识
	能进行简单的小数、分数四则运算和混合运算，感悟运算的一致性	运算能力、推理意识

针对内容要求，《数学课程标准（2022 年版）》还给出了相应的学业要求和教学提示，这为教学和评价提供了重要的参考。例如，对于“在实际情境中感悟并理解万以内数的意义”这一内容要求，相应的学业要求是“能用数表示物体的个数或事物的顺序，能认、读、写万以内的数”，相应的教学提示是“数的认识教学应提供学生熟悉的情境，使学生感受具体情境中的数量”。

2. “数量关系”的内容要求分析

“数量关系”这一主题内容设置在第一、第二、第三学段，贯穿小学数学学习的整个过程。但是，鉴于不同学段学生的认知、经验等方面的差异，同一主题在不同学段的学习内容及要求不同。具体内容要求及对应的核心素养表现如表 2-4 所示。

表 2-4 小学阶段“数量关系”主题的内容要求及对应的核心素养表现

学段	内容要求	核心素养表现
第一学段	在简单的生活情境中，运用数和数的运算解决问题，能解释结果的实际意义	应用意识
	探索用数或符号表达简单情境中的变化规律	模型意识、几何直观、应用意识
第二学段	在实际情境中，运用数和数的运算解决问题；在解决实际问题的过程中，能结合具体情境，选择合适的单位进行简单估算，体会估算在生活中的作用	应用意识
	能借助计算器进行计算，解决简单的实际问题，探索简单的规律	模型意识、几何直观、应用意识
	在具体情境中，认识常见数量关系：总量 = 分量 + 分量、总价 = 单价 × 数量、路程 = 速度 × 时间；能利用这些关系解决简单的实际问题	模型意识、推理意识、应用意识
	能在具体情境中了解等量的等量相等	推理意识
	能解决生活中的简单问题，并能对结果的实际意义作出解释，经历探索简单规律的过程	模型意识、应用意识
第三学段	根据具体情境理解等式的基本性质	符号意识、推理意识
	在解决实际问题的过程中，会选择合适的方法进行估算	应用意识
	在具体情境中，探索用字母表示事物的关系、性质和规律的方法，感悟用字母表示的一般性	符号意识、推理意识
	在实际情境中理解比和比例以及按比例分配的含义，能解决简单的问题	符号意识、应用意识
	通过具体情境，认识成正比例的量（如 $\frac{y}{x}=5$）；能探索规律或变化趋势（如 $y=5x$）	推理意识、几何直观
	能运用常见的数量关系解决实际问题，能合理解释结果的实际意义	模型意识、几何直观

与“数量关系”主题密切关联的核心素养主要包括模型意识、推理意识、应用意识和几何直观等，当然，相应内容的学习也会促进学生数感、量感等方面的发展。从

表 2-4 中我们可以看出，第一学段“数量关系”主题主要包括运用数和数的运算解决问题，以及探索用数或符号表达简单情境中变化规律等内容；第二学段“数量关系”主题以较为集中地学习几种常见的数量关系，进一步运用数与运算解决问题，同时使学生感悟利用基本事实进行推理的过程等内容为主；第三学段“数量关系”主题以用字母表示关系和规律、比和比例以及运用常见的数量关系解决问题等内容为主。

三、小学“图形与几何”领域内容分析

（一）“图形与几何”领域内容结构分析

图形与几何是小学阶段学生数学学习的又一重要领域，包括“图形的认识与测量”和“图形的位置与运动”两个主题。与《数学课程标准（2011 年版）》中的“图形与几何”领域主题内容相比，《数学课程标准（2022 年版）》整体变化不是很大，但是更加重视“整合”。

图形认识是指对物体形状的抽象图形进行表示，图形认识的重点在于对图形的特征的探索与描述；图形测量是对图形大小的度量。图形特征的认识与图形测量紧密相关，图形认识与图形测量需要从整体上把握。例如，长方形的对边相等这一特征，需要通过测量确认其正确性。图形的测量离不开对图形的认识，图形测量的过程与结果都与具体图形的特征密切相关。探索图形的周长、面积、体积问题，一定要与具体的图形建立联系，对图形特征的把握会直接影响图形测量的学习。

在小学阶段，图形位置的学习重点是用一对有序数对描述一个点的位置（距离和方向可以看作一对数）；图形运动的学习主要是图形的平移、旋转和轴对称。学生要认识到图形运动本质上是图形上点的位置的变化，这种变化主要是平移与旋转，确定图形运动前的位置与运动后的位置的关系，了解其中的变化和不变，也就是点的位置的变化与不变，所以图形的运动与图形的位置有着密切的关系。

总的来说，《数学课程标准（2022 年版）》中“图形与几何”领域的主题表述，将图形的认识与测量、图形的位置与运动分别进行整合，凸显了图形的认识与测量之间以及图形的位置与运动之间的密切关联，从结构上更加突出主题的整体性。

（二）“图形与几何”领域内容要求分析

下面我们主要对小学“图形的认识与测量”“图形的位置与运动”两个主题的内容要求进行分析。

1. “图形的认识与测量”的内容要求分析

“图形的认识与测量”这一主题内容设置在第一、第二、第三学段，贯穿小学数学学习的整个过程。但是，鉴于不同学段学生的认知、经验等方面的差异，同一主题在不同学段的学习内容及要求不同。具体内容要求及对应的核心素养表现如表 2-5 所示。

表 2-5 小学阶段“图形的认识与测量”主题的内容要求及对应的核心素养表现

学段	内容要求	核心素养表现
第一学段	通过实物和模型辨认简单的立体图形和平面图形，能对图形分类，会用简单图形拼图	空间观念、几何直观
	结合生活实际，体会建立统一度量单位的重要性，认识长度单位米、厘米。能估测一些物体的长度，并进行测量	量感
第二学段	结合实例认识线段、射线和直线；体会两点间所有连线中线段最短，知道两点间距离；会用直尺和圆规作一条线段等于已知线段；了解同一平面内两条直线的位置关系	空间观念、几何直观
	结合生活情境认识角，知道角的大小关系；会用量角器量角，会用量角器或三角板画角	空间观念、几何直观、量感
	认识长度单位千米，知道分米、毫米；认识面积单位厘米^2、分米^2、米^2；能进行简单的单位换算；能恰当地选择单位估测一些物体的长度和面积，会进行测量	量感
	认识三角形和四边形，会根据图形特征对三角形和四边形进行分类	空间观念、几何直观
	结合实例认识周长和面积；探索并掌握长方形、正方形的周长和面积的计算公式	量感、空间观念、推理意识
	能根据具体事物、照片或直观图辨认从不同角度观察到的简单物体	空间观念
第三学段	知道三角形任意两边之和大于第三边；知道三角形内角和是180°	几何直观、推理意识
	认识圆和扇形，会用圆规画圆；认识圆周率；探索圆的周长和面积计算公式，能解决简单的实际问题	空间观念、量感、推理意识
	知道面积单位千米^2、公顷；探索并掌握平行四边形、三角形和梯形的面积计算公式；会估计不规则图形的面积	量感、推理意识
	通过实例了解体积(或容积)的意义，知道体积(或容积)的度量单位，能进行单位之间的换算；体验不规则物体体积的测量方法	量感、推理意识
	认识长方体、正方体和圆柱，了解这些图形的展开图，探索并掌握这些图形的体积和表面积的计算公式，认识圆锥并探索其体积的计算公式，能用这些公式解决简单的实际问题	空间观念、量感、推理意识
	对于简单物体，能辨认不同方向(前面、侧面、上面)的形状图	空间观念

从表 2-5 中我们可以发现，第二学段增加了“会用直尺和圆规作一条线段等于已知线段”“用直尺和圆规将三角形的三条边画到一条直线上”(学业要求)等尺规作图内容，可以让学生借助直尺和圆规把相应的图形画出来，在动手“做数学”的过程中增强操作体验，直观感知图形的存在，建立起对图形的直观感觉，这有利于学生几何直观的培养。这一内容的设置，既是对幼儿园阶段“做中学”的延续，同时也能

为初中阶段学习更为抽象、复杂的尺规作图内容打下基础。

此外,《数学课程标准(2022年版)》还增加了两个基本事实,“两点之间线段最短”就是其中之一。在“图形的认识与测量”主题的教学中,教师要明确数学基本事实,加强学生推理意识的培养,要让学生知道可以从一些事实和命题出发,依据规则推出其他的命题或结论。例如,基于“两点之间线段最短”这一基本事实,可以推出“三角形任意两边之和大于第三边”的结论。小学阶段重视学生推理意识的培养,将有助于学生养成讲道理、有条理的思维习惯,这也是学生后期形成推理能力的基础。

2. “图形的位置与运动”的内容要求分析

“图形的位置与运动”这一主题内容设置在第二、第三学段。同一主题内容在不同学段的学习内容及要求不同。具体内容要求及对应的核心素养表现如表2-6所示。

表2-6 小学阶段“图形的位置与运动”主题的内容要求及对应的核心素养表现

学段	内容要求	核心素养表现
第二学段	结合实例,感受平移、旋转和轴对称现象	空间观念、几何直观
第三学段	能根据参照点的方向和距离确定物体的位置;会在实际情境中,描述简单的路线图	空间观念、几何直观
	能用有序数对(限于自然数)表示点的位置,理解有序数对与方格纸上点的对应关系	几何直观
	了解比例尺,能利用方格纸按比例将简单图形放大或缩小	几何直观
	能在方格纸上进行简单图形的平移和旋转;认识轴对称图形和对称轴,能在方格纸上补全简单的轴对称图形	空间观念
	能从平移、旋转和轴对称的角度欣赏生活中的图案,能借助方格纸设计简单图案,感受数学美	空间观念

四、小学“统计与概率”领域内容分析

(一)“统计与概率”领域内容结构分析

统计与概率是小学阶段学生数学学习的重要领域之一,包括“数据分类”“数据的收集、整理与表达”“随机现象发生的可能性”三个主题。这与《数学课程标准(2011年版)》中的“统计与概率”领域主题内容相比,变化不是很大,但是更加关注“数据”。

数据分类是信息分析的基础,《数学课程标准(2022年版)》明确指出“数据分类”的本质是根据信息对事物进行分类。学生在学前阶段已经积累了对事物进行分类的活动经验,在第一学段学习“数据分类”这一主题内容,有利于学生顺利进入统计与概率这一内容领域的学习,经历从事物分类到数据分类的过程。此外,数据分类也是数据整理的基础。例如,在学习统计图表,制作条形统计图、折线统计图、扇形统计图、

频数直方图等时,学生需要认识数据的分类,从中感悟对事物共性的抽象过程。

“数据的收集、整理与表达”是数据统计的具体过程,也是数据分析的关键步骤。“数据的收集、整理与表达”这一主题内容贯穿第二、第三学段,明确地体现出小学统计学习的核心内容,且内容由浅入深。第二学段收集、整理与表达的数据相对简单一些,用条形统计图、平均数等基本上可以描述数据特征;第三学段收集、整理与表达的数据相对复杂一些,增加了用折线统计图、扇形统计图、百分数等刻画数据的特征。其中,对于百分数这一内容,《数学课程标准(2011年版)》将其设置在“数与代数”领域,体现其表达两个变量数量关系的本质内涵,《数学课程标准(2022年版)》则将其设置在“统计与概率”领域,将其作为表达统计量的形式,更多地体现其用于表达随机数据,让学生感受数据的随机性以及百分数的统计意义,为决策提供依据。

“随机现象发生的可能性”这一主题设置在小学的第三学段,主要是从定性与定量两个层次刻画随机现象。这与《数学课程标准(2011年版)》中的相关表达相比变化不大。

总的来说,《数学课程标准(2022年版)》中“统计与概率”领域的主题表述,都是以数据为研究对象,学生可以从整体上理解统计离不开数据,且重点强调数据的处理。数据的收集、整理与表达是数据处理的主要方式,更有利于学生数据意识的形成。

(二)“统计与概率”领域内容要求分析

下面我们主要对小学“数据分类”“数据的收集、整理与表达”“随机现象发生的可能性”三个主题的内容要求进行分析。

1. “数据分类”的内容要求分析

“数据分类”这一主题内容设置在第一学段,但是这一主题内容贯穿小学数学学习的整个过程。数据分类主要包括两个层面:一是对事物分类。例如,生活中物体的分类、图形的分类、数的分类,这种分类可看作在一组事物中把具有相同属性的事物归为一类。二是对通过调查等获得的“数据”分类。人们在解决问题时经常需要调查研究或实验探究,收集数据,通过具体调查或实验取得数据是统计与分析的前提,数据整理的第一步就是分类。

在《数学课程标准(2022年版)》中,第一学段的内容要求是“会对物体、图形或数据进行分类,初步了解分类与分类标准的关系,形成初步的数据意识”。这一内容设置的目的是要学生经历从事物分类到数据分类的过程,培养学生的几何直观和数据意识等核心素养。在第一学段教学数据分类时,教师要重视对接学生学前阶段已有的生活经验,注重过程,鼓励学生在亲身参与的动手活动中感悟分类的价值、学会分类的方法。第二、第三学段都要求会利用统计图整理与表达数据,而制作统计图的第一步就是要对收集到的数据进行分类或分组。其中,数据分组在大数据分析中非常重要,其本质就是数据分类。

2. “数据的收集、整理与表达”的内容要求分析

“数据的收集、整理与表达”这一主题内容设置在第二、第三学段,主要围绕数据

分析的过程展开，包括收集数据，整理数据，利用统计图表、平均数和百分数等表达数据。但是鉴于不同学段学生的认知发展、生活经验等方面的差异，同一主题在不同学段所针对的数据的复杂程度有不同。第二学段要求能收集、整理具体实例中的数据，能用合适的方式描述数据，分析与表达数据中蕴含的信息，重点是让学生在具体实例中经历简单数据分析的过程，感受数据中蕴含着丰富的信息，并采用简单的方法整理和表达数据及其特征；第三学段则要求能根据实际问题需要，经历数据收集、整理和分析的整个过程，重点是让学生在实际情境中收集数据，并采用合适的方法整理和表达数据，解决简单的实际问题。其中，这一主题在第二、第三学段的具体内容要求及对应的核心素养表现如表 2-7 所示。

表 2-7 小学阶段“数据的收集、整理与表达”主题的内容要求及对应的核心素养表现

学段	内容要求	核心素养表现
第二学段	经历简单的数据收集和整理、描述和分析的过程，了解简单的收集数据的方法，会呈现数据整理的结果	数据意识
	通过对数据的简单分析，感受数据蕴含着信息，体会运用数据进行表达和交流的作用	数据意识
	认识条形统计图，会用条形统计图合理表示和分析数据	数据意识
	能读懂报纸、电视、互联网等媒体中的简单统计图表	数据意识、应用意识
	探索平均数的意义，能解决有关的简单实际问题	数据意识、应用意识
	能在简单的实际情境中，合理应用统计图表和平均数	数据意识、应用意识
第三学段	根据实际问题需要，经历数据收集、整理和分析的过程，能合理述说数据分析的结论	数据意识、应用意识
	认识折线统计图、扇形统计图；会用条形统计图、折线统计图呈现相关数据，解释所表达的意义	数据意识
	能从各种媒体中获得所需要的数据，读懂其中的简单统计图表	数据意识、应用意识
	结合具体情境，探索百分数的意义，能解决与百分数有关的简单实际问题，感受百分数的统计意义	数据意识、应用意识
	在简单的实际情境中，应用统计图表或百分数	数据意识、应用意识

3. “随机现象发生的可能性”的内容要求分析

“随机现象发生的可能性”这一主题内容设置在第三学段，主要是对不确定现象的定性描述。在《数学课程标准(2022 年版)》中，第三学段“随机现象发生的可能性”的内容要求是“通过实例感受简单的随机现象及其结果发生的可能性；在实际情境中，对一些简单随机现象发生可能性的大小作出定性描述”。具体来说，有关这一主题的教学内容主要包括两个方面：一是通过实例认识到生活中有些事情的发生是不

确定的,而不确定的事件可能发生的不同结果的可能性是有大小的;二是初步学会根据所有可能发生的情况,正确判断某种结果发生的可能性大小。教师在教学中可以引导学生在自然界和生活的情境中感受简单的随机现象,知道在现实世界中随机现象普遍存在,并渗透随机思想。①

五、小学"综合与实践"领域内容分析

综合与实践也是小学阶段学生数学学习的重要领域,《数学课程标准(2022年版)》虽然没有给出明确的具体内容主题,但是却对这一领域进行了整体设计,具体明确了该领域的内容和要求,强调运用数学和其他学科的知识与方法解决实际问题,同时还基于学生认知特点,指出"综合与实践主要包括主题活动和项目学习等。第一、第二、第三学段主要采用主题式学习",并进一步给出综合与实践的主题活动建议。小学各学段可参考的具体的主题活动和项目学习的名称如表2-8所示。其中,只有第三学段的"营养午餐"和"水是生命之源"是项目学习,其他均为主题活动。

表2-8 《数学课程标准(2022年版)》中小学阶段综合与实践活动建议

	第一学段 (1~2年级)	第二学段 (3~4年级)	第三学段 (5~6年级)
主题活动或项目学习	1. 数学游戏分享 2. 欢乐购物街 3. 时间在哪里 4. 我的教室 5. 身体上的尺子 6. 数学连环画	1. 年、月、日的秘密 2. 曹冲称象的故事 3. 寻找"宝藏" 4. 度量衡的故事	1. 如何表达具有相反意义的量 2. 校园平面图 3. 体育中的数学 4. 营养午餐(项目学习) 5. 水是生命之源(项目学习)

主题活动分为两类:第一类是融入数学知识学习的主题活动。例如,涉及"认识时间单位时、分、秒"等知识学习的"时间在哪里"的主题活动。在这类活动中,学生将学习和理解数学知识,感悟知识的意义,主要涉及量、方向与位置、负数等知识的学习。第二类是运用数学知识及其他学科知识的主题活动。例如,"体育中的数学"主题活动。在这类活动中,学生将综合运用数学知识解决问题,体会数学知识的价值,以及数学与其他学科的关联。

项目学习的设计以解决现实问题为重点,综合运用数学和其他学科知识解决问题,体会数学知识的价值,以及数学与其他学科的关联。

总的来说,"综合与实践"领域的内容具有阶段性和发展性等特征。且关于综合

① 吕世虎,颜飞.新课标"统计与概率"内容分析:从结构到要求[J].教育研究与评论(中学教育教学),2022(8):26-32.

与实践，无论是主题活动，还是项目学习，都要先强调实践性，再强调综合性，[1]才能将“综合与实践”领域内容的实施落到实处。

第五节 小学数学课程实施

数学课程实施是落实课程内容、达成课程目标的重要途径。《数学课程标准(2022年版)》除了在“课程理念”部分明确指出“实施促进学生发展的教学活动”的教学方向，在“课程内容”部分也给出了直接指向各具体数学课程内容的“教学提示”，此外，还在“课程实施”部分从教学目标、教学内容、教学方式、教学手段等方面对数学教学提出了建议。这为数学教师将数学课程理念和内容要求转化为学生的学习内容、学习活动等提供了方向和指导，为数学教学实施明晰了总体要求和关键策略。接下来我们主要对《数学课程标准(2022年版)》中“课程实施”部分的教学建议进行分析。

一、教学目标：制订指向核心素养的教学目标

教学目标是课程目标的具体化，起着落实课程标准要求的作用。[2]它是对教学活动预期结果的标准和要求的规定或设想，不仅是教学活动的首要环节，而且是教学活动的出发点和最终归宿。[3]《数学课程标准(2022年版)》明确指出“制订指向核心素养的教学目标”，并进一步指出“教学目标要体现核心素养的主要表现”“处理好核心素养与‘四基’‘四能’的关系”“教学目标的设定要体现整体性和阶段性”。因此，数学教学目标的确定，要坚持核心素养导向，要充分考虑核心素养在数学教学中的达成情况，将核心素养的某个或某些主要表现体现在教学目标中。例如，在小学图形与几何的教学中，教师应制订有利于学生发展量感、几何直观、空间观念等核心素养表现的教学目标。且在制订教学目标前，需要确定与本单元或本课时相关的主要核心素养，确定各核心素养应达到的具体水平，解析与本单元或本课时相关的数学文化元素，梳理知识的来龙去脉，然后再具体拟定目标。[4]

二、教学内容：整体把握教学内容

教学内容是落实教学目标、发展学生核心素养的载体。《数学课程标准(2022

---

① 刘加霞，刘琳娜．“综合与实践”领域的主旨、特征与实施建议：《义务教育数学课程标准(2022年版)》内容解读[J]．湖北教育，2022(6)：8-10.

② 王光明，刘静．加强核心素养导向，完善课程标准体系：《义务教育数学课程标准(2011年版)》与《义务教育数学课程标准(2022年版)》(小学部分)比较研究[J]．课程·教材·教法，2022，42(7)：4-11.

③ 王本陆．课程与教学论[M]．3版．北京：高等教育出版社，2017：135-137.

④ 喻平．核心素养指向的数学教学目标设计[J]．数学通报，2021(11)：1-6.

基于结构化主题的单元整体教学：以小学数学学科为例（马云鹏）

年版）》明确指出要“整体把握教学内容”，并进一步指出要“注重教学内容的结构化”“注重教学内容与核心素养的关联”。

此外，关于“综合与实践”领域的教学，《数学课程标准（2022 年版）》指出“进一步加强综合与实践”，并进一步明确“综合与实践领域的教学活动，以解决实际问题为重点，以跨学科主题学习为主，以真实问题为载体，适当采取主题活动或项目学习的方式呈现，通过综合运用数学和其他学科的知识与方法解决真实问题，着力培养学生的创新意识、实践能力、社会担当等综合品质”。在具体的实施过程中，教师仍然需要从明确核心素养导向的教学目标、设计核心素养导向的教学活动、关注以教学目标为依据的教学评价等方面着力。其中，综合与实践活动的教学评价，不仅要考查学生数学知识的掌握情况，还要考虑学生主题活动或者项目学习体验的获得，以及情感态度与价值观的发展情况。①

三、教学方式：选择能引发学生思考的教学方式

《数学课程标准（2022 年版）》指出“选择能引发学生思考的教学方式”，并进一步明确“丰富教学方式”“重视单元整体教学设计”“强化情境设计与问题提出”，这为实施核心素养导向的数学教学明确了方向。核心素养导向的数学教学倡导启发式、探究式、参与式、互动式等“以学生为本”的教学方式的应用，同时要注重探索基于主题、大单元教学的整体设计与分步实施，积极开展基于跨学科的主题式学习、项目式学习等综合性教学活动，注重营造基于现实生活、历史文化、科学技术与数学科学的相应情境，营造课堂情境脉络，激活学生的数学学习需求。

四、教学手段：注重信息技术与数学教学的融合

《数学课程标准（2022 年版）》明确指出“注重信息技术与数学教学的融合”，并进一步从教和学两个层面对信息技术“改进教学方式”“促进自主学习”的作用明确了方向。面对大数据、人工智能等对数学教学改革的影响，数学教师应不断提升自身的信息素养，充分利用信息技术优化改进教学。

（一）利用信息技术改进教学方式

一方面，教师可以利用信息技术对文本、图像、声音、动画等进行综合处理，丰富教学场景，激发学生学习数学的兴趣和探究新知的欲望。例如，通过虚拟现实等技术营造真实情境效果，让学生在体验中学习、探究。

另一方面，教师可以利用数学专用软件等教学工具开展数学实验。例如，借助动态几何软件、图形计算器等数学专用软件绘制简单的几何图形，对几何图形的变化过程进行动态演示，将抽象的数学知识直观化，促进学生理解数学概念、建构数学

---

① 孔凡哲. 让核心素养在数学教学中落地生根：对《义务教育数学课程标准（2022 年版）》中“教学标准”的理解[J]. 湖北教育（教育教学），2022(7)：30−32.

知识。

此外，教师还可以利用信息技术支持平台开展线上、线下相结合的混合式教学。

（二）利用信息技术促进学生自主学习

线上网络空间和线下物理空间的融合，突破了传统数学教育的时空限制，丰富了学生的数学学习资源，学生学习时间和空间都可以更加灵活。一方面，教师可以指导学生做好时间管理，规划学习任务，学生可以利用数字化平台、工具与资源开展自主学习活动，加强自我监控、自我评价，提升自主学习能力；另一方面，数字化平台可以为家校协同搭建起桥梁，促进对学生监控、指导、评价和激励机制的建立，强化家长、教师对学生学习情况的交流，推进对学生学习的个性化指导。

总的来说，《数学课程标准（2022 年版）》在课程实施的“教学建议”部分，从教学目标、教学内容、教学方式、教学手段等方面明确了设计与实施数学教学的一些基本规范，为实现数学课程对于培养学生核心素养的价值提供了策略性的建议。

第六节　小学数学学业质量评价

学业质量是《数学课程标准（2022 年版）》中新增加的内容。《数学课程标准（2022 年版）》从学业质量内涵、学业质量描述两个方面对学业质量展开了阐述，并且还研制了数学课程学业质量标准，这为数学学业水平考试命题提供了重要依据，为义务教育评价改革指明了方向。

一、数学课程学业质量内涵

《数学课程标准（2022 年版）》明确指出：“学业质量是学生在完成课程阶段性学习后的学业成就表现，反映核心素养要求。”数学课程学业质量反映的是学生完成了相应学段数学课程学习后的学习成就，通过刻画学生的学习成就表现，反映学生学习结果性目标和过程性目标的达成情况。且是对学生数学学习表现的整体反映，反映的是学生在完成某一阶段的数学课程学习后核心素养实际达到的水平，反映的是学生实际的学习效果。① 这也意味着数学学业质量要求要比“课程内容”部分中的“学业要求”更具综合性和整体性，应与总目标、学段目标等保持一致。

二、数学课程学业质量标准描述

学业质量标准是以核心素养为主要维度，结合课程内容，对学生学业成就具体

① 曹一鸣，王立东，何雅涵. 义务教育数学考试评价与教学实施：基于《义务教育数学课程标准（2022 年版）》的学业质量解读[J]. 教师教育学报，2022，9(3)：97－103.

表现特征的整体刻画。作为《数学课程标准(2022 年版)》的一个重要组成部分,数学课程学业质量标准与数学课程内容密切配合,为制订教学目标、开展教学评价提供重要依据。《数学课程标准(2022 年版)》对各学段的数学课程学业质量作了具体描述,且主要是从“四基”“四能”“情感态度与价值观”三个方面进行描述,每个方面的要求都与核心素养的要求融为一体。具体来看,小学阶段的数学课程学业质量标准,依据小学阶段的学生核心素养表现、小学各学段的课程目标以及学业要求,主要从“四基”“四能”“情感态度与价值观”的形成与发展三个方面来评估学生核心素养达成和发展情况。

第一,以结构化数学知识主题为载体,学生在形成与发展“四基”的过程中形成数感、量感、符号意识、推理意识、运算能力、几何直观和空间观念等。

第二,学生从熟悉的生活与社会情境,以及符合认知发展规律的数学与科技情境中,在经历“用数学的眼光发现和提出问题,用数学的思维与数学的语言分析和解决问题”的过程中形成模型意识、数据意识、应用意识和创新意识等。

第三,学生经历数学的学习运用、实践探索活动的经验积累,逐步产生对数学的好奇心、求知欲,以及对数学学习的兴趣和自信心,初步养成独立思考、探究质疑、合作交流等学习习惯,初步形成自我反思的意识。

总的来说,总目标以及学段目标是评价学生学业水平的依据,因此,数学课程学业质量的描述与总目标及学段目标保持一致。此外,小学阶段的数学课程学业质量并未将核心素养表现划分为多个水平,而是基于这一阶段课程的基础性、普及性、发展性等教育属性,做一个整体的描述,这样也更利于突出小学数学学习的素养导向,这也是数学课程确立以核心素养为目标的一个关键所在。但是,恰当的水平划分可以更真实地反映学生学习的实际效果,也可以增强测试工具编制的可操作性。有学者将数学核心素养划分为知识理解、知识迁移和知识创新三级水平,并从教学目标设计和数学作业设计两个方面讨论了学业质量标准的指导作用。

《义务教育数学课程标准(2022 年版)》学业质量解读及教学思考(喻平)

三、基于数学课程学业质量标准的考试评价

《数学课程标准(2022 年版)》明确指出:“数学课程学业质量标准是学业水平考试命题及评价的依据。”可见,数学课程学业质量标准是小学数学考试命题和开展评价的重要指南。

基于数学课程学业质量标准的小学数学考试命题,既要以结构化的数学知识主题为载体,注重对学生的“四基”以及学生在形成和发展“四基”过程中所形成的核心素养表现进行评估;同时也要注重对学生的“四能”以及学生在发展“四能”过程中所形成的核心素养表现进行评估。此外,还要注重基于数学课程学业质量标准,将学生在学习运用、实践探索活动中积累的经验等纳入评估范畴,从课程内容、核心素养、问题情境、作答水平等维度构建以核心素养为导向的考试评价体系,全面评估学生的核

心素养发展水平。

理解·分析·实践

- **思辨性练习题**

1. 简述义务教育数学课程理念。

2. 谈一谈你对“四基”“四能”的理解。

- **实践性练习题**

1. 任选小学数学教材中的一节内容，分析核心素养在该节内容中的体现，并谈一谈该节内容是如何体现课程目标的。

2. 任选小学数学教材中的一节内容，基于课程实施建议设计一份教案，并阐述你是如何在教案中体现课程实施建议的。

拓展阅读导航

1. 曹一鸣. 新版课程标准解析与教学指导：小学数学[M]. 北京：北京师范大学出版社，2022.

关于书籍《新版课程标准解析与教学指导·小学数学》，建议读者重点关注第四至七章，了解“数与代数”“图形与几何”“统计与概率”“综合与实践”领域内容的变化分析，以及有关这几个领域内容的教学实践案例，在分析中感悟如何落实新课程理念。

2. 喻平.《义务教育数学课程标准(2022年版)》学业质量标准解读及教学思考[J]. 课程·教材·教法，2023(1)：123-130.

关于期刊论文《〈义务教育数学课程标准(2022年版)〉学业质量标准解读及教学思考》，建议读者重点关注“对学业质量标准的认识”“对数学关键能力的水平描述”“学业质量标准引发的教学思考”部分，了解学业质量标准的内涵及其对小学数学教学的指导价值。

3. 马云鹏. 基于结构化主题的单元整体教学：以小学数学学科为例[J]. 教育研究，2023(2)：68-78.

关于期刊论文《基于结构化主题的单元整体教学：以小学数学学科为例》，建议读者重点关注“基于结构化主题的单元整体教学的内涵与基本要素”等部分，了解单元整体教学的渊源及实践困境，以及基于结构化主题的单元整体教学的内涵、基本要素及意义。

第三章
小学数学教材的分析与解读

■ 走近学生

思雨是小学教育专业本科三年级的学生，大三下学期期末学院进行师范生技能人人过关的考核，回想自己三年来为做一名合格的小学数学教师而努力学习，她对这次考核信心满满。现场评委有来自小学一线的名师周老师，周老师听了思雨的“圆的周长”一课并仔细看了她的教学设计案，对她的教学语言、教态、板书及教学辅助手段都给予了好评，但是周老师指出她的教学设计还有改进的空间，如对于教学核心内容的把握不够准确，不能很好把握教学内容的详略主次。思雨自己也存在疑惑，她花费了很多时间和精力练习“圆的周长”一课，但却不知道自己还能怎么改进。

相信很多师范生和思雨有同样的困惑。如何才能把握准确教学的核心内容？怎样才能弄清楚教学内容的详略主次？想要解决上述问题，我们首先要分析与解读教材，进而了解知识发展脉络，准确把握教学起点与核心教学内容，才能设计出切合学生学习实际、促进学生发展的教学活动。

本章我们将学习如何分析与解读教材，主要内容有小学数学教材的内容、组织与意义，小学数学教材的历史回顾与现代发展，小学数学教材分析的具体实施以及小学数学教材分析的案例解读。希望通过本章的学习，同学们能够自主分析、解读小学数学教材内容，初步具备教材研究能力。

学习目标

1. 理解小学数学教材的内容、组织与意义。

2. 了解小学数学教材的历史发展进程。

3. 了解数学教材分析的意义、目的与依据，掌握小学数学教材分析方法。

4. 能够分析、解读小学数学教材内容，初步具备数学教学设计能力。

5. 以学生发展为中心，认识教材的重要价值，涵养理性精神、人文精神，培育教育情怀，具备教材研究能力。

思维导图

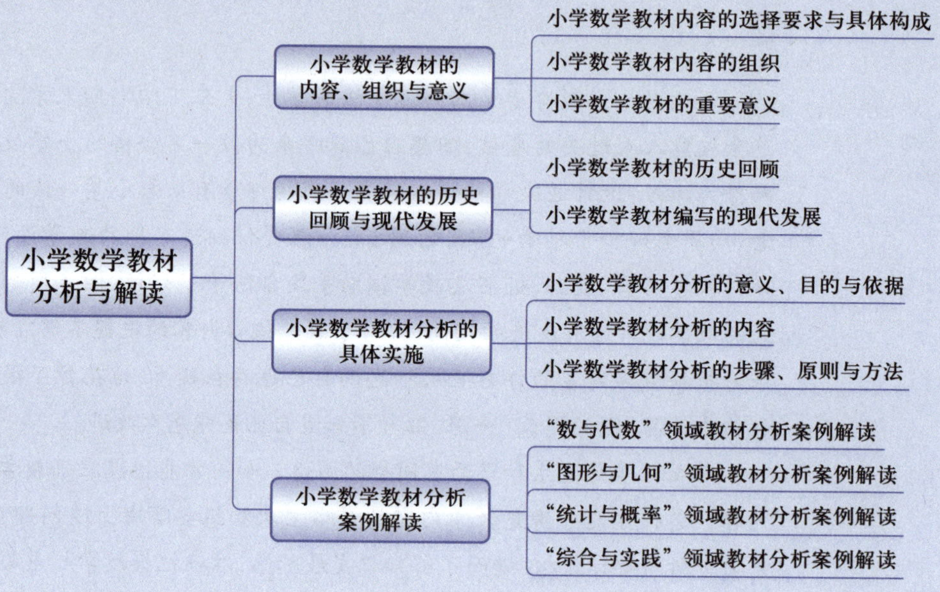

第一节 小学数学教材的内容、组织与意义

对于教材的定义，有多种不同的说法，但是意思大致接近。教材，是指有关内容讲授的材料，如书籍、讲义、图片、讲授提纲等。教材有广义和狭义两种。广义的教材指课堂内外教师和学生使用的所有教学材料，如教科书、参考书、活动指导书讲义、课外读物、练习册、提纲、笔记等。广义的教材不一定是装订成册或正式出版的书本，凡是有利于学习者增长知识或发展技能的材料都可以称为教材。狭义的教材即教科书，本章所说的小学数学教材即指小学数学教科书。它呈现小学数学教学内容，为小学生数学学习和教师教学提供文本工具与素材、教学设计思路等，在小学数学教学过程中发挥着不可或缺的重要作用。

《数学课程标准（2022 年版）》明确指出："数学课程内容是实现课程目标的重要载体。"小学数学教材是实现数学课程目标、实施数学教学的重要资源。数学学科作为义务教育阶段重要的基础课程，选取哪些内容，以何种形式或结构呈现等，将直接影响教师教学和学生学习的成效，影响小学数学教材的作用发挥。

一、小学数学教材内容的选择要求与具体构成

（一）小学数学教材内容选择须遵循课程标准要求

《数学课程标准（2022 年版）》指出，义务教育数学课程内容须做到"保持相对稳定的学科体系，体现数学学科特征；关注数学学科发展前沿与数学文化，继承和弘扬中华优秀传统文化；与时俱进，反映现代科学技术与社会发展需要；符合学生的认知规律，有助于学生理解、掌握数学的基础知识和基本技能，形成数学基本思想，积累数学基本活动经验，发展核心素养"。

概括课程标准对课程内容的要求，小学数学教材内容的选取需要符合三个方面的要求：数学学科本身、社会发展和学生身心发展的需要。我们在分析、解读教材时，也应特别关注、突出上述这些方面。

（二）小学数学教材内容的具体构成

按照《数学课程标准（2022 年版）》的规定与要求，小学阶段数学学科的课程内容包括"数与代数""图形与几何""统计与概率""综合与实践"四个学习领域。各个领域的主题构成如下：

"数与代数"领域在整个小学阶段主要包括"数与运算""数量关系"两大主题。两个主题内部以及主题之间，通过内在本质联系，适应学生数学学习的认知特点等，按照一定的顺序组织而成"数与代数"领域。

"图形与几何"领域在整个小学阶段主要包括"图形的认识与测量""图形的位置与运动"两大主题，在小学三个学段的学习过程中各有侧重，前后联系，构成了该领域的主题内容。

“统计与概率”领域主要包括“数据分类”“数据的收集、整理与表达”“随机现象发生的可能性”三大主题，循序渐进，发展学生的数据收集、整理等统计意识与能力。

“综合与实践”领域重在解决实际问题，以跨学科主题学习为主，在小学阶段主要采用主题式学习的方式，将知识内容融入主题活动，突出综合性与实践性，发展学生的能力和核心素养。

二、小学数学教材内容的组织

（一）课程标准对内容组织的整体要求

《数学课程标准（2022 年版）》在前言中提到“优化了课程内容结构”“以习近平新时代中国特色社会主义思想为统领，基于核心素养发展要求，遴选重要观念、主题内容和基础知识，设计课程内容，增强内容与育人目标的联系，优化内容组织形式。设立跨学科主题学习活动，加强学科间相互关联，带动课程综合化实施，强化实践性要求”。《数学课程标准（2022 年版）》正是按照这样的要求完成修订工作的。

《数学课程标准（2022 年版）》对于数学课程内容的组织有明确要求：“重点是对内容进行结构化整合，探索发展学生核心素养的路径。重视数学结果的形成过程，处理好过程与结果的关系；重视数学内容的直观表述，处理好直观与抽象的关系；重视学生直接经验的形成，处理好直接经验与间接经验的关系。”

（二）课程内容呈现：教材的编排结构

如何理解“数与代数”领域学习内容的一致性和阶段性（马云鹏）

如何实现数学知识的结构化整合？教材内容结构要根据学生的年龄特征和认知规律，着重关注核心素养的整体性、素养发展的一致性和阶段性；需要注重数学知识与方法的层次性和多样性，并适当采取螺旋上升的方式，适当体现选择性，逐渐拓展和加深课程内容，以适应学生的发展需求。

1. 教材编排结构的主要类型

教材中的内容组织集中体现在教材的编排结构上。数学教材的编排结构，是指在一个学习阶段的数学教材中知识内容的整体结构和编排次序。小学数学教材有板块式、螺旋式两种编排方式。板块式（又称“直线式”）编排方式将数学知识按照整体结构分成不同板块进行编排，前后的教学内容不重复。小学数学教材板块式编排方式就是把整个小学数学内容分成不同板块集中编排。具体到某一个板块，教材会按照数学知识内部的逻辑性进行前后排序编制。此类编排方式能够兼顾课程内容的整体性和逻辑性。螺旋式编排方式则是根据学生的认知发展规律采取循序渐进的方式来编排内容，使一些内容在不同时间段重复出现，依次扩大范围和加大难度，以螺旋式上升的结构呈现。布鲁纳在《教育过程》一书中提出了螺旋式课程，螺旋式课程就是以与学生思维方式相符的形式将学科结构置于课程的中心地位，随着年级的提升，不断拓宽加深学科的基本结构，使之在课程中呈螺旋式上升的态势。目前国内各个版本的小学数学教材主要采用以螺旋式为主、以板块式为辅的编排结构。

知识卡片：

课程内容为什么要“螺旋上升”

“螺旋式课程”是美国著名教育家、心理学家布鲁纳在20世纪60年代提出的。他指出，任何概念或问题或知识，都可以用一种极其简单的形式来表示，以便使任何一个学习者都可以用某种可以认识的形式来理解它。在他看来，任何学科的内容都可以用更为经济的和富有活力的简便方式表达出来。

布鲁纳的话隐含了两个方面意思：一是数学知识可以在不同层次上进行表征；二是数学知识的学习要与学生的认知水平相适应。正是这两个方面决定了“螺旋式课程”的必要性和可能性。例如，对于“角”这个概念，从小学到中学可以有不同层次的表征：实物（与实物分不开）——具体材料表征；各种带角的图形（与图形的平面区域分不开），分离出角的图形（角是图形）——图形表征；角的定义（角是图形）——语言表征；角的概念的推广（任意角，角是图形，角是实数）——符号表征。①

2. 教材编排结构的重要性

教材编排结构直接影响教学质量和学生学习效果。一本编排结构合理、清晰的教材够将数学知识有机地组织起来。从教师教学的角度来讲，合理科学的教材编排结构能够帮助教师更好地理解教材内容、有效地组织教学内容，使学生能够有序地学习并理解数学知识。从学生学习的角度来看，教材编排结构的合理性和清晰性对学生学习的效果有重要影响。合理的教材编排结构能够引导学生形成系统的数学知识体系，使他们能够理解数学知识之间的联系和应用。当教材内容有机地组织并遵循一定的逻辑顺序时，学生才能“有关联地学”，获得结构化的认知。也就是说，学生能够更好地对接前后知识，形成系统化的学习体验，提高学习效果，顺利实现知识、技能与思想方法的迁移，真正实现学习内容的“结构化”。

三、小学数学教材的重要意义

（一）小学数学教材提供教学资源、教学设计思路

小学数学教材为师生的数学教学活动提供了学习主题、知识结构、基本素材和教学设计思路，对于实现数学课程目标、提高数学教学成效具有重要意义。

对于教师来说，教材所呈现的知识背景或问题情境，有利于教师顺利开展教学，引导学生主动学习。例如，人教版小学数学三年级下册中的“小数的初步认识”，从电子秤表示的物体质量、学习用品的价格、人体温度等日常生活中情境当中，抽取小数加以描述，给出写法与读法；例1则通过小学生熟悉的测量身高活动，联通学生已有

① 顾继玲. 关于数学教材内容的选择与组织[J]. 数学通报，2017，56(2)：1-4.

认知和经验当中的长度单位“米、分米”的复合单位表达与用小数进行单位“米”的表达，初步建构小数的意义(图 3-1)。整个内容展现了“知识与经验背景—知识形成—揭示联系”的过程。教材这样的编排结构有利于教师在教学过程中引导学生有效地理解知识与方法、积累活动经验，提高发现问题、提出问题、分析问题、解决问题的“四能”，促进学生核心素养的发展。

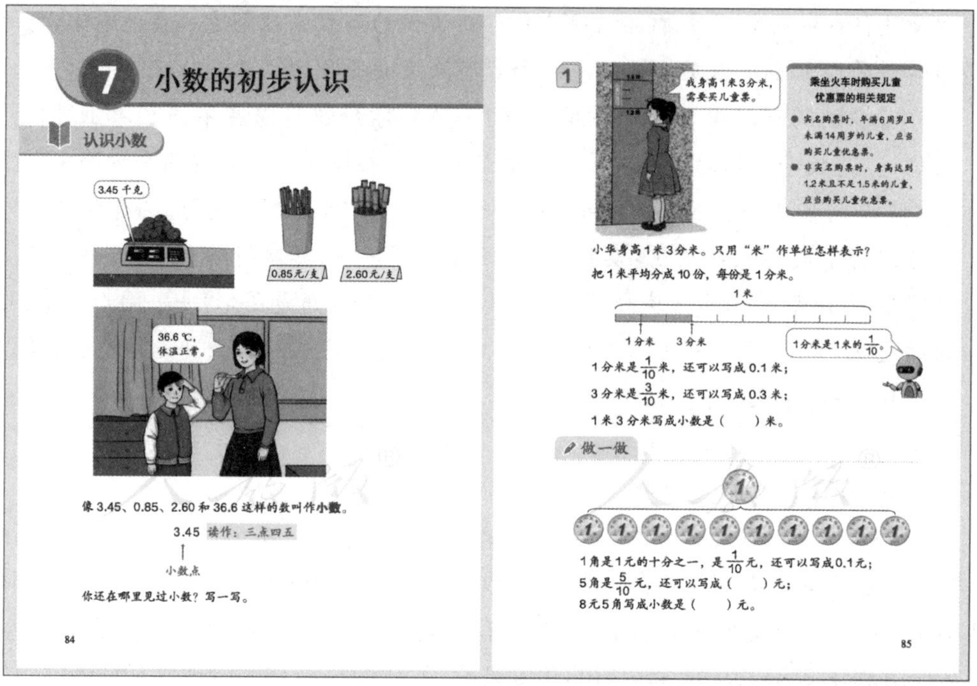
7 小数的初步认识

认识小数

3.45 千克

0.85元/支 2.60元/支

36.6 ℃，体温正常。

像 3.45、0.85、2.60 和 36.6 这样的数叫作**小数**。

3.45 读作：三点四五

小数点

你还在哪里见过小数？写一写。

84

1 我身高1米3分米，需要买儿童票。

乘坐火车时购买儿童优惠票的相关规定

- 实名购票时，年满6周岁且未满14周岁的儿童，应当购买儿童优惠票。
- 非实名购票时，身高达到1.2米且不足1.5米的儿童，应当购买儿童优惠票。

小华身高1米3分米。只用“米”作单位怎样表示？

把1米平均分成10份，每份是1分米。

1米

1分米 3分米

1分米是1米的$\frac{1}{10}$。

1分米是$\frac{1}{10}$米，还可以写成0.1米；

3分米是$\frac{3}{10}$米，还可以写成0.3米；

1米3分米写成小数是（ ）米。

做一做

1角是1元的十分之一，是$\frac{1}{10}$元，还可以写成0.1元；

5角是$\frac{5}{10}$元，还可以写成（ ）元；

8元5角写成小数是（ ）元。

85

图 3-1 人教版小学数学三年级下册“小数的初步认识”

对于学生来说，目前我国在统一的课程标准指导下并行多个版本的教材，如北师大版、西南大学版等都做到了图文并茂、可读性强，增强了学习的趣味性，能够激发学生内在学习动机，促进学生的主动学习。教材对接学生生活经验和认知基础，为学生提供丰富的问题情境、充分的思考空间，如三角形内角和知识的学习，让学生经历观察、实验、猜测、推理、交流、反思等数学活动过程，积累基本活动经验，激发学生兴趣，唤起学生探索知识的强烈欲望。

（二）小学数学教材体现核心素养培养要求

在小学数学课程中，学生的核心素养如何培养？教材提供了线索、结构和顺序。好的教材内容结构能从整体上体现核心素养的整体性。基于“三会”的核心素养既相对独立，又相互影响、相互融合，构成一个有机整体。教材内容既要针对不同的内容重点突出某一种或几种核心素养，又要关注数学内容之间的逻辑联系，同时也要关注核心素养整体性培养的要求。例如，在“数与代数”领域，《数学课程标准(2022 年版)》用计数单位实现教学内容具有一致性的结构化：把“数的认识”“数的运算”整合为“数与运算”，旨在使学生通过计数单位，整体理解数与数的运算的本质联系，在形成数感与符号意识的同时，发展运算能力、抽象能力，渗透数形结合的思想方法。

（三）教材内容组织体现核心素养发展的阶段性、一致性

学生数学学习和核心素养培养具有阶段性。教材编写要准确体现每个学段每个主题的内容要求和学业要求，按照学生认知特点和认知顺序，遵循螺旋上升原则，使学生对数学知识的理解不断深入，使教材体现核心素养发展的阶段性。例如，关于分数的概念，《数学课程标准（2022 年版）》在第二学段要求“初步认识分数”，体现以学生的生活经验为基础，帮助学生感性认识分数；而后续出现的分数，抽象性逐渐增强，让学生从分数单位出发理解分数的意义，直至到第三学段，建构分数与除法这样两个抽象程度极高的概念之间的联系。而与此同时，这一过程也体现了以分数知识内容为载体的核心素养发展的一致性，从对直观的生活或实践经验的感性认识，逐渐过渡到对抽象的符号表达、基于分数单位的分数构成的本质意义的掌握，直至对抽象的分数计算原理的理解和应用。

第二节 小学数学教材的历史回顾与现代发展

小学数学教材编排是一个动态发展的过程，不断向着适应学生发展需要、社会发展需要的目标前行。学科认识的更新、教学理念的转变等都是导致教材编排结构发生变革的原因。

一、小学数学教材发展历程回顾

小学数学教材是数学课程改革的理念、内容的集中体现。① 新中国成立以来，小学数学教材编排大致经历了改革开放前的 30 年模仿及自主探索教材编写阶段；改革开放后探索创新教材编写阶段；新一轮基础教育课程改革背景下核心素养导向的教材编写阶段。历经多个阶段演变的小学数学教材逐步走向着眼于学生的整体发展，稳中求变。②

（一）改革开放前的 30 年模仿及自主探索教材编写阶段

改革开放前的 30 年，小学数学教材名为《算术》，其主要内容是算术知识。③ 教材在教学大纲（课程标准）、编写原则、教材内容、教材编排、教材呈现和教材种类等方面起伏较大、几经周折。④1950 年，我国小学数学教材建设刚刚起步，以模仿苏联教

① 于丰园. 小学数学教材发展趋势研究：基于核心素养的视角[J]. 集美大学学报（教育科学版），2019，20（3）：70－75.
② 李星云. 改革开放 30 年小学数学教材建设的回顾与思考[J]. 课程·教材·教法，2010（1）：64－69.
③ 曹飞羽，李润泉. 四十年来小学数学通用教材的改革[J]. 课程·教材·教法，1989（10）：1－8.
④ 刘久成. 小学数学教材内容和结构改革六十年[J]. 课程·教材·教法，2012（1）：70－76.

材为主，使用改编的苏联教材；1958 年开始探索编写符合我国国情的教材。[①]

（二）改革开放后探索创新教材编写阶段

改革开放后，我国逐步重视教材的“本土化”建设，力求正确处理继承与创新的关系、细化课程标准等。1980 年，基于学生“高分低能”的状况，国家提倡“一纲多本”，要求编写符合我国国情的教材。各地发展的不平衡性以及差异性使得全国统一的教材不再适应教育发展的需要，因此，国家教育委员会决定编制适应各地不同发展需要的教材。

（三）新一轮基础教育课程改革背景下核心素养导向的教材编写阶段

1999 年秋，在普及九年义务教育的背景下，各种版本的小学数学教材呈现出多样化的发展特点。

2001 年，我国在总结过去经验和教训的基础上，更加注重教材的发展与创新，颁布了《全日制义务教育数学课程标准（实验稿）》，采取螺旋上升的方式编排课程内容，首次将数学教学内容划分为“数与代数”“空间与图形”“统计与概率”“实践与综合应用”四大领域。在推进新课改的时代背景下，小学数学教材建设的聚焦点也从教材内容和结构的变革转移到了如何建设符合新课改理念的教材上来。

2011 年，教育部颁布的《义务教育数学课程标准（2011 年版）》，在保持《数学课程标准（实验稿）》体例不变的基础上，对多个方面进行调整。其中包括从“小学数学的六大核心概念”到“数感、符号意识、空间观念”等十大核心概念的变化。2016 年，教育部正式颁布了《中国学生发展核心素养》，小学数学教材建设由此逐步明确了“核心素养导向”，这也是小学数学教材建设拓展和创新的体现。

2022 年，教育部颁布了《义务教育数学课程标准（2022 年版）》，在《数学课程标准（2011 年版）》的基础上又做了一些调整。其中包括从“小学数学的十大核心概念”到“十一个数学核心素养表现”、核心素养导向的课程目标等的变化。

随着课程改革的深入推进，小学数学教材内容的编排结构经历了从混沌到统整的转变过程。小学数学教材近年来的变革在教材结构方面最显著的就是避免烦琐、突出重点，内容组织逐渐合理化。[②] 首先，在教材内容上，知识内容逐渐按照主题或者要素进行组织，分成逻辑清晰的模块，内容组织更具统整性。例如，《数学课程标准（实验稿）》将课程内容划分为“数与代数”“空间与图形”“统计与概率”“实践与综合应用”四个学习领域；从《数学课程标准（2011 年版）》开始，将“空间与图形”调整为“图形与几何”，对空间观念的内涵进行更概括、更准确的描述，注重发展学生的几何直观能力；“实践与综合应用”调整为“综合与实践”，更加突出知识的综合性。《数学课程标准（2022 年版）》着重在各个领域内部对知识板块

---

① 李祥竹，李刚. 建国以来小学数学教材建设的历史进程与发展趋势[J]. 中小学班主任，2022(2)：28－30.

② 李祥竹，李刚. 建国以来小学数学教材建设的历史进程与发展趋势[J]. 中小学班主任，2022(2)：28－30.

进行整合，突出知识的内在联系，体现知识的结构化。教材内容以修订后的最新课程标准为指导，加强了知识的统整。例如，“数与代数”分为“数与运算”“数量关系”两个主题内容。另外，在教材内容的层次上，重视根据学生的认知发展顺序和思维发展水平来编排。例如，小学一年级的教材内容是让学生学会100以内的数数、100以内数的加减法以及认识几何图形等，符合一年级学生的思维发展水平和接受能力。教材内容将难理解的知识点进行拆分，重视知识的层层递进，适当划分阶段。例如，在小学一年级“九加几”教学中，对于“凑十法”这个知识点学生不易直接理解，因此，在学习“凑十法”之前，学生曾经学过的数数等方法可以帮助他们过渡到新的知识点上来。最后，教材增加了联系生活实际来解决问题的内容，重视将教材知识统整到实践上来。例如，在人教版小学数学教材五年级下册“折线统计图”的内容中，教材在课堂知识的学习之后，编排有情境丰富的练习内容(图3-2)，让学生通过解决生活实际问题掌握课堂所学知识。

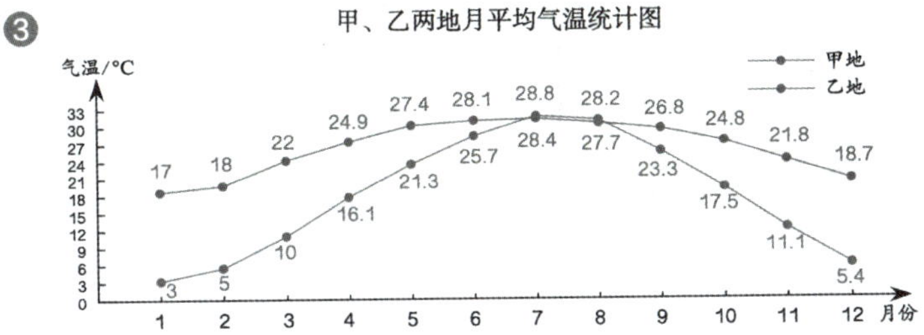

（1）根据统计图，你能说一说两地一年中气温变化的趋势吗？

（2）有一种树莓的生长期为5个月，适宜的生长温度为7～10 °C，这种植物适合在哪个地方种植？

（3）小明住在乙地，他们一家要在“十一”黄金周去甲地旅游，你认为他们应该做哪些准备？

图3-2 解决实际问题导向的练习设计

二、小学数学教材编写的现代发展

（一）以学生为中心编写教材

现代教材编排结构呈现出模块化、综合性、问题导向等特点，以适应新课程改革和学生学习需求。基于以学生为中心的理念，教材编写强调教材与学生生活的联系，注重培养学生的数学思维能力和实际应用能力。“双减”政策、学科整合等方面也对教材编写提出了新的要求。

突显学科本质，指向学生素养：评吴正宪老师“百分数的认识”教学课例（马云鹏）

（二）重视学生核心素养的养成

小学数学教材建设更加重视帮助学生养成核心素养，这就需要教材编写者对广大教师课堂教学实践的经验进行汇总，并进行更深层次的研究。在教材内容编排方面，教材要基于核心素养的内涵，建构系统合理的环节与层次，促进学生发展核心素养。

教材编排遵循由浅入深、循序渐进和螺旋上升的原则，强调知识间的相互联系与综合，使知识结构系统化、简约化，强调基本内容，突出数学本质。编写适应本地区和学生差异、各具鲜明特色的小学数学教材，为我国小学生提供多样化、特色化的小学数学教材，是我国当前小学数学教材发展中迫切需要解决的重大现实课题。①

（三）更注重内容组织的结构化和统整性

在小学数学教材建设和发展的过程中，教材在内容组织方面逐渐呈现出结构化统整化的发展趋势，将教学板块和教学资源统整在一起，实现每一个学习单元之间的连贯。以往小学数学教材知识点之间的联系不够密切，不利于学生对所学知识的系统运用及迁移能力的发展。随着小学数学教材建设的不断发展，教学内容组织逐渐按照主题来进行，将内容相近或相似的内容进行整合，以单元和章节的方式来呈现。一本教材分为几个大的单元，每个单元都以一个主题来组织编写，这些单元和章节之间又是相互联系的。以人教版小学数学教材三年级上册为例，教学内容被分为 10 个大的单元，每个单元分成几个相互联系的小部分。简而言之，小学数学教材的编写更注重统整单元学习内容，以单元或项目的形式在教材中呈现结构化的教学内容。②

当前，小学数学教材建设正在朝着理念人本化、结构整合化、目标素养化及活动具身化等方向不断发展与完善。

第三节 小学数学教材分析的具体实施

学会分析、研究教材是对教师专业发展的一项基本要求。在职前阶段，师范生为了成为一名合格的教师，应学会如何分析、使用教材；在职后阶段，教师要深入分析、研究教材，为创造性使用教材开展教学奠定坚实基础。

一、小学数学教材分析的意义、目的与依据

（一）进行教材分析的意义

对于小学数学教师而言，“深入钻研教材”是一项逐步掌握学科内容知识和教学内容知识的重要活动。对教材进行深入分析，是教师进行教学设计、编写教案、制订教学计划的基础；是教师备好课、上好课、达到预期教学目的的前提；是改善学生的学习方式、发展学生智力的关键；是教师不断提高业务素质、加深对教育理论理解的必由之路；是教师熟悉教材、把握教材，逐步达到驾驭教材、灵活使用教材的重要途径。

---

① 于丰园．小学数学教材发展趋势研究：基于核心素养的视角[J]．集美大学学报（教育科学版），2019，20（3）：70－75．

② 李祥竹，李刚．建国以来小学数学教材建设的历史进程与发展趋势[J]．中小学班主任，2022（2）：28－30．

（二）进行教材分析的目的

进行教材分析的主要目的包括：深入理解教学内容的数学实质，进行知识的信息转化，实现知识由教材文本的静态结果向课堂教学的动态过程的转变；将教学知识点放到教材乃至数学知识系统中去认识，进行全方位、多角度的分析研究，认清各类知识的来龙去脉与纵横联系，以达到教学系统整体优化；挖掘教材中的思想、方法和能力等隐蔽因素，以便在教学设计时进行充分考虑，并能在教学过程中培养学生的能力、促进学生的发展。

（三）小学数学教材的分析依据

《数学课程标准（2022年版）》、小学数学的知识体系，以及小学生的认知特点和认识规律，是教师进行教材分析时必须考虑的因素和基本依据。

《数学课程标准（2022年版）》是教材编写的依据，教材是否实现了课程标准对小学数学教与学的基本要求，是教师进行教材分析首先要考虑的因素，即分析教材如何体现课程目标，分析本节（本单元）内容是通过学生经历哪些数学活动，获得怎样的经验，重点发展学生哪个方面的核心素养，等等。而对小学阶段的数学教学内容及其顺序、结构等的把握，也是教师在分析教材时需要具备的基础知识。小学生的年龄特征、认知特点与认知规律，则是教师在分析教材时特别需要注重的方面。

二、小学数学教材分析的内容

从整体上看，进行小学数学教材分析的内容主要包括：分析教材的编排体系和知识间的内在联系；分析教材的重点、难点和关键；分析教材中的习题；分析教材中渗透的数学活动、思想方法、核心素养等。

（一）分析教材的编排体系和知识间的内在联系

这部分内容和要求主要包括：从整体上把握各类知识在小学教材中的分布，认清各类知识的来龙去脉与纵横联系，以及它们在整个小学数学教材中的地位与作用。对这部分内容进行教材分析的具体要求是：对于同一类知识，要充分认识到所要教学的那部分内容，其知识基础是什么，为哪些后续知识学习作铺垫；通常以知识结构图的形式呈现分析的结果。

（二）分析教材内容的重点、难点和关键点

一般来说，重点是指贯穿全局、带动全部、承上启下，在教材体系或课题结构中处于重要地位的内容；对学生终身发展有基础作用或有广泛运用的内容；有较高教育价值的内容。通常教材中的定义、定理、公式、法则、数学思想方法、基本技能训练等，都是教学重点。难点是指学生接受起来比较困难的知识或难以形成的技能，往往是由学生的认知能力、接受水平与新旧知识之间的矛盾造成的，也可能是由学习新知识时对需要具备的旧知识掌握不牢固造成的。难点的产生有多方面的原因，一般来说，知识过于抽象、知识的内在结构过于复杂、概念等的本质属性比较隐蔽等都是产生难点的原因。关键点是指那些对学生顺利理解知识、掌握技能起着决定性作用的内容。

关键在突出重点、攻克难点过程中往往具有突破口的功能。抓住了一个单元、一节课的教材内容重点、难点和关键点，就抓住了教材的主要内容。

（三）分析教材中的习题

教材中的习题包括例题、练习题等，其作用在于帮助学生巩固理解知识，训练技能技巧，运用思想方法解决问题等。分析教材习题，需从教材习题配备的目的性、层次性入手，弄清每道习题的编写意图和作用，以及相关习题之间由易到难、由浅入深的“序”。教师应当分析哪些是巩固概念和法则的基本题，哪些是促进理解、应用的变式题，哪些是需要用到几方面知识的综合题，哪些是引申、深化知识的思考题、拓展题；分析习题蕴含的数学思想方法及其拓展空间；分析习题呈现的形式特点与学生解题特点等。

（四）分析教材中渗透的数学活动、思想方法、核心素养等

积累基本的活动经验是《数学课程标准（2022年版）》提出的具体要求。教材通过创设活动情境等，引导教师和小学生开展数学活动，在活动中让学生积累经验和认知，进而理解、掌握知识和技能。教师要善于捕捉教材中提供的创设活动场景的素材和场景，并结合所在地域等，进行巧妙融合，实现让小学生积累基本活动经验的目标。

小学数学中基本数学思想的类别与内涵（刘加霞）

教材中渗透数学思想方法应做到深入浅出，让小学生通过感知，逐步提升认识，感悟思想方法的价值和作用，进而运用思想方法解决问题。现行小学数学教材随处可见数形结合、转化等思想方法。同时，还逐步渗透了集合思想、对应思想、函数思想、统计思想和极限思想等。教师在分析教材时一定要推敲在什么地方渗透了什么数学思想方法。

知识卡片：

对应是人类认识世界的一种本源、朴素的思想，其在数学发展史上以及学生学习数学的过程中都具有重要意义。对应思想是指在两类事物（集合）之间建立某种联系的思维方法。对应思想本源地体现在任何一个对象都从属于或对应某一个类（集合），它是函数和方程思想的支柱。在小学数学中，“对应”的现象随处可见，在数与形、形与形、量与量等变化规律中都存在着大量的对应思想。

转化（化归）是人类解决问题经常采用的一种方法，指在解决问题的过程中，多次将问题进行“变形”，使原来比较难解决的问题，转化为熟知的或已经解决的问题。

分类是人类的一种基本活动。分类的根本目的是便于研究事物的属性，揭示事物之间的规律和内在联系。史宁中教授认为，分类有两种：一种是按照事物的形式进行分类；另一种是按照事物的实质进行分类。①

另外，教材内容涉及哪些核心素养？以何种方式实现对学生核心素养的培养？教材如何呈现或渗透？这些问题都值得我们在进行教材分析的时候深入地分析与思考。

---

① 刘加霞.小学数学中基本数学思想的类别与内涵[J].课程.教材.教法，2015，35(9)：49-53.

三、小学数学教材分析的步骤、原则与方法

（一）小学数学教材分析的基本步骤

1. 研读《数学课程标准（2022 年版）》

这需要教师领会课程标准关于数学课程改革的基本理念、教材编写和课程实施建议等的主要精神；了解课程总目标和学段目标、学业质量要求、核心素养要求等，特别要理解学业质量要求中描述学习结果、过程的语言的含义，明确课程标准关于某一知识的学习目标要求、核心素养要求等。

2. 分析教材内容

分析教材内容可以从教材结构分析、教学内容分析、教材习题分析三个方面着手。在教材结构分析方面，教师可以从知识点出发，在小学数学知识大背景中展开分析，从纵向上分析知识的前后联系；还可以阅读不同版本教材，从横向上分析教材编写的异同。

以人教版小学数学教材中关于“分数”内容为例，教师可以进行如下分析。

(1) 理清教材中关于“分数”内容的编排顺序

“平均分”的活动经验（二年级）；分数的初步认识（三年级）；分数的再认识（意义和性质）（五年级）；作为统计量的百分数的认识（六年级）；比的学习（六年级）。

(2) 分析单元内容结构

“分数的初步认识”单元内容结构（图 3–3）：

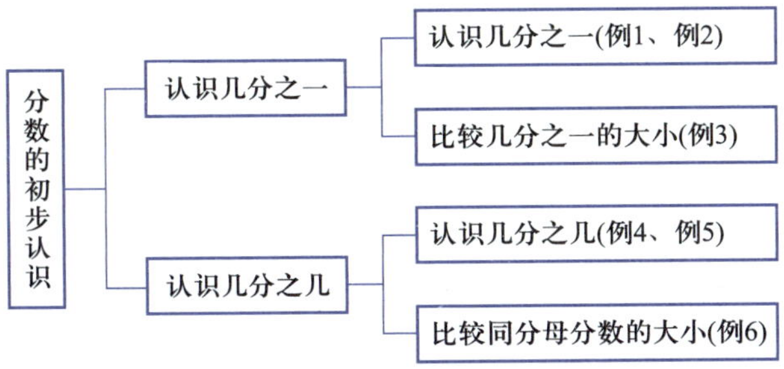

图 3–3　“分数的初步认识”单元内容结构

“分数的意义与性质”单元内容结构（图 3–4）：

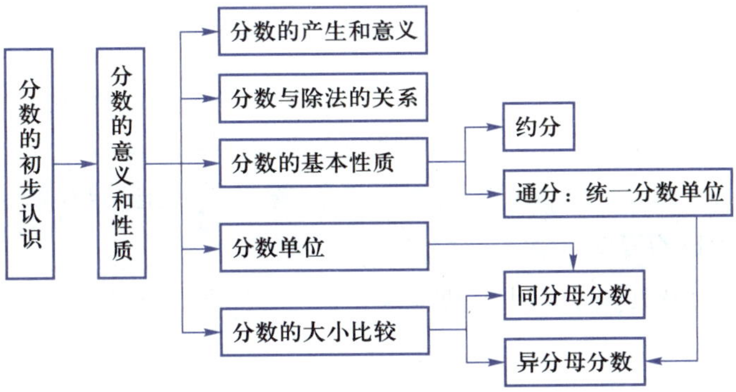

图 3–4　“分数的意义和性质”单元内容结构

(3) 从明线和暗线两条线索入手分析具体教学内容

明线：有形的知识线索（包含概念、法则、公式、性质等）。

暗线：隐形的数学思想方法、活动经验线索（蕴含、渗透在知识体系中）。

例如，“分数的初步认识”（认识几分之一）的明线为：分数的产生—分数的实际意义—分数的读法—分数的写法—分数的大小比较；从二分之一—四分之一—几分之一—分数概念。

在思想方法方面：本节内容主要采用了数形结合、类比迁移等思想方法。

在活动经验方面：通过折纸、涂阴影、画图等操作活动，使学生形象感知分数的意义、大小等，渗透关于分数产生的数学文化背景，以及中秋节“分月饼”等中华优秀传统文化教育等。

(4) 分析习题

研究习题配备的目的性、层次性：习题与教学内容的配合情况；每道题的编写意图和作用；相关习题（复习题、基本题、变式题、综合题、拓展思考题等）的难易顺序。

研究习题蕴含的数学思想方法及拓展性：分析“可以怎样解”“为什么可以这样解”；洞悉解题过程体现的数学思想方法；分析习题能否或如何变化、拓展、延伸；研究教材中出现的练习形式，了解其特点和作用，如题型是否具有多样性、趣味性等。

（二）小学数学教材分析的基本原则

教材分析的基本原则有瞻前顾后、整体分析等。

例如，“圆的认识”是人教版小学数学教材六年级上册的主题之一，属于义务教育阶段图形与几何领域中的内容。表 3-1 列出了人教版小学数学教材中“圆”这一内容的基本信息。

表 3-1 人教版小学数学教材中的“圆”

标题	认识圆
主要内容	任选工具与方法画圆；圆的定义、圆心、半径与直径；用圆规画圆；圆的对称性
教学目标	探求圆的构成与性质
教学活动	操作、探究的方式

该内容在人教版小学数学教材中的呈现与组织如下：章头图；用各种工具与方法画圆；通过操作发现圆的构成：对折圆形纸片几次，让学生发现圆心、直径、半径，它们的定义与对应的字母表达以及它们之间的关系；探索利用圆规准确快速画圆的方法。

（三）教材分析的方法

教材分析的方法主要有以下几种。

1. 理解章头图

教材中的章头图在提供现实世界的背景、学习指导方面发挥重要作用。“圆的认识”（图 3-5）中有一些现实世界场景，包含许多圆形物体，如喷泉、花坛、轮子等的城市广场图。通过研究和分析教材及教师教学用书，教师意识到章头图的目的和作用是说明圆随处可见并在生活中被广泛应用。受到这些想法的启发，教师可以在教学设计中把章头图作为认识和理解圆的起点和教学线索。

2. 理解提示性语句

提示语句的作用通常包括三个方面：揭示概念，暗示方法，为课堂活动提供建议。人教版小学数学教材中的“圆的认识”中有 3 个提示性问句（图 3-6）：“你能想办法在纸上画一个圆吗？”“用圆规画几个大小不同的圆，剪下来，沿着直径折一折，画一画，量一量，你有什么发现？”“圆的中心位置是由什么决定的？半径决定了圆的什么？”这些简短而具有启发性的问题，意在引发学生思考、暗示数学思想方法，并指导教师教学和学生学习。教材中的提示语句对促进学生思维和解决问题能力发展具有十分重要的意义。

图 3-5　章头图、用各种工具与方法画圆

图 3-6　圆的构成与符号表示、用圆规准确画圆

3. 分析内容的重点、难点并绘制概念图

本节教材内容的重点包括：圆的定义、性质、半径、直径、画圆；难点包括：用圆规画圆，理解圆、圆片、球的不同。

结合重点和难点分析，教师还可以对学情进行分析。学情分析主要要明确学生是否具备必要的经验或知识（来自日常生活或以前的数学学习）来学习这节内容。

第四节 小学数学教材分析案例解读

一、“数与代数”领域教材分析案例解读

数与代数是《数学课程标准(2022年版)》规定的四个学习领域之一,是小学数学的核心课程内容。掌握数与代数的基础知识与基本技能,研究数量关系和变化规律的数学模型,可以帮助人们从数量关系的角度更准确、清晰地认识、描述和把握现实世界。具备良好的数感和运算能力,形成初步的代数思想,是进一步学习其他数学内容的重要前提。

下面我们以人教版小学数学教材四年级上册的“三位数乘两位数”为例,进行教材分析与解读。

(一) 课程标准分析

《数学课程标准(2022年版)》指出,教师在教学“数与代数”领域的内容时,要让学生“初步体会数是对数量的抽象,感悟数的概念本质上的一致性,形成数感和符号意识”。《数学课程标准(2022年版)》提示:“数的运算重点在于理解算理、掌握算法,数的认识与数的运算之间有密切的关联,要让学生体会数的运算一致性。”(表3-2)

表3-2 核心素养导向下的运算能力与三个学段“数与运算”主题相关内容的关联[①]

阶段	关联
第一学段	理解整数运算中相同数位上的数相加减的道理,以及乘除法运算的算理;能运用四则运算的意义解决问题
第二学段	理解小数运算中相同数位上的数相加减的道理;感悟小数加减法与整数加减法的一致性;理解运算律作为运算的算理依据
第三学段	理解小数乘除法的算理,及其与整数乘除法的一致性;理解分数四则运算的算理;感悟整数、小数、分数运算的一致性;能通过运算归纳自然数的一些特征(如偶数加偶数还是偶数,能被3整除的数的特征)

(二) 教材内容分析

“三位数乘两位数”是整数乘法的最后一个内容,学生可以由两位数乘两位数的算理和算法实现迁移获得认识。这一单元教学内容是在两位数乘两位数基础上进行学习的,主要包括三位数乘两位数的笔算、积的变化规律、常见的数量关系,具体结构见图3-7。

① 马云鹏.如何在“数与运算”主题教学实践中落实相关的核心素养:以运算能力为例[J].小学教学(数学版),2023(2):4-5.

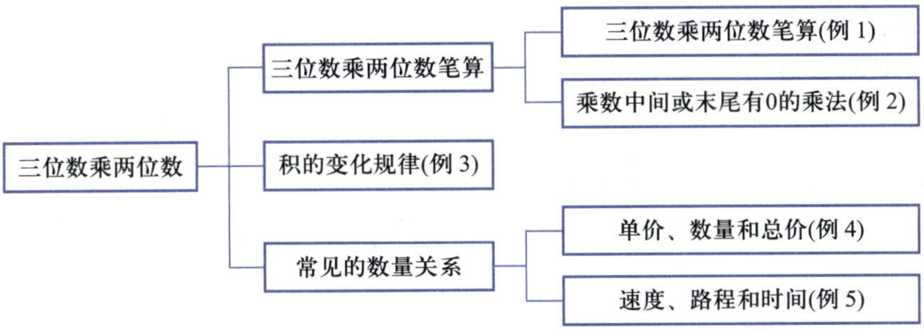

图 3-7 “三位数乘两位数”内容关系图

1. 三位数乘两位数笔算

三位数乘两位数笔算的内容由“三位数乘两位数笔算”和“乘数中间或末尾有 0 的乘法”两部分组成。第一部分以生活情境引入并给出了乘法算式，教材这样安排可以让学生体会学习乘法计算的现实需求，也为后面学习速度、时间和路程之间的数量关系做了铺垫。接着，教材给出了 145×12 的笔算过程，引导学生思考：十位上的 1 与 145 相乘，积该怎么写？从而梳理出三位数乘两位数的计算步骤和方法。第二部分是乘数中间或末尾有 0 的乘法。例 2 设计了 160×30 和 106×30 这样两种特殊的情况。第一题是在原有的三位数乘两位数笔算的基础上，讨论乘数末尾有 0 时的简便写法以及积末尾 0 的个数如何确定；第二题是在竖式简便写法的基础上，侧重讨论中间的 0 与 3 相乘得 0，这个过程是否需要，以及这一位上的积又该怎么写。

2. 积的变化规律

积的变化规律是四则运算中的一个重要内容，例 3 设计了“一个因数不变，另一个因数不断变大或变小”这样两组有结构性的乘法算式，鼓励学生根据各组算式的特点再续写两道算式，观察是否符合规律，接着再引导学生将规律用文字的形式进行概括。在学生掌握了积的变化规律之后，教材编排了一组模仿性的基础练习和模型变式应用，强化学生对规律的理解和应用。

3. 常见的数量关系

在日常生活中，单价、数量和总价比较常见。在例 4 中，教材编排了两道求商品总价的典型问题，引导学生寻找共同点并总结数量关系。例 5 是探究速度、时间和路程之间的关系，相较于例 4 要抽象一些，但有了例 4 的基础，对于“速度”这个概念，教师可以结合实际生活进行分析，让学生理解它的内涵，理解了之后，学生也可以通过类比推理得到速度、时间和路程之间的数量关系，并建立模型去解决实际问题。

（三）学情分析

只有了解学生的知识起点才能把握课堂教学的重难点，在学习“三位数乘两位数”这节课之前，学生已经学习了表内乘法、多位数乘一位数和两位数乘两位数的竖式计算，由之前的经验类比推理就可以得到三位数乘两位数的算理和算法，只是计算的正确率和熟练程度还需要在后期的练习中进行加强。因此，教师在教学时不需要像两位数乘两位数那样步步细化了，而要注重整体把握，更多关注算法算理的类比推理和建立起知识之间的联系。

(四)教学建议

通过对教材和对学情的分析,教师可以将一般的三位数乘两位数以及乘数中间或末尾有0的乘法整合在一个课时中,引导学生借助原有的两位数乘两位数的经验类比推理至三位数乘两位数,再引申到对整数乘法的概括总结与延伸。

二、“图形与几何”领域教材分析案例解读

图形与几何是小学阶段数学学习的重要领域。该领域主要包括“图形的认识与测量”“图形的位置与运动”两个主题。从数学研究的对象看,它属于几何范畴,而几何是传统数学的主要分支之一。图形与几何知识是学生认识自身的生存空间必需的知识。它有助于学生智能的发展和创新精神的形成;有助于学生体验数学推理的巨大力量;有助于发展学生的空间观念、几何直观和推理能力等。人教版小学数学教材中的“图形与几何”内容见表3-3。

表3-3 人教版小学数学教材中的“图形与几何”内容

册次	主题一:图形的认识与测量			主题二:图形的位置与运动	
	内容1	内容2	内容3	内容1	内容2
一年级上册	4. 认识图形(一)			2. 位置:上、下;前、后;左、右	
一年级下册	1. 认识图形(二)				
二年级上册	3. 角的初步认识	量一量,比一比		5. 观察物体(一)	
二年级下册				3. 图形的运动(一)	小小设计师:图形的设计
三年级上册	7. 长方形和正方形	3. 测量			
三年级下册		5. 面积			
四年级上册	2. 公顷和平方千米	5. 平行四边形和梯形	3. 角的度量		
四年级下册	5. 三角形			2. 观察物体(二)	7. 图形的运动(二)
五年级上册			6. 多边形的面积	2. 位置	
五年级下册	3. 长方体和正方体	探索图形		1. 观察物体(三)	5. 图形的运动(三)

续表

册次	主题一:图形的认识与测量			主题二:图形的位置与运动	
	内容 1	内容 2	内容 3	内容 1	内容 2
六年级上册	5. 圆	确定起跑线		2. 位置与方向(二)	
六年级下册	3. 圆柱与圆锥				

下面我们以人教版小学数学教材五年级下册中的“图形的运动(二)”为例,进行教材分析与解读。

(一) 背景分析

从国际数学课程改革的历程来看,第二次世界大战以后,特别是在 20 世纪 60 年代的“新数学”改革浪潮中,将运动观点引入几何成为一种时尚。特别是平移、旋转以及轴对称、中心对称等概念被不少国家的中小学教材所吸收,并放在比较重要的位置。将图形变换的观点和内容适当地引入我国基础教育的数学课程中,顺应了数学科学和数学教育的发展趋向。

从学生的生活世界来看,他们已经接触到了大量的物体、图形的平移、旋转或轴对称变换现象,如地铁列车车厢在平行移动,时针、电风扇叶片在旋转,许多建筑物的图形具有对称性。这些现象为学生学习图形的运动提供了丰富的现实背景。反过来,学习有关图形的运动知识,也有助于学生更好地观察、认识周围生活中的这些现象。

从学生的年龄特征与认知特点来看:小学生正处在好奇心浓厚的阶段,通过图形的变换可以引出无数美妙的图案,使数学更生动地与现实世界联系起来,从而引导小学生主动探索奥秘,激励他们用图形变换的观点去审视周围的事物。

通过感知初步学习图形的变换,不仅有助于学生从运动变化的角度去认识事物,了解图形之间的联系,从中发展他们的空间观念和几何直觉,而且还有利于学生感受、欣赏图形的美,感受数学与现实世界的联系,有利于他们体验学习图形与几何的乐趣,增强对数学的好奇心,激发创造潜能。

(二) 课程标准分析

《数学课程标准(2022 年版)》在第二学段对图形的运动的学段目标要求是“了解图形的平移、旋转和轴对称”;内容要求是“结合实例,感受平移、旋转轴对称现象”;学业要求是“能在实际情境中,辨认出生活中的平移、旋转和轴对称现象,直观感知平移、旋转和轴对称的特征,能利用平移或旋转解释现实生活中的现象,形成空间观念”。

(三) 教材内容分析

在人教版小学数学教材中,图形的运动学习共安排了三次,“图形的运动(二)”是第二次学习,主要是对平移和轴对称图形的再认识,是在第一学段整体感受平移、旋转、轴对称的基础上进行学习的。

该单元分为两个小节:第一小节是对于轴对称图形的再认识;第二小节是对于平移的再认识。每个小节都安排了两个例题:第一小节由轴对称和轴对称图形的性质与补全轴对称图形组成;第二小节是由画平移后的图形和运用平移知识解决问题组成。其知识结构如图3-8所示。

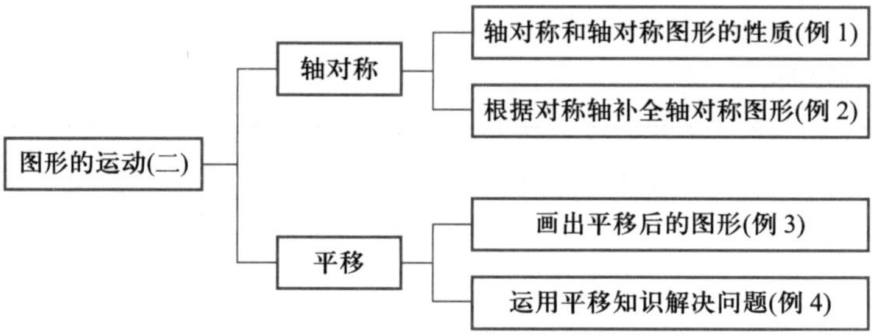

图3-8 “图形的运动(二)”知识结构图

1. 教学目标

(1) 在观察、操作等活动中,进一步认识轴对称图形及其对称轴,体会轴对称图形的特征和性质,并能在方格纸上补全一个轴对称图形的另一半。

(2) 会在方格纸上画出一个简单图形沿水平方向、竖直方向平移后的图形,感受平移运动的特点,发展空间观念。

(3) 感受数学与生活的密切联系,学会利用已学知识设计图案,欣赏几何图形的数学美。

2. 教材编排特点及教学建议

(1) 关注知识形成过程,把握核心内容。

教材结合学生熟悉的生活、学习情境,在他们已有的对称、平移和旋转的经验基础上编排,4个例题承载着不同的任务,既有数学知识的认识深化,又有数学思想方法的渗透与应用,为学生主动地从事观察、实验、猜测、推理与交流等数学活动提供适宜的学习素材。教师在教学时要全面分析,重视教材的变化,确定教学目标,把握核心问题,落实课程的核心理念。例如,在例4中,小男孩提问:“这个图形有两条边都是曲线,怎么计算面积呀?”引发学生思考,是该例题的核心问题;小精灵回答:“用学过的图形运动知识试一试。”点明要解决的问题和单元学习的联系,指明解决问题的思考方向。

(2) 借助“方格图”学习轴对称和平移,培养学生的空间观念。

方格图是学生学习轴对称、平移两种图形变换的重要工具,方格图上一条条水平和竖直的线,为学生建立方位感、感受距离提供了有力的参照,是发展学生空间观念的重要途径和组成部分。该单元的4个例题全部使用了方格图(图3-9)。例1是利用方格图发现对应点到对称轴的距离都是3小格;例2是借助方格图,根据对称轴补全轴对称图形;例3是在方格图中画出平移后的图形;例4是借助方格图求出简单的不规则图形的面积。这里的方格图不仅可以给学生简单的数据提示,以便成功地发现规律,还帮助学生在计算的基础上建立形的表象,建立空间观念。方格图发挥了测量

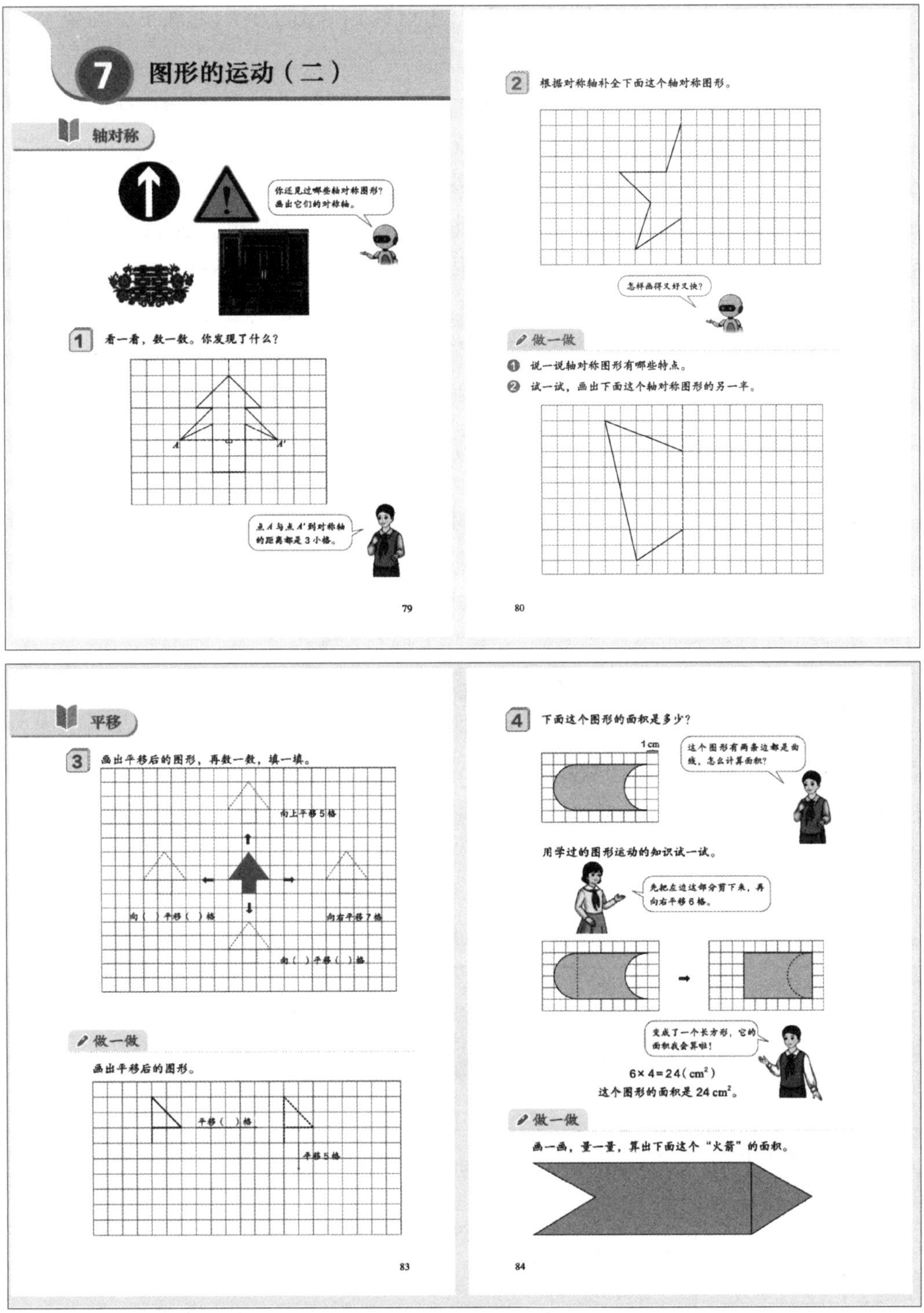

图 3-9　人教版小学数学教材四年级下册“图形的运动（二）”

标准的重要作用，除帮助学生发现和总结计算方法之外，更为学生理解和感受图形之间的联系起到了重要的作用。同时，方格图为学生提供实践的空间，使学生有了“做”数学、体验数学、经历数学的机会，有助于学生更好地学习数学知识，掌握数学学习方法。学生在这样的活动中,不仅收获了知识,还积累了测量的方法,发展了空间观念。

(3) 设计数学活动,重视数学思考。

教材不仅设计了看一看、画一画、找一找、数一数、填一填等操作活动,而且注意设计需要学生进行分析、猜测和推理的探究活动,不断引发学生的数学思考,培养学生的空间观念和思维能力。在教学中,教师要认真研究学生是如何思考的、怎样研究的,就必须给学生充分的时间。例如,让学生思考"怎样画得又快又好""这个图形有两条边都是曲线,怎样计算面积"等,要求学生根据操作过程或已有知识经验不断思考,合作研讨,动手尝试。因此,教师要切实组织好课堂活动,为学生留有学习时间和空间。教师不能让自己的演示或少数学生的活动和回答代替每一位学生的亲自动手、亲自体验和独立思考。这样学生思维才能得以锻炼,解决问题的意识、策略方法才能得到发展。

三、"统计与概率"领域教材分析案例解读

统计与概率是义务教育阶段数学学习的四大领域之一,在小学阶段包括"数据分类""数据的收集、整理与表达""随机现象发生的可能性"三个主题。这些内容分布在三个学段,由浅入深,相互联系。通过该领域内容的学习,学生可以了解统计与概率的基础知识,感悟数据分析的过程,形成和发展数据意识。

总体而言,统计与概率内容的编排组织(以人教版小学数学教材为例)呈现出以下特点(表 3-4):从"自然的分类与整理"到"正式的统计表"的学习;从"统计表进行数据的呈现"到"统计图进行数据的呈现"的学习;从"单式统计图表"到"复式统计图表"的学习。这种编排方式遵循了螺旋式上升的原则,符合学生认知特点,利于学生学习和理解。[①]

表 3-4 人教版小学数学教材中统计与概率内容的分布情况

学段	单元分布	主题	内容要点分析
第一学段	二年级下册第一单元	数据收集与整理	对物体、图形或数据进行分类,初步了解分类与分类标准的关系,形成初步的数据意识;用画圈法、对号法、正字法、简单的统计表呈现数据
第二学段	三年级下册第三单元	复式统计表	用复式统计表呈现数据
	四年级上册第七单元	条形统计图	在统计表的基础上学习,与统计表表示数据的方法做比较
	四年级下册第八单元	平均数与条形统计图	探索平均数的意义及实际应用价值;通过与单式条形统计图做比较,学习复式条形统计图(横式、纵式);在简单的实际情境中,合理应用统计图表和平均数,形成初步的数据意识和应用意识

① 张辉蓉,蒲淑萍,康世刚. 小学数学课程与教学[M]. 重庆:西南大学出版社,2019:122-123.

续表

学段	单元分布	主题	内容要点分析
第三学段	五年级上册 第四单元	可能性	以之前学习的收集和整理数据的方法为基础，通过实例感受简单的随机现象及其结果发生的可能性；在实际情境中，对一些简单随机现象发生可能性的大小作出定性描述
	五年级下册 第五单元	折线统计图	单式折线统计图、复式折线统计图；根据实际问题需要，经历数据收集、整理和分析的过程，能合理述说数据分析的结论
	六年级上册 第六单元	扇形统计图	认识扇形统计图
	六年级上册 第七单元	百分数(一)	结合具体情境，探索百分数的意义，解决与百分数有关的简单实际问题，感受百分数的统计意义
	六年级下册 第二单元	百分数(二)	在简单的实际情境中，应用百分数，形成初步的应用意识，涉及折扣、成数、税率、利率等问题

下面以人教版小学数学教材三年级下册中的“复式统计表”为例，进行教材分析与解读。

(一) 背景分析

“复式统计表”是人教版小学数学教材三年级下册第三单元的内容。该单元的内容是在学生已经认识数据收集、整理和单式统计表的基础上编排的。在此之前，学生已经历了初步的统计活动过程，积累了一些基本的统计活动经验，能根据解决问题的需要开展收集、整理、汇总和分析数据的活动，能应用单式统计表整理和描述数据。

通过该单元的教学，学生一方面能初步了解复式统计表的基本结构和主要特点；另一方面也能进一步积累分析数据的经验，知道不仅可以从数据分析中获得一些信息，而且可以基于数据所蕴含的信息分析和解决相应的问题。

(二) 教材内容分析

复式统计表是由统计本班同学最喜欢的运动项目(每人限选一种)导入(图 3-10)，先用单式统计表的形式出示了学生喜欢的足球、篮球、游泳、乒乓球、跳绳、踢毽子这六类项目；然后出示了空白的男生最喜欢的运动项目人数统计表和女生最喜欢的运动项目人数统计表，通过复习单式统计表引导学生思考可以从这两张表格中知道哪些信息和哪些共同点；最后向学生提出问题：“如何将两个表合成一个表？”

该单元由几张单式统计表过渡到复式统计表，重点是让学生经历复式统计表的形成过程，知道复式统计表是由表头、横栏、纵栏和中间四部分组成的：表头是统计表的核心，横栏表示统计对象；纵栏表示统计项目；中间是数据栏，表示人数。同时，该单元引导学生从复式统计表中提取数学信息，最后总结出复式统计表的优点。

其中，例 1 教学复式统计表的认识，首先引导学生经历填表过程，初步感知复式

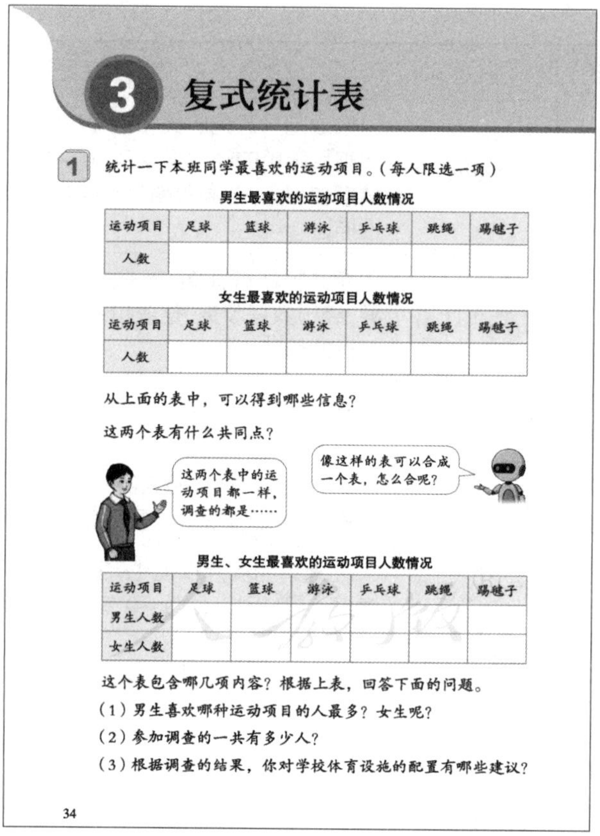

3 复式统计表

1 统计一下本班同学最喜欢的运动项目。（每人限选一项）

男生最喜欢的运动项目人数情况

运动项目	足球	篮球	游泳	乒乓球	跳绳	踢毽子
人数						

女生最喜欢的运动项目人数情况

运动项目	足球	篮球	游泳	乒乓球	跳绳	踢毽子
人数						

从上面的表中，可以得到哪些信息？

这两个表有什么共同点？

男生、女生最喜欢的运动项目人数情况

运动项目	足球	篮球	游泳	乒乓球	跳绳	踢毽子
男生人数						
女生人数						

这个表包含哪几项内容？根据上表，回答下面的问题。

（1）男生喜欢哪种运动项目的人最多？女生呢？

（2）参加调查的一共有多少人？

（3）根据调查的结果，你对学校体育设施的配置有哪些建议？

34

图 3-10 人教版小学数学教材三年级下册“复式统计表”

统计表；接着提出问题，让学生深入体会复式统计表蕴含的各种信息，学生完成填表之后，教材紧接着提出三个问题：

(1) 男生喜欢哪种运动项目的人最多？女生呢？

(2) 参加调查的一共有多少人？

(3) 根据调查的结果，你对学校体育设施的配置有哪些建议？

这三个问题引导学生及时巩固已经初步获得的认识，体会复式统计表所蕴含的各种信息。第三个问题侧重鼓励学生从复式统计表中发现和提出更多有意义的问题，帮助他们在交流中进一步丰富对复式统计表的认识，体会复式统计表比单式统计表能够蕴含更多有价值的信息。

随后的“做一做”有两个问题，引导学生应用复式统计表整理和呈现数据，分析并解决相应的实际问题；练习七有 3 个练习，侧重围绕复式统计表的认识和应用，引导学生在看表、用表的过程中进一步加深认识、丰富体验，在看图、用图的过程中进一步提高数据处理能力，增强数据分析意识，逐步形成统计为决策服务的观念。

最后，教材进一步要求学生反思总结学习该单元有什么收获(图 3-11)，引导学生将复式统计表与相应的单式统计表进行比较，总结用复式统计表表示数据的优点。通过比较，学生进一步明确：复式统计表不仅能够反映每一个项目的数据情况，而且

图 3-11　人教版小学数学教材中的单元小结

还能从整体上反映所有项目的数据情况，便于我们对所有项目对应的数据情况进行比较。

（三）学情分析

二年级下学期，学生对收集数据和记录数据的方法已经有了初步的体验，会将数据整理后填入单式统计表，并能对数据进行简单分析和解决简单问题，积累了一定的学习经验。经历数据收集、整理、描述、分析的过程，了解复式统计表的特点，体会复式统计表和单式统计表的联系与区别，这些对学生来说具有一定的挑战性。通过该单元复式统计表的学习，学生将进一步体会数据收集和整理的必要性，以及数据分析方法的多样性，体会数据中蕴含的丰富信息及其应用价值，进一步体验统计的方法及在生产生活中的意义。①

复式统计表呈现、处理数据的方法也是后续学习复式条形统计图、复式折线统计图的基础。

（四）教学建议

基于以上分析，教师在组织该课时内容的教学时，应着重关注以下几个方面的问题。

1. 通过读表，初步了解用复式统计表表示数据的方法

与单式统计表相比，复式统计表涉及的问题背景更加复杂，蕴含的数据信息更加丰富，分析和理解的角度也可以更加多样。要使学生学会用复式统计表表示数据，首先要让他们读懂相关的统计表，初步了解其表示数据的基本方法。只有当学生初步了解复式统计表中每个栏目的具体含义之后，他们才有可能顺利完成填表的操作活动，以及后续分析、解释、比较、判断等相对复杂的思维活动。

2. 通过填表，巩固用复式统计表表示数据的知识

根据提供的数据或自己收集的数据完成相应的统计表，不仅有助于学生巩固对相关统计方法的已有认识，而且能为他们在实际的统计活动中自主应用相关的统计表打好基础。教师在引导学生填统计表时，一要提醒他们认真核对相关数据，将相关的原始数据准确无误地填入统计表中相应的单元格；二要提醒他们自觉检查填统计表的结果，可以通过用不同方法算一算“总计”数，看看得到的结果是否一样；三要准

① 王玉珏. 小学数学三年级下册“复式统计表”教学案例[J]. 中小学数字化教学，2021(S1)：125−128.

确定位教学要求，避免不必要的制表练习。对于复式统计表，只要学生在弄清表格栏目含义以及基本结构的基础上，正确填入相应的数据即可，不必要求他们给出完整的统计表格。

3. 通过回答问题，充分体验复式统计表的特点和优势

学生根据给出的或自己完成的统计表回答相应的问题，是认识统计表过程中的重要环节之一。这样的活动不仅有助于学生丰富和加深对相关统计方法的理解，还能使他们更加充分地体验相关统计表的特点和优势。在根据复式统计表回答相关问题时，教师一方面要注意引导学生从不同角度进行分析和比较。例如，可以通过比较复式统计表中每一行的数据，说说这一行数据中的最大值或最小值，也可以通过比较复式统计表中每一列的数据，说说相关数据之间所存在的差异。另一方面要注意引导学生从统计表中获得更多隐含的信息，发现并提出更多有价值的问题。经历这样的过程，学生能更加深刻地体验统计数据中蕴含着非常丰富的信息，增强其主动、灵活地分析数据的意识。

4. 通过解决问题，丰富对复式统计表实际意义和应用价值的体验

开展统计活动的根本目的是解决相关的实际问题。在学生初步掌握用复式统计表表示数据的基本方法和主要特点之后，教师要鼓励他们联系自己熟悉的生活，主动提出一些适合用统计方法解决的问题，在基于问题收集数据、整理数据、呈现数据、分析数据的过程中进一步感受所学知识的实际意义，体会数学与日常生活的密切联系。例如，在认识复式统计表之后，教师要求学生了解某个文具店一周内销售的几种文具的数量，看看同一种文具每天的销售量有什么不同，想想造成销售量变化的原因可能是什么；看看不同品种的文具在一周内的销售量有什么不同，想想造成这种差异的原因又可能是什么。这样的实际问题既有一定的现实性，又有一定的趣味性。解决这些问题有助于学生进一步体会相关统计表的实际意义和应用价值，积累更多的统计活动经验，增强应用统计方法分析和解决问题的能力。

总之，复式统计表是表示数据的有效方法，理解并掌握这种方法有助于学生提高整理和分析数据的能力，更好地发展数据分析观念。所以，进一步研究这部分内容的教材编排和教学方法具有十分重要的现实意义。

四、“综合与实践”领域教材分析案例解读

综合与实践是小学数学学习的重要领域。学生将在实际情境和真实问题中，运用数学和其他学科的知识与方法，经历发现问题、提出问题、分析问题、解决问题的过程，感悟数学知识之间、数学与其他学科知识之间、数学与科学技术和社会生活之间的联系，积累活动经验，感悟思想方法，形成和发展模型意识、创新意识，提高解决实际问题的能力，形成和发展核心素养。

“综合与实践”领域是义务教育阶段比较特殊的领域，该领域以培养学生综合运用所学知识和方法解决实际问题的能力为目标，《数学课程标准（2022 年版）》要求教

师“引导学生综合运用数学学科和跨学科的知识与方法解决问题”。小学阶段主要采用主题活动的形式开展学习。下面我们以《数学课程标准(2022 年版)》第二学段“综合与实践”领域的“度量衡的故事”为例，进行教材内容分析与解读。

数学跨学科主题学习设计与实施中需要关注的几个问题（曹一鸣、汤牧文）

(一) 背景分析

“度量衡的故事”是《数学课程标准(2022 年版)》第二学段“综合与实践”领域主题活动 4 的内容。在这一活动之前，第一、第二学段已经介绍了与长度、面积、质量、时间、货币等相关的量的意义。该活动需要学生溯源和解析日常词语中的计量单位，了解度量衡的历史与发展(图 3-12)，进一步加深对计量单位意义的理解，丰富并发展量感。

图 3-12　秦代的度量衡工具

(二) 教学活动呈现与教学内容分析

该主题活动为跨学科主题学习活动，教师可以组织学生以成语为对象，结合量的知识，运用文字、图画等方式表达对量及计量单位的理解和感悟。

1. 搜集成语，从成语故事开始认识计量单位

教师以“半斤八两”的故事引起学生的认知冲突，鼓励学生在教师及他人的帮助下，利用现代信息技术或工具书查找资料，搜集更多带有计量单位的成语，如“才高八斗”“千钧一发”“尺有所短，寸有所长”“火冒三丈”等。学生在搜集成语故事、整理计量单位的过程中发展信息素养，提升阅读理解能力。

2. 查阅资料，了解“度量衡”的意义价值

教师引导学生查阅有关度量衡的资料，了解我国在秦朝统一度量衡的史料，进一步了解度量衡的历史与发展，理解度量衡的意义，知道最初的度量方法都是借助日常用品；了解古代计量单位和现代计量单位的差别等；加深对量和计量单位的理解，丰富并发展量感。教师可组织学生在课堂上进行交流，理解度量的本质就是表达量的多少，知道计量单位是人为规定的，知道科学发展与度量精确的关系。

3. 以多种方式展现学习成果

教师引导学生了解成语中的计量单位在古代的具体意义，并换算成现代计量单位；指导学生用文字、算式、图画、视频、手抄报、讲故事等方式，呈现这些成语故事及

其中计量单位的意义，从而锻炼学生动手、动口、动脑的能力，丰富数学综合实践活动的探究路径。①

为了更好地引导学生进行交流、描述感受、表达收获和总结发现，教师鼓励学生先在小组内交流学习成果，然后形成小组学习成果在全班交流；鼓励学生在小组解决问题的过程中提出独特的策略和方法，以激发创造的热情，形成创新意识。

在教师的指导下，通过生生、师生互相交流和学习，学生能对不同的量进行分类、整理、比较，丰富对计量单位实际意义的理解，并发展量感；知道计量对于日常生活与生产实践的重要性，感悟计量单位由多元到统一、由粗略到精细的过程，培养科学精神。

（三）学情分析

在此次活动之前，学生在第一、第二学段分别认识了与长度、面积、质量、时间、货币等相关的量的意义。但多数学生并不了解度量衡的历史与发展，对计量单位意义的理解不深刻，有待进一步发展量感。学生对成语中数学方面的知识没有清晰的认识；不能确定长度单位、质量单位、面积单位、时间单位、人民币单位是否都属于计量单位。

（四）教学建议

对于这部分内容的学习，教师应引导学生在实际情境和真实问题中，运用数学和其他科的知识与方法，经历解决问题的过程，感悟数学与其他学科之间、数学与社会生活之间的联系，激发创造的热情，形成创新意识。

教师要引导学生初步了解“度量衡”的意义，知道“度”指的是测量长度或测量长度的工具，“量”指测量容积或测量容积的工具，“衡”指测量重量或测量重量的工具，了解秦始皇统一度量衡的故事。学生尝试用学过的知识解决应用性的数学问题和简单的实际问题，体会数学的价值，提升应用意识；引导学生查阅相关资料，知道中国古代那些与量有关的概念的由来，培养家国情怀，积累学习经验。课后，学生进一步自主查阅资料，加深对度量衡相关知识的了解和掌握。

主题活动的设计可以考虑问题引领的形式。教师可以用“半斤八两”的成语故事引入，引发学生的好奇心和探究的欲望，在理解“度量衡”的基础上，思考度量单位的意义及统一度量单位的必要性，感悟如何用数学的思维思考现实世界。教师要引导学生经历克服困难获得成功的过程，鼓励学生个体和小组在解决问题的过程中提出独特的策略和方法，激发创造的热情，形成创新意识。

“度量衡的故事”可以设计 5 学时的教学活动：第 1—2 学时，教师可以从“半斤八两”的故事入手，鼓励学生查阅互联网资料及工具书，引导学生主动参与、查阅资料、深入思考，经历探求解决问题策略的过程，丰富数学学习的经验。第 3—4 学时，教师可以联系学生对物体长度、容积、重量进行感觉，帮助学生在体验活动中理解

---

① 刘莉. 关于主题活动的思考与实践：以“度量衡的故事”为例[J]. 小学教学，2022(12):23-26.

度量单位的意义，了解一些度量的工具。第5学时，教师可以鼓励学生回顾与反思主题活动的过程，组织学生将自己的作品进行集中展览，并结合量的知识，运用图画等直观方式表达对量和计量单位的理解，从数学的角度思考成语中与计量单位有关的知识，对成语作出新的解释，培养量感；比较古今计量单位的差别，理解度量衡的意义。

教师要为活动实施提供保障，可以提前准备不同的测量工具，让学生感悟其中的共性和差异；同时要了解学生度量实践可能需要的物品。教师在自行设计主题活动内容时，要注意设计指向综合数学知识、融合其他学科知识的实际情境和真实问题，设计具有操作性的活动，引导学生感受数学与其他学科的联系，以及在解决实际问题中的作用，提高应用意识。教师可以阅读《"成语中的度量衡——度"教学设计》《"成语中的度量衡——量和衡"教学设计》等文献，进一步加深对教材内容的把握。

理解·分析·实践

- 理解性练习题

1. 小学数学教材内容的具体构成是怎样的？
2. 小学数学教材经历了怎样的发展进程？
3. 小学数学教材分析的步骤与方法都有哪些？

- 思辨性练习题

1. 你认为小学数学课程内容的组织为什么要采取螺旋式的编排结构？
2. 根据教材分析的内容与要求，要想精准地分析某单元或主题的教材内容，你应该做哪些工作？
3. 掌握了教材分析的方法，就可以制订好的教学方案了吗？为什么？

- 实践性练习题

1. 小组合作，访谈两位小学数学教师关于教材解读的经验，小组同学做好记录并整理记录内容，总结出解读教材应该注意的问题。
2. 小组合作，选择小学数学某个单元或主题的内容进行教材分析，以课件的形式在全班汇报交流。
3. 总结反思小学数学教材分析实践中存在的问题。

拓展阅读导航

1. 赵娜，孔凡哲. 新中国成立70年小学数学课程内容的发展历程、趋势与诉求[J]. 教育学报，2019，15(6)：34-39.

从不同视角了解小学教材内容发展变化历程，有助于我们更好地解读与分析教材。建议读者关注《新中国成立70年小学数学课程内容的发展历程、趋势与诉求》等关于教材内容演变的文献，全面把握小学数学教材的内容组织及发展趋势，以便能从更宏观的角度了解教材并找准教学的起点与目标。

2. 马云鹏. 聚焦核心概念 落实核心素养:《义务教育数学课程标准(2022年版)》内容结构化分析[J]. 课程·教材·教法,2022,42(6):35-44.

《数学课程标准(2022年版)》在课程理念、课程目标、课程内容等方面都有明显变化。课程内容的结构化是课程修订的重要理念,在这一理念下,数学课程内容的结构和具体内容都有调整,理解和把握课程内容的结构化特征有助于我们准确把握课程标准,并有效落实在教学实践中。建议读者关注教材内容结构化内涵、关键内容的单元整体设计等文献,把握新课程内容结构化的特征、意义及单元整体设计的案例,结合自身实践反思如何更好地解读教材内容。

3. 刘志彪. 小学数学教材解读的四重境界[J]. 教学与管理,2020(29):36-38.

研读教材是教师备课的应有之义。建议读者关注《小学数学教材解读的四重境界》等关于教材解读方法及具体案例的文献,重点思考如何读懂、读透、读通、读活教材。

第四章
小学生数学学习分析

走近学生

很多人都认为小学数学没什么难度，很好教。一些师范生在模拟上课的时候，也会出现很多想当然的行为，认为这样讲学生肯定能听懂的，这道题学生肯定会做的。其实，这都是从成人的角度来看的，小学生的认知思维和知识基础都尚未完善，他们有自己的数学学习规律，过于抽象的数学概念和过于形式化的数学推演他们理解起来会有一定的困难。因此，立志成为小学数学教师的师范生对于学生的数学学习有哪些特征、哪些因素会对他们的学习产生影响、会面临哪些矛盾等方面要有较为全面的了解。否则进入小学工作后，教师的教学就会与学生的学习出现脱节，虽然讲得很卖力，但是学生未必有共鸣。

本章主要对小学生数学学习的主要特征、影响因素，以及可能出现的问题进行分析，让师范生对小学生的数学学习有更深入的了解，只有真正做到心中有学生，教学的设计和实施才能更加合理。

学习目标

1. 理解小学生数学学习的主要特征。
2. 了解元认知和迁移对小学生数学学习的影响。
3. 了解小学生数学学习中可能存在的若干问题。
4. 能够运用相关知识分析小学生的数学学习。

思维导图

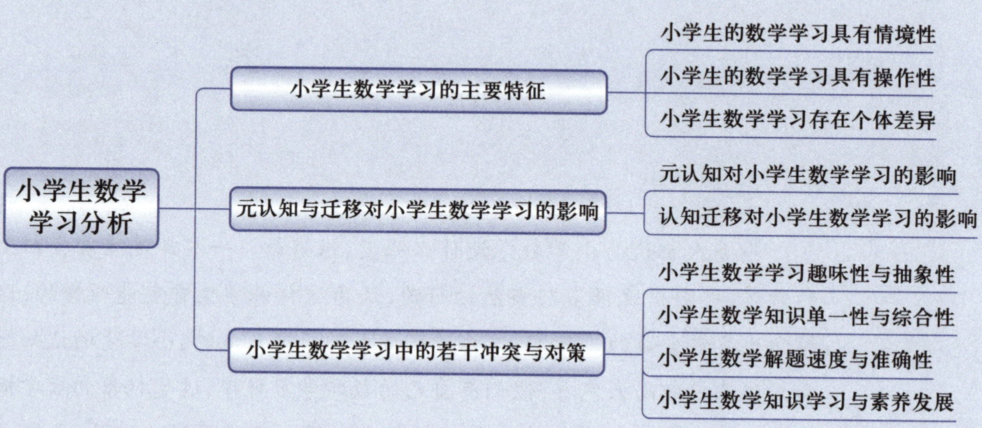

第一节　小学数学学习的主要特征

小学数学教学是否有效的主要标准就是能否促进学生核心素养的有效发展，这要求小学数学教师不仅要掌握小学数学学科的本体性知识，还要对小学生的数学学习特征有较为深入的理解。小学生的生活经验和智力发展水平决定了他们的数学学习有着较强的特殊性，教师只有了解小学生的数学学习特征，才能实施有针对性的教学策略。

小学生的认知水平较低，过于抽象和形式化的数学表征不适合他们的数学学习，情境性和操作性的数学表征可以帮助他们更好地理解数学。同时，教师也要明确小学生的数学水平存在较大的差异，教学中要关注个体差异，教学的设计要能兼顾各个水平学生的数学发展。

一、小学生的数学学习具有情境性

学习离不开个体的已有经验，包括生活经验和学习经验，对于小学生来说，他们的数学学习经验较少，想要让他们更好地理解数学就要从他们所经历的生活情境入手。虽然数学源自人们的生活需要，但无论是数学符号还是数学概念，都是现实生活中不存在的，是人们抽象处理的结果。例如，3 张桌子和 3 个苹果是实实在在的，可以看得见，也能触摸到。但是数字 3 却看不见、摸不着，教师需要通过创设一定的情境，让学生发现这些具体事物都存在一个共同的数量，这个共同的数量可以用数字符号 3 来表示。对于小学生来说，如果缺乏对具体事物的感知，他们就难以理解 3 的含义，哪怕教师强行让学生记住，他们也会因为理解不深而无法融会贯通、灵活运用。数学语言是形式化语言，想要掌握数学就要逐步具备抽象思维，这种抽象思维的生成也是从具体情境入手的。儿童对客观世界的认知是从所接触的生活环境、可直接感知的事物开始的，再依赖这些直接感知的事物逐步过渡到深层次的认识。这些都表明，小学生尚幼，在数学学习过程中需要借助生活的感知，才能较好地认识数学、理解数学。当个体在经验的作用下发生了持久性的行为上的变化时，个体的学习也就发生了。

在现实生活中，有不少小学生在入学前就认识了数，也会数数，甚至会计算，但是如果这个学习过程是以机械性记忆为主，缺乏对数学概念本质的理解，不仅该数学知识难以被灵活运用，而且也很容易被遗忘。例如，一些小学生会背诵“九九乘法表”，也能快速说出 $3\times7=21$，但是如果问他们 7×3 等于多少，他们就不知道了；有的学生能在说出 $3\times7=21$ 后，很快说出 $4\times7=28$，但是如果在他们说出 $3\times7=21$ 后问他 6×8 等于多少，他们也说不出结果。这些都表明，他们并没有真正理解乘法，只是机械性地去记忆。虽然对于数学性质和规律的记忆对后续的数学学习会起到一定的帮助作用，但是这种学习数学的方法是低效的，而且长期这样学习容易导致学生对数学失去兴趣，阻碍他们数学能力的发展。很多学生到了高年级后，对数学缺乏兴趣，甚至会产生恐惧，这与数学的学习缺乏情境性有关。

由于数学是源自人们的生活需要，小学数学尤其与学生的生活密切相关，所以，尽管数学具有抽象性，但是它是对客观世界数量和形状规律和特征的反映，只要创设一定的情境，让学生将数学与现实事物之间建立联系，他们就能较好地理解数学。对于儿童来说，他们认识数学的起点并不是符号所组成的逻辑公理，而是他们自己在生活中所积累的经验，他们的数学学习并不是从观察符号开始的，而是从观察现象开始的。① 通过日常生活中的观察和感知，他们对事物数量与形状的某些特征有了初步的归纳，然后通过有意识地经验活动，获得了相应的数学知识，但是这种数学知识是生活形态的，是由经验形成的非精确化的观念。学校的数学教育应该根据小学生所具有的生活形态的数学知识，以及他们学习数学的方式，通过创设一定的情境将其逐步转化为教育形态的数学知识，进而过渡到科学形态的数学知识。如果忽视了儿童学习数学的这种规律特征，过早地教授规范程度高、严谨性强的数学概念和性质，就会割裂数学与儿童生活认知的联系，这样一来，教师是难以取得满意的教学成效的。

当然，这并不表示教师在数学教学时要将数学知识全部都融入小学生的生活情境，事实上这也是不现实的。教师首先要意识到将数学知识映射到现实情境中肯定会帮助学生理解，但是这种现实情境也是具有层次性的。一般来说，这种现实情境可以分为三类：小学生在日常生活中亲身经历过的情境、小学生身边的人亲身经历过的情境、小学生在媒介中见到过的情境。例如，吃饭、穿衣服和走路等，是小学生亲身经历过的情境；开车、烧饭和游泳等，是小学生自己没有亲身经历过，但是见过周围人经历过的情境；宇宙飞船、摩天轮、奥运会竞技比赛等，是小学生从电视、手机或书本等媒介中见到过的情境，这些是可以通过想象获得的情境性感知。对于低年级的小学生来说，教师可以从小学生生活中亲身经历过的情境入手；而对于高年级的小学生来说，教师可以逐步过渡到小学生在媒介中见到过的情境。但无论是哪种情境，都要满足两个方面的要求：一是要与数学知识相契合，是真正能起到作用的情境，而不是点缀或与数学知识成两张皮；二是有助于小学生的认识和理解，是他们能感知的。因此，有些地区的小学生对教材中的情境或许没有太多体会，这时教师应及时作出调整，创设具有地域特色的情境，从小学生能直接感知到的情境入手。

二、小学生的数学学习具有操作性

行为主义学习理论认为个体通过操作可以强化记忆。人不是机器，所学知识在一段时间后会遗忘是很正常的，小学生更会如此，而且他们的自制力较弱、注意力集中的时间也较短，不可能像成人一样可以整节课都坐着认真听教师讲授。小学生的数学思维能力较弱，很多思考过程需要动手操作或者出声思考。例如，低年级小学生在加减法运算时还需要借助手指，在乘除法运算时还需要在草稿纸上画圈圈。这

① 杨庆余. 小学数学课程与教学[M]. 北京：高等教育出版社，2004：75.

些都表明，借助一些操作性活动可以帮助小学生更有兴趣地学习数学、更准确地理解数学。这里的操作性活动是广义的，个人动手摆弄手指头、在草稿纸上画记号、操作学具是操作性活动，同伴交流和集体观察实验也是操作性活动，而通过播放视频让学生观察、思考视频中的数学操作也可视为操作性活动。如果条件允许，还可以走出教室，在校园内观察和实验，小学生肯定会更有兴趣。例如，在长度单位的教学中，教师可以让学生到操场，通过正常走路感受 10 米、100 米的距离分别有多长，培养学生的量感。

我们应该看到，生活常识往往是小学生数学学习的起点，借助操作性活动可以让他们较好地经历“做数学”的过程，而不是被动地接受已被发现或创造的数学知识。由于小学生的数学学习具有较强的实践性特征，教师在小学数学的教学过程中，要创设各种操作性活动，帮助学生理解数学。在操作性活动的过程中，小学生可以通过观察、实验和猜想对数学现象进行类比、分析和归纳，在数学认识和理解上渐渐达到数学化、严格化和形式化，从而实现从具体形象思维到抽象逻辑思维的逐步转化。[①] 群体性的数学操作性活动还可以锻炼小学生的数学表达能力和沟通合作能力。当然，操作性活动要与教师的讲授相结合，尤其是从现实情境中用数学的眼光发现并提取数学信息的过程，从数学活动中概括数学概念和性质的过程，对数学概念和性质的主要特征进行归纳的过程，都需要教师进行引导、分析和讲解。

当然，操作性活动的创设是需要精心准备的，既要符合数学知识的学习，也要适合学生的思维认知规律；学习的难度要适中，是学生通过操作性活动能获得的，是只有通过操作才能更好理解的，而不是一眼就能看出结果的；操作的难度也要适中，既是学生能操控完成的，也是教师在课堂教学中能掌控的。这些都能帮助小学生经历数学“再发现”和“再创造”的过程，从而使其能更深刻地理解数学，发展核心素养。而随着小学生数学思维能力的提高，操作性活动的形式也可以逐渐由外到里，从动作行为的操作过渡到思维的操作。由于思考的过程集中于大脑中，数学也因此被称为是“思维的体操”。

三、小学生数学学习存在个体差异

小学生的数学思维发展过程遵循一定的规律，这个规律就是从具体到抽象、从简单到复杂。这种层次性的发展规律与个体的年龄有关，与遗传有关，也与后期的学习也有关。一般来说，人的思维的发展都会经历直观行动思维、具体形象思维、形象抽象思维（即处于从具体形象思维向抽象逻辑思维的过渡阶段）、以经验型为主的抽象逻辑思维和以理论型为主的抽象逻辑思维等阶段。儿童心理学家皮亚杰以“运算”为儿童思维发展水平的标志，将儿童的思维分为感知运动阶段（0—2 岁）、前运算阶段（2—7 岁）、具体运算阶段（7—11 岁）和形式运算阶段（11—15 岁）阶段。

---

① 孔企平. 小学数学课程与教学[M]. 上海：华东师范大学出版社，2016：9.

知识卡片：

皮亚杰认为个体从出生到成熟的发展过程中，认知结构在与环境的相互作用中不断重构，表现出了四个阶段：

感知运动阶段(0—2 岁)：在这一阶段，儿童主要是通过探索感知觉与运动之间的关系来获得动作经验，其中手的抓取和嘴的吸吮是他们探索世界的主要手段。

前运算阶段(2—7 岁)：在这一阶段，儿童能运用语言或较为抽象的符号来代表他们经历过的事物，但是还不能很好地掌握概念的概括性和一般性，认知活动具有很大的具体性，思维具有不可逆转性，尚未获得守恒概念。

具体运算阶段(7—11 岁)：此阶段的儿童的认知结构已经发生了重组和改善，思维具有一定的弹性，可以逆转，已经获得长度、体积、质量和面积等方面的守恒概念，能凭借具体事物或从具体事物中获得的表象进行逻辑思维和群集运算。但其思维仍然需要具体事物的支持。

形式运算阶段(11—16 岁)：此阶段的儿童的思维已经超越了对具体的可感知的事物的依赖，能以命题的形式进行，并能发现命题之间的关系，能理解符号的意义，能做一定的概括。思维已经接近成人水平。

小学生处于具体运算阶段，这是儿童认知发展的一个关键性的转折点。此阶段的儿童的认知结构已经发生了重组和改善，思维具有一定的弹性，可以逆转，已经获得长度、体积、质量和面积等方面的守恒概念，能凭借具体事物或从具体事物中获得的表象进行逻辑思维和群集运算。但其思维仍然需要具体事物的支持，还不能通过假设来推理。这些都表明儿童的数学思维发展是从量变到质变的过程，只有低层次思维积累到一定程度才能产生质变，从而获得更高层次的思维能力。研究发现，小学四年级是数学思维发展的一个关键期，之前是具体形象成分为主，此后是抽象逻辑成分为主。数学思维的这种层次性是按照顺序发展的，是每个人的思维发展都要经历的，不同的人在每个层次的停留时间只有长短之分，不会跳跃。

但是，由于智力发展速度快慢不一，家庭教育和课后辅导等存在区别，小学生的数学基础会存在较大差异。教师在设计和实施数学教学时，对于小学生的这种差异性要有准确的感知，不能一味地强调统一性和纪律性，而应该让不同数学基础的学生都能够有发挥的空间，都能在数学学习中得到有效发展。有研究表明，无论是“零”概念的掌握，还是使用“零”进行运算，均不存在性别差异，但存在明显的个体差异，教育对于“零”概念的获得具有明显的促进作用。有的儿童在家长的教育下，5 岁时就能准确解释什么是“零”，也知道比“零”小的数是负数。还有学者研究发现，三年级和四年级小学生对面积等分概念的认识存在较大差异，三年级学生以形象思维为主，四年级学生较多采用了抽象思维，男生喜欢动手操作，女生倾向于运用直观感知。为此，教师应设置能让不同数学基础学生都需要思考的情境，并鼓励学生发言，说出是什么、为什么，以及还有没有其他想法等。同时，教师也要清楚不同数学基础学生的学习结果是不一样的，不能用最终结果来衡量学生的数学学习，要采用增值性评价，对取得进步的学生给予表扬和鼓励。

第二节　元认知与迁移对小学生数学学习的影响

元认知（metacognition）由美国心理学家弗拉维尔于 1971 年提出，指对认知的认知，也就是人们对认知活动的自我意识和自我调节。20 世纪 80 年代后，元认知理论逐渐在教育中流行，在数学学习中，认知思维的发展和解题策略的提升都离不开学生的元认知水平。而认知迁移是学生学习新知识的重要路径，教师在小学数学的课堂教学中可以通过类比、反比等方式，促进学生元认知水平的提升和知识的迁移，发展学生的核心素养。

一、元认知对小学生数学学习的影响

元认知是认知主体对自身心理状态、能力、任务目标、认知策略等方面的认知，同时，元认知也是认知主体对自身各种认知活动的计划、监控和调节。元认知在数学问题解决中的作用主要可以归纳为：它能修正数学问题解决的目标、激活和改组数学问题解决的策略、强化解题者在数学问题解决中的主体意识。① 因此，小学生的元认知水平对他们的数学学习有着重要的影响。

（一）元认知的内涵

一般来说，我们可以将元认知分为元认知知识、元认知体验和元认知监控，而数学元认知可以认为是元认知在数学学习过程中的体现，其基本结构是一致的。

元认知知识是个体关于自己或他人的认知活动、过程、结果、影响因素等方面的知识，也就是关于个体的知识、关于任务的知识和关于策略的知识。关于个体的知识主要指对自己的认识、自己与他人相比存在哪些优势和不足的认识。关于任务的知识主要指个体在面对数学任务时能否认识到哪些任务条件是有用的，哪些条件是干扰的，要解决该任务必须先解决哪些问题等方面的知识。关于策略的知识主要指个体在解决问题时能判断该选择怎样的策略最为有效，哪些策略可以解决哪类问题，不同策略需要满足哪些条件才能使用，哪些策略可能会存在哪些误区等。

元认知体验指个体从事认知活动时产生的认知和情感体验，可能是下意识的，也可能是清晰的。在数学学习中，元认知体验主要表现为解题时如果遇到困惑会突然

---

① 朱德全. 数学问题解决的表征及元认知开发[J]. 教育研究，1997(3)：50-54.

想到类似的情境，并选择类似的方法来尝试解决该问题。元认知体验是某些元认知知识的升华，它与元认知知识相辅相成。已有的经历和体验，可以使学生在面对类似情境时选择接受、放弃或修改任务目标，同时也能刺激认知策略和元认知策略的产生。

元认知监控是指个体在进行认知活动过程中，将自己正在进行的认知活动作为意识不断对其进行积极和自觉的监视、控制与调节。有学者认为，自我监控包括计划、准备、意识、方法、执行、反馈、补救、总结 8 个环节。[①] 也可以解释为制订计划、执行控制、检查结果和采取补救措施。个体所拥有的元认知知识，只有通过元认知监控才能发挥作用，通过元认知监控的不断检验、修正和发展，个体的元认知知识也会更加丰富和完善，而元认知体验也会对元认知监控产生推动作用。

（二）元认知的特征

元认知具有促进智力发展、提高认知效率、增强学习能力和弥补认知能力不足等价值，对学生的数学学习有着重要的影响，它的主要特征如下：[②]

1. 自我意识性

元认知是主体对自己认知活动的认识、体验、评价和调节，这种体验可以促使他们主动调节自己的认知活动，具有自我意识性。通过自我意识的监控，主体可以实现人脑对信息的输入、加工、贮存和输出的自主控制，通过控制自己的意识来调节自己的认识活动和行为。

2. 能动性

元认知是主体独立且自觉地认识、体验和调节，并不是在外界压力下被动地从事认知活动，也不可能由他人来替代，因此具有能动性。如果主体对自己的认知活动缺乏主动性和积极性，不去发挥自己的能动作用，那么他就不会去注意认知的有效性，也不会对认知活动进行计划、体验、评价和调节。

3. 调节性

元认知的核心问题是调节认知活动，是主体对自己认知活动系统中有关因素的调节。主体对认知活动进行主动、积极、灵活有效的自我调节以适应认知情境，是元认知水平较高的突出表现。

4. 反馈性

元认知要求主体不断地把自己的元认知知识作用于新的认知活动，并获取这种作用所产生结果的情况，检测和评价认知活动的过程和效果，及时调节认知活动，这表明元认知具有较强的反馈性。这种反馈不断循环，每一次元认知监控的结果都是下一次元认知活动或元认知监控活动的基础。

5. 迁移性

元认知具有迁移性，从某个情境、学科、学习领域中习得的知识和体验，不但可以

---

① 董奇，周勇，陈红兵. 自我监控与智力[M]. 杭州：浙江人民出版社，1996：27-28.

② 喻平. 数学教学心理学[M]. 2 版. 北京：北京师范大学出版社，2018：120-121.

迁移到本学科、本领域的学习中，还能迁移到其他学科和领域的学习中，因为元认知监控和调节在各项活动中有着较强的共通性，从处理一件事中获得的经验可以迁移到另一件事的处理中。元认知也是学习者能够举一反三、触类旁通进行有效学习的重要条件。

（三）元认知与小学生的数学学习

许多研究表明，元认知在学生的数学问题解决中发挥着重要的作用，通过训练学生的元认知水平可以提高他们的数学问题解决能力。有学者从元认知知识、调控、策略三个方面分别探讨了元认知与学生学习的关系，认为有效的元认知过程有助于促进学生的学习。① 也有学者通过对小学生实施元认知外显训练、内隐训练和一般思维策略训练，发现元认知有助于学生数学问题解题能力的提高，外显训练有利于男生应用题解题能力的提高，内隐训练更有利于女生应用题解题能力的提高。② 拥有丰富元认知知识的学生，解题过程表现为较高层次的元认知过程，在总体上能把握解题过程，思考过程中思维整合且流畅，最终构建出具有较高质量的“解题空间”。③

有学者从明确问题、制订计划、监控过程、检查结果四个方面对小学生在应用题解决中的元认知行为进行编码，没有出现行为记为 0 分，行为出现但无效记为 1 分，行为出现且执行成功记为 2 分，最终确定自我认知、自我调节、策略选择和动机四个维度对小学生的数学元认知进行研究，得到如下启示：(1) 数优生在自我认知、自我调节、策略选择和动机四个维度上的平均分均高于数困生。(2) 元认知的各个维度之间是相互关联的，自我调节和策略使用的经验为形成关于自己能力和效能感的自我意象提供背景信息，而自我意象又会影响个体在认知活动中的自我调节和策略使用，继而影响学生的动机，决定其在面临认知障碍时运用元认知的积极性和坚持性，动机不足时更容易导致认知失败，以及较低的自我效能感。(3) 数学学习困难的学生对数学的态度和自己数学能力的评价较低，虽然他们也知道一些关于策略的知识，但是根据任务要求在选择和使用策略上存在问题，不能有效监控调整认知过程，遇到困难时的坚持性也较差。(4) 元认知可以通过训练来提高，在数学教学活动中有针对性地增加元认知训练的环节是必要而且可行的。④

有学者从知识、体验、监控三个维度对天津市 12 个区 1 518 名小学高年级学生的数学元认知水平进行调查，发现：(1) 在元认知知识方面，元认知处于优秀等级的小学生能够理解和掌握数学学科知识，清晰地知道自己的学习状况、学习任务和学习目标，灵活地选择恰当的学习策略解决数学问题；处于中上等级的小学生能够较好地掌握数学学科知识，对自身学习能力有较清晰的认识，知道学习任务、学习目标和要求，

小学高年级学生数学元认知水平常模的建立及其应用案例：以天津市为例（王光明、陈霞、周鹏冉）

① 桑标，王小晔. 元认知与学生学习[J]. 全球教育展望，2001，(12)：16－18.

② 郭成. 元认知训练对小学生数学问题解题能力的影响[J]. 西南师范大学学报（自然科学版），2004，(1)：128－133.

③ 沈南山. 发掘元认知实现对波利亚解题思想的超越[J]. 数学教育学报，2001(3)：40－42.

④ 郝嘉佳，齐琳，陈英和. 小学六年级数学困难儿童的元认知特点及其在应用题解决中的表现[J]. 中国特殊教育，2011，128(2)：52－57.

储存一定的学习策略；处于中等等级的小学生能够掌握大部分数学学科知识，对任务、目标和要求的认识不够充分，可以恰当地运用部分学习策略；处于中下等级的小学生能够理解部分学科知识，对自身的学习状况以及任务、目标和要求欠缺。(2) 在元认知体验方面，处于优秀等级的小学生能够积极地感受到丰富的数学学习内容与学习过程，会正确地对待和改善消极的认知和情感；处于中上等级的小学生能够获得愉快的认知体验和情感体验，具备良好的自信心；处于中等等级的小学生基本能够认知到数学学习的内容与过程，具有部分积极的情感体验，能够建立数学学习的信心；处于中下等级的小学生能够感知到学习的难易程度，会克服一些困难，但容易产生焦虑，缺乏自信；处于差等级的小学生缺乏数学学习积极的认知和情感体验。(3) 在元认知监控方面，处于优秀等级的小学生能够制订科学的学习计划、形成学习方法和习惯、诊断并评价学习成果、调控学习过程；处于中上等级的小学生能够较好地运用和调节学习策略、会主动地反思和检验学习成果、合理评价学习过程；处于中等等级的小学生能够检验问题、会评价部分学习结果；处于中下等级的小学生缺乏完整的元认知监控能力，无法调节学习方法，难以反思和评价整个学习过程；处于差等级的小学生缺乏元认知监控能力，难以监控和调节自身学习过程，不会反思和客观评价学习结果。①

小学六年级数学困难儿童的元认知特点及其在应用题解决中的表现（郝嘉佳、齐琳、陈英和）

还有学者研究发现，元认知和思维品质是同一个事物的两个方面，是相互促进的，思维品质是思维整体结构功能的外在表现形式，而元认知是思维整体结构功能的内在组织形式；思维品质是表层结构，元认知是深层结构。思维品质的差异根源在于思维整体结构的内在运行机制存在差异，特别是元认知对整个思维结构中各系统的相互作用直接进行控制、调节水平存在差异。为此，训练儿童的思维必须抓住元认知这个核心，加强元认知的培养与训练是改善儿童思维、智力水平的关键和突破口。②

因此，如何发展学生的元认知就成为数学教育的焦点，数学元认知训练方法主要有以下几种：

(1) 回顾与反思法，要求学生对数学知识的学习和数学解题的过程进行回顾，并对知识的要点进行归纳总结，从中反思自己之前的理解过程和分析过程是否有需要改进的地方，哪些知识点是关键，如果有必要可以进行摘录和做笔记。

(2) 回顾与引导法，是教师与学生交流，通过提问引导学生回顾学习过程和解题过程，从而了解学生的学习过程，帮助学生分析知识的关键点和思考是否有更好的方法。通过与学生的交流，解答学生的疑惑和知识障碍，启发学生的数学思维，学生明确数学学习的目标和路径。

(3) 出声思考法，是学生在思考和解题时将思考过程用语言表达出来，更好感知自己的思考过程的方法。研究发现，小学生的内部语言发展主要可以分为三个阶段：

---

① 王光明，陈霞，周鹏冉．小学高年级学生数学元认知水平常模的建立及其应用案例：以天津市为例[J]．天津师范大学学报(基础教育版)，2022，23(2)：43-49．

② 董奇．元认知与思维品质关系性质的相关、实验研究[J]．北京师范大学学报，1990(5)：51-58．

一是出声思维阶段；二是过渡阶段；三是无声思维阶段。[①] 三四年级以后，随着独立思考与逻辑思维能力的发展，小学生在数学运算中进入了无声思维为主的阶段。但是，在需要深度思维时，也有可能进行出声思维。出声思考可以使学生对自己的策略更有自信，也更有助于回顾检验，能提高自身的元认知水平。

(4) 错误诊断法，是让学生分析一些错题，并说出为什么错误，要怎样才是正确的方法。在教学中，教师也可以采用“错误”来激发学生的认知冲突，通过他们对冲突的分析和解决，提高他们的元认知水平。

(5) 解题策略法，是通过归纳总结解题的过程，提高学生对策略知识的认知水平来提高元认知的方法。例如，教师可以利用“弄清问题→拟订计划→实现计划→检验回顾”的波利亚解题四步法，培养小学生的数学思维能力，鼓励学生独立思考。[②]

基于元认知的数学教学可以让教师察觉并监控自己的教学过程，促使教师根据学生的特性、学习目标和教学环境来自我管理教学活动，并且指导学生何时使用、为何使用、如何使用这些教学技巧。具体步骤包括：计划，教师将要教什么以及如何教计划好；监控，教师在教学过程中监控自己的实施过程与计划是否吻合，有没出现新的情况，是否需要调整；评估，教师在教学完成后评估教学效果，对教学的设计与实施进行反思，总结经验，结合内部和外部的反馈再计划未来类似课程的教学。[③] 如果教师在教学前缺乏详细的计划，在教学过程中忽视学生的反馈，未能根据教学实际调整自己教学，这表明教师并未基于元认知实施教学，也将难以取得较好效果。

二、认知迁移对小学生数学学习的影响

认知迁移在学习过程中十分普遍，一种学习会对另一种学习产生影响，即学生已获得的知识经验、认知结构、动作技能、学习态度、策略和方法等会影响新知识和新技能的生成，有时也被称为学习迁移。在数学学习中，迁移的运用十分频繁，无论是数学知识的掌握还是数学题目的解答，以往的数学知识和数学解题都会对其产生影响。小学生如果能从已学知识和方法中获得迁移，会对当前的学习和解题产生积极影响。

为探究已知对未知的影响，很多学者对学习中的迁移进行了研究，发现按照不同的标准也有着不同的分类：从迁移的领域上看，可以分为知识迁移、动作技能迁移、习惯迁移和态度迁移等；从迁移的方式上看，可以分为特殊迁移和非特殊迁移，前者指某种学习的内容只向特定范围内容发生迁移，非特殊迁移指某种学习的内容向广泛范围内容的迁移；从迁移的方向上看，可以分为顺向迁移和逆向迁移，前者指先前学习对以后学习产生影响，后者指后学习的内容对以前学习的内容产生影响；从迁移的

---

① 朱智贤，林崇德. 思惟发展心理学[M]. 北京：北京师范大学出版社，2002.

② 王光明，陈霞，周鹏冉. 小学高年级学生数学元认知水平常模的建立及其应用案例：以天津市为例[J]. 天津师范大学学报(基础教育版)，2022，23(2)：43-49.

③ HARTMAN H J.Metacognition in learning and instruction：theory research and practice[M]. London：Springer，2001.

效果上看，可以分为积极迁移和消极迁移，或称正迁移和负迁移，正迁移指一种学习对另一种学习的积极影响或促进，负迁移指一种学习对另一种学习的消极或干扰。

（一）认知迁移影响学习的主要观点

理论上对迁移的系统研究始于18世纪中叶，不同学者对迁移发生的原因、过程和影响因素进行了研究，产生了不同的认知迁移理论。

1. 形式训练说

这种迁移理论以官能心理学为基础，主张迁移要经过一个“形式训练”的过程才能产生。这一理论认为，心智是由许多不同的官能等组成的整体，每一种官能都是独立的实体，分别从事不同的活动。各种官能可以像肌肉一样，通过练习增强力量和发展。迁移就是心智的官能得到训练而发展的特殊价值。迁移的形式训练说认为，某些学科可以具有训练某一或某些官能的特殊价值，一旦某种官能在这些学科中受到训练，就可以迁移到其他类似性质的问题的解决中，尤其是记忆力、注意力、想象力和推理能力等。因此，教育的目的在于训练和改进心理的官能，学习的内容是否符合实际不重要，重要的是学习的方法和强度。

这一观点在欧洲盛行了两百多年，在语言学习和数学学习中也产生了一些效果，尤其是在记忆官能的提升方面。但是，该理论后来受到了实验研究的挑战，实验研究认为这种关于迁移的解释是从唯心主义的观点出发，缺乏足够的实验依据。

2. 相同要素说

桑代克根据自己的实验结果，在批评形式训练说的同时提出了相同要素说。他认为，只有当两种训练技能具有相同的要素时，一种技能的变化才能改变另一种技能的习得。也就是说，只有当两种学习在某些方面有相同之处时，才有可能进行迁移，并且两种情境相同的因素越多，迁移的可能性就越大。伍德沃斯将相同要素说改为共同要素说，即两种学习活动只有存在共同成分时，一种心理技能的改进才能引起另一种心理技能的改进，导致迁移的发生。

桑代克的相同要素说解释了迁移现象中的一些事实，对迁移理论作出了重要贡献；同时对当时的教育界也起过积极作用，使学校脱离了形式训练说的影响，在课程设置上开始重视应用学科，教学内容也开始与实际应用相结合。但相同要素说事实上是从联结主义的观点出发的，所谓相同要素也就是相同联结，那么学习迁移不过是相同联结的转移而已，这种未能充分考虑学习者的内在训练的观点，仍然具有一定的局限性。

3. 经验泛化说

贾德于1908年提出了迁移的经验泛化说，他认为两种活动之间存在共同成分只是产生迁移的必要前提，而产生迁移的关键是学习者在两种活动中概括出它们之间的共同原理。贾德以“水下击靶”实验论证了经验泛化说，他把小学五六年级的学生分为A、B两组在水中练习打靶。A组被试先了解光在水中的折射原理后再进行练习，B组只进行练习和尝试；当他们达到相同的训练成绩以后，实验者增加了水中目标的深度，让他们继续打靶；结果发现 A 组的成绩明显好于 B 组。贾德认为，这是因为学过原理的 A 组被试已经把折射原理概括化，能对不同深度的靶子做出调整和适应。

他认为概括化的知识是迁移的本质，知识概括化水平越高，迁移的范围和可能性越大。这一理论解释了原理、法则等概括化知识在迁移中的作用，已涉及较高级的认知领域中的迁移问题，为迁移理论的发展作出了重要贡献。后来，亨德里克森等人对此进行了改进，认为概括化的过程不是自动产生的，而是与教学方法密切相关的。如果过度概括，则会夸大两种情境的相同之处，而忽视它们之间的差异性，导致生搬硬套；如果概括错误，还容易导致思维定势，形成负迁移。

4. 关系转换说

在经验泛化说的基础上，格式塔心理学家做了进一步的发展，认为迁移的发生不在于有多少共同要素或掌握了多少原则，而在于能否突然发现两种学习情境中的要素之间或原理之间的关系。也就是说，学生顿悟学习情境中的关系才是实现迁移的根本条件。苛勒用“小鸡啄米”的实验论证了这一假说。研究者在地上摆放两张纸，一张深灰色（A）、一张浅灰色（B），食物总是放在 A 上，等小鸡和 3 岁小女孩掌握了这种学习后，用一张颜色更深的纸（C）替换 B，也就是相比而言，现在 A 变成了颜色更浅的纸，结果发现小鸡对 C 的反应达到了 70%，小女孩始终对 C 做出反应。因此，苛勒认为被试选择的不是刺激，而是比较其相对关系，是情境中的关系对迁移起了作用。

关系说强调个体对关系的理解，认为顿悟是获得迁移的真正本质。该结果得到了实验的支持，研究也发现训练时的刺激和测验时的刺激差别越大，迁移越不容易发生；用语言表达刺激之间关系的能力越强，越容易发生迁移。这也表明，小学数学教师在教学中通过鼓励学生用自己语言表达想法，说出自己认为的定义和性质，都有利于学生的数学学习。

5. 认知结构说

奥苏贝尔提出了迁移的认知结构说，他认为当学生已有的认知结构对新知识的学习发生影响时，就产生了迁移。一切有意义的学习都是在原有学习的基础上产生的，而过去经验对当前学习的影响不是直接发生的，是通过认知结构的特征发生影响的。前一种学习获得的经验，通过影响其认知结构，进而再影响后一个学习活动，并不是说两个学习活动发生的时间很近就必然会发生迁移。如果学生在某一领域的认知结构清晰度、稳定性、概括性和包容性越高，迁移发生的可能性就越大。

这说明迁移的发生不仅取决于前后两种学习在刺激和反应方面的相似程度，还取决于学生认知结构的组织特性。罗耶认为记忆会对迁移产生重要影响，而人的记忆是高度结构化的存储系统，因此学生对学习材料的理解会影响学习的迁移。该理论从人的认知结构而非单纯的学习材料探讨迁移，可以解释一些复杂的迁移现象。

6. 迁移的三维模式

奥斯古德通过对配对联想学习进行研究，在大量实验资料基础上，提出了迁移的三维模式。配对联想学习是指给学生一系列成对的材料,第一项称为刺激项目,第二项称为反应项目。迁移的三维模式指出了刺激或学习材料的相似程度和反应的相似程度与迁移之间的关系:前后两个学习材料越相似,产生的效果也越相似,两者的正迁移就越大;如果材料相似,产生的效果是对抗的,两者就会产生负迁移。例如,有时题目看着很类似,但是后出现的题目中有个隐蔽的“陷阱”,往往就会有不少学生做错,这就是因为认知产生了负迁移。

由于奥斯古德的这一模式只是对配对联想学习迁移规律的总结,因此,对于机械性学习比较有说服力,也能较好说明一些简单的学习迁移现象,但在说明高级学习特别是意义学习中的迁移现象时则会遇到较大困难。

(二) 影响学生认知迁移的主要因素和教学原则

1. 影响学生认知迁移的主要因素

学生在数学学习中,影响其迁移的因素有很多,主要可以归结为主观和客观两个方面。主观因素虽然起着决定性作用,但是对于小学生来说,客观因素也十分重要,教师应创造条件,促进小学生在数学学习中的认知迁移。

(1) 客观因素

一是学习材料的性质。两种学习材料具有相同或相似成分,有利于迁移的发生;学习材料具有良好组织结构,同样也有利于迁移的发生。因此,在小学数学课堂教学中,例题一定要典型,过偏、过难的例题不利于学生的认知迁移。

二是学习的情境。如学习场所、环境的布置等方面的相似,有利于学生利用有关线索促进迁移的发生。因此,在小学数学探究性内容或综合与实践内容的教学中,教师应在某些环节创设类似情境,启发学生的认知迁移。

三是教师的指导。教师在教学过程中,要有意识地引导学生发现不同知识之间或情境之间的共同点,启发学生进行概括,指导学生运用已学到的原理、知识去解决具体问题,要求学生将所学的知识举一反三。这些都有利于积极迁移的产生。教师的专业水平影响学生的迁移效果。例如,专家型教师的记忆中有较多认知图式和问题解决图式,他们在遇到新问题时擅长把它划归为某一特定类型,然后在头脑中形成问题的直观表征,进而利用自己熟悉的方式来解决问题。小学数学教师除了提升自己的专业水平,还可以在小学数学课堂教学中注重语言内容的启发,并结合语气、神态和肢体语言,启发学生的认知迁移。

(2) 主观因素

一是学生的智力水平。小学生的智力水平会在很大程度上影响他们的数学学习,包括对知识的概括、理解,对方法的总结,以及对知识之间联系的认识等。智力水平较高的学生,学习迁移能力较强。

二是学生的认知结构的数量和质量。已有知识经验的准确性、稳定性、丰富性和组织性等,会直接影响学生面对新知识、新情境时对已有知识提取的速度和准确性,从而影响迁移的发生。这表明,小学生在数学学习中的方法十分重要,尤其是对认知的编码和记忆，对他们的信息提取会产生较大影响。

三是学生学习的心理定势。定势即学生从事学习活动的一种心理准备状态，它对学习有一种定向作用。定势有利于迁移的发生，但它所促进的迁移可能是积极迁移，也可能是消极迁移。这要求小学生不仅要在学习时对数学知识有深刻而全面的理解，而且要在解题时审好题，对于关键信息能用线或圈等记号提醒自己，切勿着急解题，导致思维定势，掉进题目的"陷阱"中。学生应根据题意要求广泛搜索内在认知结构，从中选取最为合理的解决路径将其迁移到问题解决中。例如，在学习简易方程内容时，学生会下意识地将所求问题设为未知数，这些问题的求解就会变得更加困难。

迁移在数学学习中很重要，但不是盲目的，它是以数学知识为基础的，这些知识在理解后形成各种结构储存在学生的记忆中，学生在后续的学习中既要有较强的迁移意识，也要有活跃的思维，能从各种存储的认知结构中获得启示。当然，这个过程需要在学习中不断训练，注重学习的方法。

2. 促进学习迁移的教学原则

如何有效教学，更好地促进学生的学习迁移，与教师的专业水平有很大联系。小学数学教师不仅要不断学习和提高，还要在教学中注意以下要点，通过实践的探索，形成适合自己的教学方法。

(1) 提高学生的数学概括能力。

学生的概括能力对于学习迁移有着重要的影响，包括对知识的概括和对方法的概括。教师在教学中要通过例题的展示，启发学生思考，并鼓励他们用自己的语言表达想法；在解题时，要求学生先读懂题意，而不是盲目试误，并且在解题后能对解题过程进行反思和总结；在单元复习时，要鼓励学生通过知识之间异同点的比较，总结它们之间的联系，概括出知识中蕴含的数学思想方法。这些过程都可以先鼓励学生表达，再进行引导，从而帮助学生逐步达到正确、严谨的表述。

(2) 帮助学生建立完善的数学认知结构。

研究表明，教学中的精细加工对学生记忆陈述性知识有促进作用。① 这需要在教学中赋予知识点更多的信息，让知识与其他知识建立更多的联系，从而获取可以帮助记忆的编码。为此，教师在教学中可以通过数形结合和运用类比、反比、引导学生归纳等方式，帮助学生建立认知图式，使他们能对新知识的内涵和外延、与其他知识的相同点和不同点有较为深入的了解，然后形成新的认知结构。

(3) 注重一题多变。

在数学教学中，很多教师习惯一道题、一道题地举例与练习，这些题目与本次课所学知识肯定是有联系的，但是如果所求解的题目之间缺乏关联，那就不利于学生进行迁移，进而导致低效的学习。因此，教师可以在课堂教学中一题多变，通过条件的

① 喻平. 数学教学心理学[M]. 2 版. 北京：北京师范大学出版社，2018：90.

变化，让学生经历从易到难，从简单到复杂的认知过程，这种过程有利于学生的认知迁移，对于知识之间的联系和深入理解都十分有帮助。当然，对于一些容易引起负迁移的、导致学生思维定势的迁移，教师也可以通过举例引发学生的认知冲突，学生比较、分析后，对其进行归纳总结，做到举一反三。

第三节 小学生数学学习中的若干冲突与对策

小学生在数学学习中既要考试成绩好、能灵活运用数学知识，又要有学习兴趣，这其中就会存在一些冲突，主要可以概括为趣味性与抽象性的冲突，单一性与综合性的冲突、解题速度与准确性的冲突，以及知识学习与素养发展的冲突。

一、小学生数学学习趣味性与抽象性

数学所刻画的规律性特征虽然是客观存在的，但是采用这套符号体系来刻画又是人类主观创造的。例如，三座山、三棵树和三个人都有着共同的数量特征，这是客观存在的；你有了一支笔，别人再给你两支笔，你就有了三支笔，这种计量的规则也是客观存在的；但是它是不是用符号“3”来表示这个共同的数量，要不要用“1+2=3”这种符号来表示运算规则，以及这种名称或者读音，这些都是人为规定的。对于小学生来说，这些符号都是抽象的。小学数学是用形式化的语言来表征现实生活中事物所具有的量与形的性质，这种形式化表征可以较好发展小学生的抽象思维能力、符号表示能力和概括能力等，这些能力也是智力发展的重要体现。

但是，抽象性往往意味着学习难度的增加，尤其是小学生的认知水平还相对较低，如果过于抽象就会降低他们的学习意愿，学生也难以理解，两者之间存在一定的矛盾性。为此，小学数学教师在教学时应在趣味性和抽象性中找到平衡，20 世纪中后期美国的“新数运动”表明，过于抽象的知识并不能为学生的数学学习打下良好的基础。数学来源于生活，实际的生活需要产生了数学，并且逐步抽象化、体系化，这是一个由浅入深的过程，抽象化与公理化并不是数学学习的第一步。小学生的认知世界是不分学科的，而是以生活为目的，因此应以生活中所需要的数学为基础，再逐步深入，教师可以从趣味性入手逐步过渡到抽象性，二者的偏重程度取决于教学知识的特点和学生的数学基础。只要能吸引学生学习，学生能深入思考，能获得数学素养的发展，趣味性和抽象性的矛盾就能获得较好的解决。例如，在进位加法的学习中，如果脱离了现实情境讨论数的运算，对于学生来说就较为抽象，如果有一定的情境，尤其是与他们生活联系较为紧密的情境，那么学生更容易理解“加”，也可以以此为依托思考加什么、怎么加。那么，是否从情境中抽象出数量关系后就可以抛开情境进行形式化的分析呢？这就要取决于学生的数学基础，如果基础较好，可以进入形式化运算和讨论阶段，如果部分学生还难以理解为什么需要拆分“凑十”后再运算，

那么教师就需要继续借助情境进行分析，帮助学生理解这种方法的合理性和知识的要点。

二、小学生数学知识单一性与综合性

学以致用是检验学习成效的重要方式，学生学到的数学知识能够灵活用于现实问题和数学问题的解决，就表明他们的数学知识掌握得较好。《数学课程标准(2022年版)》中也指出，要设立跨学科主题学习活动，加强学科间相互关联，带动课程综合化实施，强化实践性要求；同时在课程内容中也设置了“综合与实践”学习领域，以培养学生综合运用所学知识的方法解决实际问题的能力为目标。教师在“综合与实践”学习领域通过设计情境真实、较为复杂的问题，引导学生综合运用数学学科和跨学科的知识与方法解决问题。实际上，不仅现实问题的解决往往需要综合性知识，而且很多数学问题的解决也需要多种类型的数学知识。在数学知识的学习过程中，单一的知识点会相对简单，更有利于学生对知识的掌握。例如，每节课后布置的作业，大多是利用课堂所学的数学知识来解决的，这种训练有利于学生巩固课堂所学数学知识。但是这种教学方式未能有效培养学生对数学知识的整体性感知，他们对知识点的理解会相对孤立，或者仅能对数学知识进行简单的线性关联，缺乏网状联结的构建。① 这表明，在数学学习中知识的单一性和综合性存在一定的矛盾，单一性有利于学习，但综合性是目标，二者该如何平衡是小学数学教学的难点之一。

应该看到，从单一的知识点入手，逐渐拓展到综合性知识的学习符合小学生的认知特征。那么单一的知识点学习到何种程度时可以融入综合性知识，综合性知识要综合到何种程度，这些都需要教师准确把握。一般来说，教师可以从数学学科内的综合逐步过渡到数学学科与其他学科的综合，知识之间的综合要有较强的联系，要符合教育逻辑。如果是多学科的综合，所整合的内容应能使得学生产生探究欲望，能在对情境问题的分析后，从数学学科知识切入，在问题解决的过程中促进学科与学科、学科与生活的联系与拓展，最终达成操作性目标，实现数学学科知识的灵活运用、深度理解和有效创新。当然，这个过程不能拔苗助长，只有学生的单一性知识掌握得较为扎实，教师才能设计综合性较强的学习内容，否则是难以取得满意的学习成效的。

三、小学生数学解题速度与准确性

在数学学习中，解题的速度与准确性一直存在冲突，追求解题的速度往往会以降低准确性为代价，会因为考虑不周或粗心大意而导致解题的错误；如果解题时仔细思考、解题后能全面检查，固然可以提高解题的准确性，但是这是以牺牲解题速度为代价的。如何做到解题又快又准，是数学学习的目标追求，也是学生数学水平的重要

---

① 黄友初. 小学数学综合与实践教学的内在逻辑与实施要点[J]. 数学教育学报，2022，31(5)：24-28.

表现。数学解题的速度和准确性与他们的认知思维水平是密切相关的，这也就意味着不同年龄学生的数学解题速度和准确性是存在差异的。研究发现，小学生口算速度发展随着年级的增长而提高，其中一至三年级学生口算所需时间较长，口算速度较慢；四五年级是小学生口算速度增幅较大的一个时期。[①]这是因为小学生的数学思维在很大程度上要依赖自身的数学记忆，想要迅速、有效地开展数学思维活动，就需要以一定量的数学记忆作为基础。这些数学记忆也是学生用数学眼光观察现实世界、用数学思维思考现实世界、用数学语言表达现实世界的前提。

为此，教师一方面要对小学生数学思维认知规律有较为准确的把握，在低年级和新知识学习的伊始，先以准确性为主，待准确性达到一定程度后，再对速度提出要求。另一方面，教师还要对学生的学法进行指导，帮助学生厘清知识要点，培养敏锐的数学眼光，能在数学解题中较为快速地发现问题解决的关键。一般来说，典型例题有助于学生举一反三，有效提高数学解题的速度和准确性。

四、小学生数学知识学习与素养发展

《数学课程标准(2022 年版)》中指出，数学课程的目标在于发展学生的核心素养，具体包括会用数学的眼光观察现实世界、会用数学的思维思考现实世界，以及会用数学的语言表达现实世界。而数学学习以数学知识的学习为主，评价学习成效的主要方式是纸笔测试，即考试成绩。以核心素养为目标的数学学习和以考试成绩为目标的数学学习是有区别的，如果处理不当就会导致二者之间的矛盾。因为以考试成绩为目标的数学学习更为注重知识的记忆、解题技能的娴熟，学生所掌握的知识相对封闭，往往会以大规模的解题训练为基础，强调制式教学；而以核心素养为目标的数学学习虽然也需要以知识记忆和解题能力为基础，但是更强调知识运用的综合性和灵活性，同时也注重数学学习中的感悟和数学知识的生成，获得可迁移的知识、方法和思想，体现的是数学学科育人价值。

纸笔测试是数学学业质量评价的重要方式，能在一定程度上反映学生的数学学业成就，因此小学数学教师在实施教学时应注重学生纸笔测试能力的培养。但是，教师要树立核心素养发展观，注重数学学科的育人价值，要在学生学习数学过程中对他们进行启发、引导，帮助他们掌握数学的思想、方法，使学生能在丰富知识的同时，促进认知思维的发展。这需要教师在课堂教学时抓住数学内容的本质，注重学生创造力的培养、所学知识的融会贯通，不能以学科技能的模仿性习得代替学生认知体系的自我建构。小学生的数学学习有较为明显的年龄特征，小学数学学科知识要符合这种特征，这需要教师对小学生的数学认知发展和小学数学学科本体有着较为深入的理解。只有树立数学学科育人的教育教学观，才能在数学知识的学习中获得更有价值的启发，从而更有效地提升学生的核心素养。

---

① 黄友初. 小学生加减法口算速度和广度的发展研究[J]. 数学教育学报，2018，27(6)：17-21.

理解·分析·实践

- 理解性练习题

1. 小学生数学学习有哪些主要特征?
2. 常见的数学元认知训练方法有哪些?
3. 认知迁移的相同要素说与关系转换说有怎样的区别与联系?

- 思辨性练习题

1. 教师在课堂教学中应如何应对小学生数学学习存在的个体差异?
2. 以面积概念的教学为例,谈谈如何处理小学生数学学习趣味性与抽象性的冲突。
3. 如何在数学知识教学中发展学生的核心素养,谈谈你的观点。

- 实践性练习题

1. 选择若干具有某种类似的练习题,在讲解后给学生类似的练习题,探索哪些相同要素会对小学生的数学解题产生迁移作用。
2. 访谈若干小学数学教师,了解他们是如何看待情境在小学生数学学习中的作用的,他们在教学中是如何处理的。
3. 同学之间就如何在小学数学教学中处理小学生解题速度与准确性的冲突进行讨论。

拓展阅读导航

1. 黄友初. 小学生加减法口算速度和广度的发展研究[J]. 数学教育学报,2018,27(6):17-21.

2. 王光明,陈霞,周鹏冉. 小学高年级学生数学元认知水平常模的建立及其应用案例:以天津市为例[J]. 天津师范大学学报(基础教育版),2022,23(2):43-49.

建议读者在阅读《小学生加减法口算速度和广度的发展研究》和《小学高年级学生数学元认知水平常模的建立及其应用案例——以天津市为例》的同时,掌握小学生数学学习研究的基本方法。

3. 孔企平. 小学数学课程与教学[M]. 上海:华东师范大学出版社,2016.

建议读者重点阅读《小学数学课程与教学》第一章"小学数学教学与学生发展",了解小学生数学学习的特点与分类,以及学生在数学中的发展情况。

4. 喻平. 数学教学心理学[M]. 2版. 北京:北京师范大学出版社,2018.

建议读者阅读《数学教学心理学(第2版)》时,重点阅读有关学生数学学习特征方面的内容,了解学生在数学学习中认知、元认知、迁移和表象等内容的变化情况,并从心理和认知角度探讨学生的发展过程。

第五章
小学数学教学设计

■ 走近学生

在系统学习“小学数学教学设计”之前，大家已经在其他课程或见习中接触到教学设计，甚至已经模拟上课或正式上过课，但大家对教学设计包括哪些要素、如何进行教学设计还有很多疑惑，特别是怎样将叙述简洁的教材内容转化为教学设计。

晓慧也有着这样的疑惑：“那样简单的一页或两页教材内容怎么就转化成了 40 分钟的小学数学课了呢？”以往在进行教学设计时，她通常的做法是先研读教材，再在网络上查找一些教学设计的素材，然后基于自己对教材内容的理解，将他人的教学设计改编为适合自己的教学设计。这样的教学设计方式比较高效，是大多数师范生所采用的，但这种方式缺乏设计者对教学设计各构成要素的深度思考，限制了设计者的创造性工作。本章将系统介绍小学数学教学设计的内涵、特点、构成要素及撰写规范，希望通过本章的学习，师范生能够设计符合规范的教案，形成正确的教学设计观念。

学习目标

1. 了解教学设计的发展历程，明确教学设计的概念。

2. 结合《数学课程标准（2022 年版）》，了解新课改理念下小学数学教学设计的发展趋势。

3. 结合案例了解教学设计的构成要素及撰写规范，能参考各种资源撰写教案。

4. 初步掌握分析小学数学教学设计的方法，能对相关案例做出合理的评价。

思维导图

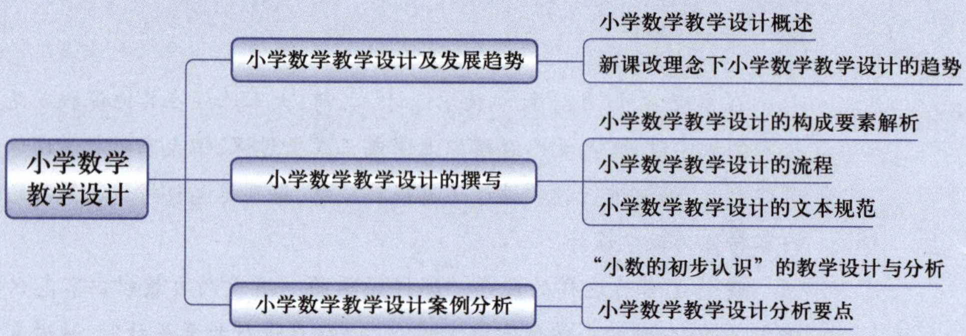

第一节 小学数学教学设计及发展趋势

一、教学设计概述

教学设计(instruction design)是教学活动的重要环节,但它并不是伴随着教育教学活动的出现而出现的。相反地,教学设计出现得非常晚,它是20世纪六七十年代随着新媒介的出现,在西方形成的一项现代教学技术。在国外,它的发展大致经历了三个阶段:(1)教学设计的发端(1920—1960年)。教育领域中幻灯、无线电广播、无声电影、有声电影等视听媒体技术的引入,为教学内容的呈现提供了新的方式,但此时教师只是课程资源的"终端用户",未参与到教学内容的设计及与视听媒介融合的设计当中。(2)分析(analysis)—设计(design)—开发(development)—实施(implementation)—评估(evaluation)教学设计模式(ADDIE模式)的确立阶段(1960—1980年)。这种模式关注教学过程,是一种线性的程序,对教师在教学设计中发挥自身的创造性、自主性以及应对教学情境变化的灵活性均造成了限制。(3)建构主义视角下的教学设计阶段(1980年以后),此时重视教学环境的设计,强调学生的学而非教师的教,教师作为教学设计者,其专业身份得到了确立。①

在我国,教学设计的发展也经历了三个阶段:第一阶段,初次引入,蓬勃发展(1987—1994年)。这一阶段的主要工作包括引进、课程化、本土化并进行教学实验,包括翻译和介绍了国外一些教学系统设计理论和方法方面的研究成果;开设了教学系统设计课程,教学系统设计成了教育技术学专业的主干课程之一;出版了一批有关教学设计研究的专著,为实际工作的开展提供了较好的理论基础;进行了一些运用教学系统设计理论和方法的教学改革试验。第二阶段,遭遇挑战,发展日趋缓慢(1994—1997年)。在这一阶段,教育工作者在教学设计的本土化应用中遇到困难,教学设计发展遭遇瓶颈,处于停滞状态,国内研究者开始反思传统教学设计的局限,并谋求新的发展路径。第三阶段,科技发展,促使复兴(1997年至今)。随着信息技术的快速发展、建构主义学习理论在国内的广泛传播与应用,教学设计焕发了新的活力,理论与实践快速发展。②

知识卡片:

ADDIE模型是1975年佛罗里达州立大学教育技术研究中心在与美国陆军合作的一个项目中设计和开发的培训模式。起初,这种模式适用面较窄,仅

① 刘新阳."教师—资源"互动视角下的教师教学设计能力研究[D].上海:华东师范大学,2016.

② 潘永刚,刘俊强.我国教学设计的发展历程:浅析我国教学设计的历史、现状和发展趋势[J].现代教育技术,2007,76(11):13-17.

适用于类似军队的大型组织，后经过改良，适用范围相当广泛，在世界范围内产生了极大的影响。

ADDIE 模型代表教学系统设计过程的一系列核心步骤，即分析—设计—开发—实施—评估（图 5-1）。整个过程以教学目标和教学问题为首位，评估既是其中的一个环节，又在整个设计过程中与另外四个环节进行互动。

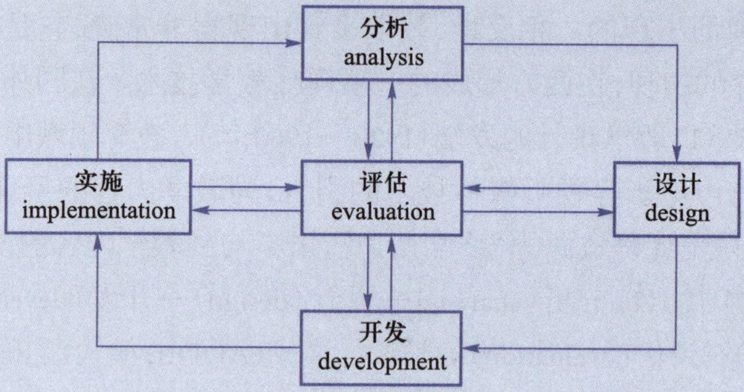

图 5-1 ADDIE 模型流程图

有关教学设计的认识，主要有两类：一是问题解决类；二是教学流程类。部分学者认为教学设计关涉问题解决的全过程和教学活动的全过程，是对教学问题求解的循环反复过程，是设计者创设一系列的外部条件，以解决问题、完成教学任务、达成教学目标的过程。上述 ADDIE 模型就是从分析开始、以评估结束的教学全过程。我国大部分学者和中小学教师都将教学设计与教学过程分开，将教学设计等同于预设，认为教学设计就是对整个教学活动进行的规划，是正式上课前对教学系统各要素和教学环节进行分析、计划并作出具体安排的过程，教学设计的成果就是教案。接下来我们采用教学流程类的定义，将教学设计定义为正式上课前，教师对教学系统各要素和教学环节进行分析、计划并作出具体安排、生成教案的过程。

二、新课改理念下小学数学教学设计的趋势

《数学课程标准（2022 年版）》在课程理念、课程目标、课程内容等方面进行了一些改变，这些改变都需要在教学设计中体现出来，这就决定了新课改理念下小学数学教学设计会表现出一些新的趋势。

（一）指向学生核心素养的落实

核心素养时代，课程目标的确定不再仅仅是原先的“四基”“四能”，而是要以核心素养为统领，“立足学生核心素养发展，集中体现数学课程育人价值”①。学生的核

① 中华人民共和国教育部. 义务教育数学课程标准（2022 年版）[S]. 北京：北京师范大学出版社，2022：5.

心素养成了小学数学教学设计的出发点和归宿。因此，在进行教学设计时，教师要有素养意识，始终以发展学生的核心素养为教学目标，将数感、量感、符号意识、运算能力、几何直观、空间观念、数据意识、模型意识、创新意识与教学目标相融合，将核心素养中内蕴的正确价值观、必备品格和关键能力有机地分解到教学目标中；同时，还要体现教学目标的整体性与阶段性，整体架构，构建课程目标、学段目标、主题目标、单元目标、课时目标多层一体的目标体系，分段解构，在多层一体的目标体系下，“要依据核心素养的内涵和不同学段的主要表现，结合具体的教学内容，全面分析主题、单元和课时的特征，基于主题、单元整体设计教学目标，围绕单元目标细化具体课时的教学目标”①。此外，教学设计其他诸要素的设计要为核心素养目标的达成服务，教师要有意识地以核心素养目标的达成为指引开展相应的设计，这样才可能促进学生核心素养的发展。

（二）凸显单元整体设计

核心素养具有整体性、一致性和阶段性，想要更好地落实核心素养，就需要改变传统的以单课为单位的教学设计方式，转向单元整体设计。单元整体设计建立起了单元内容之间的联系，打破了传统单课之间的“藩篱”，释放了教师的自主性，让教学更有连贯性，也更好地凸显知识的本质，与核心素养整体性、一致性、阶段性的特点相吻合，成了发展学生核心素养的有效载体。在进行单元整体设计时，教师“要整体分析教学内容本质和学生认知规律，合理整合教学内容，分析主题—单元—课时的数学知识和核心素养主要表现，确定单元教学目标，并落实到教学活动各个环节，整体设计，分步实施，促进学生对数学教学内容的整体理解与把握，逐步培养学生的核心素养”②。

（三）落实教—学—评相一致

课程目标的改变势必会引发教与学的改变，进而让教与学成为实现课程目标的更有效手段，而课程目标的达成度如何则需要教学评价的介入，因此课程目标、教与学、教学评价构成了一个闭环：基于课程目标开展教与学，通过教学评价检验教与学的效果，进而考查课程目标的达成情况。以往的教学更为关注教师的教和学生的学，未将教学评价置于和教与学同等的地位。《数学课程标准（2022年版）》重视评价在教学中的价值，要求“发挥评价的育人导向作用，坚持以评促学、以评促教”，强调教—学—评相一致。因此，我们在进行小学数学教学设计时要将教学评相一致的理念融入其中，不仅要将教学评价作为教学设计的重要组成部分进行重点设计，还要将核心素养转化为可评价的要素指引教与学的设计，建立教、学、评之间的紧密联系。

---

① 中华人民共和国教育部. 义务教育数学课程标准（2022年版）[S]. 北京：北京师范大学出版社，2022:85.

② 中华人民共和国教育部. 义务教育数学课程标准（2022年版）[S]. 北京：北京师范大学出版社，2022:89.

（四）协调更多的教学设计资源

与以往不同的是，身处信息化时代，教师面对的不是教学设计资源的匮乏，而是教学设计资源的过剩。针对某一小学数学课题，各级教研组织会有多个版本的教学设计，网络上也会有大量与之相关的教学资源，如教学设计、名师课堂、配套练习等，各种期刊也会刊出大量教学设计、教学实录、教学案例评析。在这样的大背景下，教师不再为进行教学设计时的"无米之炊"而痛苦，却陷入资源过剩的选择苦恼。因此，教师需要协调更多的教学设计资源，既不能单纯地拿来就用，也不能对资源置之不理，而需要把外在的教学设计资源转化为适合自身、能够更好促进学生发展的教学方案。

（五）追求教学设计的微创新

面对新课程标准、新理念、新教材，我们不能不加思考地用原有的教学设计开展教学，因为原有的教学设计很难与新课程标准、新理念、新教材相匹配。因此，教师需要与之相匹配的教学设计，需要在原有教学设计的基础上，选择新素材、新方法等进行基于新课程标准、新理念的微创新。其实，无论何时，教师都需要教学设计的微创新，因为它是教学改革的不懈动力，是教师打破惯性思维的有效方法，也是教师追求自我成长的常用手段。

第二节 小学数学教学设计的撰写

撰写教学设计的方式可以不同，但一份完整的教学设计包含的要素基本相同，包括课题、教学目标、教学重难点、学情分析、课型、教学方法、教具与学具、教学内容分析、教学过程等部分。

一、小学数学教学设计的构成要素解析

课题是教学的主题，教材中的教学内容都有主题，教材课题根据教学内容进行确定。课型即小学数学课堂教学的类型，有新授课、练习课、复习课、讲评课、考查课、实践活动课等，教师在撰写教学设计可以根据教学目的进行确定。接下来，我们对教学设计中其他要素的撰写规范进行说明。

（一）教学内容分析

教学内容分析，是在教学设计开始时对相关主题的教材内容的编排和课程标准的相关要求进行的全面、深度解读。它是教学设计的起点，教学目标的设定、教学重难点的定位都是在教学内容分析的基础上开展的，可以说，没有深度的教学内容分析就很难有好的教学效果。教学内容分析又可以进一步分为教材内容分析和课程标准要求分析，教材是在课程标准的指导下编写的，要充分体现课程标准的方方面面，因此，教学内容分析即是结合课程标准要求进行的教材内容分析。

（二）学情分析

学情分析是教师为了有效教学而开展的对学生主体存在的认知水平或程度和需求水平或程度的调查以及影响学生学习各因素的诊断、评估与分析，其目的是为教师的有效教学行为提供准确的信息和依据，顺学导教。它是教学的起点之一，精准的学情分析有助于学习任务的设计、学习活动的推进、教学目标的达成。目前，随着新课程改革的推进，以及学生主体地位的凸显，学情分析已从学科本位、知识本位转向学生本位，学情分析的方法和手段也更为多元。

（三）教学目标

数学课堂教学目标是对课堂教学中学生所发生变化的一种预设，是完成数学课堂教学任务的指南，是进行数学课堂教学系统设计的一个重要组成部分。数学课堂教学目标需要以总体培养目标、以教学目标为准则，根据教学内容和教学对象进行系统设计。① 教学目标的设定并不是一成不变的，需要遵循一定的框架。改革开放 40 余年来，我国课堂教学目标的设定从“双基”（基础知识、基本技能）到三维目标（知识与技能，过程与方法，情感态度与价值观）再到核心素养的过程，其变迁体现了从学科知识到学科本质再到学科育人价值的转变。② 目前，我国的课程改革已经进入素养时代，教学目标的设定要指向学生核心素养的达成。《数学课程标准（2022 年版）》用“三会”表述数学核心素养，小学阶段数感、量感、符号意识、空间观念、几何直观、创新意识、数据意识、运算能力、推理意识、模型意识、应用意识是核心素养的具体表现，并建立了数学眼光与数感、量感、符号意识、几何直观、空间观念、创新意识，数学思维与运算能力、推理意识，数学语言与数据意识、模型意识、应用意识之间的对应关系。这为核心素养导向的教学目标的设定指明了方向。教师在进行教学目标设计时，要先考虑教学内容与核心素养具体表现之间的关系，进而建立核心素养具体表现与“四基”“四能”的关系，考虑教学目标中的情感、态度与价值观维度，并将目标细化。

（四）教学重难点

顾名思义，教学重难点就是教学的重点和难点所在，它们是一节课的主体部分，是教学设计的重头戏。精准的重点把握和难点确定有助于教学过程的科学设计，教学重点突出、教学难点突破是教学活动有效开展的关键，教学重难点也是教学评价的重要对象。随着新课程改革的推进，教学重难点与核心素养的联系越发紧密，对教学重难点的分析开始综合关注教学内容分析、学情分析、核心素养落实等方面。

（五）教学方法

教学方法是教师为了达成教学目标、完成教学任务而采用的师生相互作用的一整套活动方式和手段。它是教学得以开展的重要保障，它的合理运用有助于教学目

---

① 曹一鸣. 关于数学课堂教学目标设计的几点思考[J]. 数学教育学报，2001，10(3)：28-31.

② 余文森. 从“双基”到三维目标再到核心素养：改革开放 40 年我国课程教学改革的三个阶段[J]. 课程·教材·教法，2019，39(9)：40-47.

标的顺利达成。《数学课程标准(2022年版)》强调教学方法的合理、多元运用,强调"改变单一讲授式教学方式,注重启发式、探究式、参与式、互动式等",要求"根据不同的学习任务和学习对象,选择合适的教学方式或多种方式相结合,组织开展教学"。这是教学中学生主体地位凸显的体现,教学方法或教学方式的选择以满足学生的发展为前提,注重学生的深度参与,师生不再是单向的输送关系,而是一种双向的互动关系。

(六)教具与学具

教具与学具属于教学手段范畴,教学手段是指师生教学相互传递信息的工具、媒体或设备。从这里看,作为教学手段的教具与学具涵盖范围很广。而从功能上看,教具与学具是教学得以开展的媒介,没有教具与学具,教学活动就无法有效开展,而没有适切的教具与学具,教学则会事倍功半。《数学课程标准(2022年版)》重视教具与学具的使用,特别是信息技术,在课程理念部分明确提出要"合理利用现代信息技术,提供丰富的学习资源,设计生动的教学活动,促进数学教学方式方法的变革";在教学建议部分建议"利用数学专用软件等教学工具开展教学实验,将抽象的数学知识直观化,促进学生对数学概念的理解和数学知识的建构。利用技术支持平台将在线学习与课堂教学相结合,开展线上线下融合的混合式教学"。信息技术作为现代化的教学手段,在教学活动中作用越来越显著。因此,教师在教学设计中要重点考虑信息技术作为教具与学具在教学中的应用,同时在进行教学设计时,传统的教具与学具同样必不可少。

(七)教学过程

教学设计中的教学过程是指对整个教学活动开展过程的预设,它是教学设计的核心环节,是在学情分析、教学内容分析基础之上的教学活动的最佳排列,预设的教学过程能否有效落实直接影响着教学目标的达成度。以往,由于未将核心素养作为学生发展的目标,我们未充分认识到现实世界对学生发展的重要作用,《数学课程标准(2022年版)》将学生的核心素养作为课程目标,重视教学过程中的情境设计与问题提出,希望借助真实的问题情境创设与合理的问题设计让学生积极主动地参与教学活动,进而使学生在活动中逐渐发展核心素养。这为教学过程的设计提供了思路,即要借助真实的问题情境与合理的问题将教学过程串联起来。教学活动的设计是教学设计的核心,它不仅包括教学任务设计,把教学内容设置成一个个可供学生学习的教学任务,还包括对学生完成教学任务的过程与结果的预设,真正将教学任务活动设计视为与教学资源互动的教与学的双边活动。此外,在"教—学—评"相一致的大背景下,教师还需要注意教学过程中教学评价的设计,主要以课内外作业的设计作为教学活动中教学评价的载体。

二、小学数学教学设计的流程

明确小学数学教学设计的流程有助于我们更好地进行教学设计。通过上面的介绍,我们已经知道了小学数学教学设计的构成要素,按照一定的逻辑和顺序将诸要素排列起来就是小学数学教学设计的流程(图 5-2)。

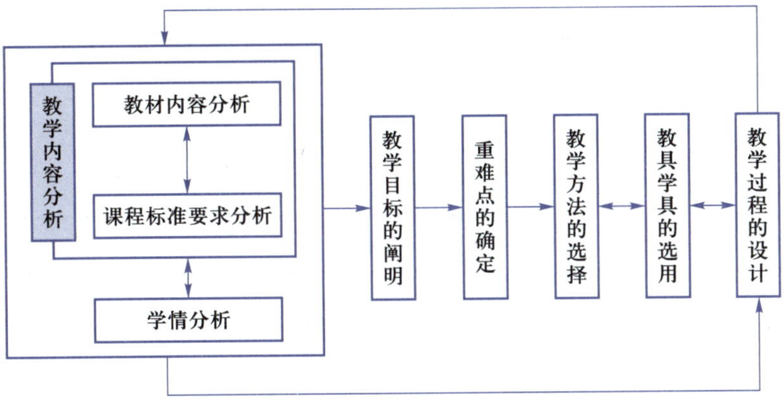

图 5-2 小学数学教学设计的流程

进行小学数学教学设计可以以不同的要素为开端,但是大部分教师习惯从教材内容分析开始。在对教材内容本身进行解读、了解教材编写者的意图后,教师会对课程标准的相关要求进行了解,明确课程标准修订者的意图。这样做的目的是,一方面明确即将讲授课题的目标要求,另一方面确定教材内容的编写意图,随后再次回到教材内容上,对教材内容进行教学角度的思考,以实现自我认知与教材编写者、课程标准修订者的统一。与此同时,教师会对学情进行分析,以了解学生的学习起点、可能的学习路径、可能遭遇到的学习障碍,建立教材内容与学生学情之间的关联。

实际上,教学内容分析、学情分析的过程互动,就是教师明确学习起点和学习目标(教学目标)的过程,就是教师理解从学习起点到学习目标可依赖的资源的过程。在整个过程中,教师通过教学内容分析确定教学重难点,在教学内容分析与学情分析的互动中确定教学目标。

在明确了教学起点和教学目标、了解了学生可能的学习路径与可能遭遇到的学习障碍后,教师就可以选择恰当的教学方法,选用合适的教学手段,特别是教具与学具,以丰富学生的学习路径,为学生突破学习障碍提供支持。

随后,教师就可以完成教学过程的设计,包括构思教学环节,配套教学情境、设计教学任务,将教学任务的展开与教学手段、教学方法结合在一起,综合考虑教学任务的展开需要什么样的教具与学具,教师的教与学生的学以何种方式展开。

需要注意的是,教学设计的流程并不是线性的,教学设计的要素拟定好后并不是一成不变的,在整个教学设计过程中,不同教学设计要素间会发生互动,促使各要素迭代升级。除了教学内容分析与学情分析的活动外,教学过程的设计要和教学手段、教学方法互动:一方面教学过程设计要以教学目标的设计为指引,尽量将教学手段、教学方法纳入其中。另一方面,如果教学过程某些环节的设计发生变化,教学手段和教学方法也要进行适当的调整;教学过程的设计要与教学内容分析、学情分析互动,教学过程的设计要不断地追溯教学内容分析、学情分析,要不断地依据后者做出调整。

三、小学数学教学设计的文本规范

小学数学教学设计的文本可以参考表5-1的格式进行撰写。在撰写时，教师需要参考下面的相关要求。

表5-1 小学数学教学设计的文本格式

课题：	课型：
教学目标：	
教材分析：	
学情分析：	
教具、学具：	
教学方法：	
教学过程：	
教学评价与反思：	

（一）教学目标

教学目标是在课程目标的指引下结合教学内容产生的，从课程目标到教学目标可以分三步展开：第一步，参照《数学课程标准（2022年版）》学段目标，明确课题所属学段主题的总体要求；第二步，参照《数学课程标准（2022年版）》课程内容的“内容要求”“学业要求”“教学提示”，明确学习的范围与要求、学段结束时学习内容与相关核心素养所要达成的程度，以及针对学习内容和达成相关核心素养的教学建议；第三步，结合课题的具体内容确定具体目标。情感态度与价值观维度的目标是教学目标必不可少的部分，要指向课程总目标中的“对数学具有好奇心和求知欲，了解数学的价值，欣赏数学美，提高数学学习兴趣，建立学好数学的信心，养成良好的学习习惯，形成质疑问难、自我反思和勇于探索的科学精神”，要参照课题所属学段主题的总体要求将情感态度与价值观维度的目标细化到每个课题的教学目标当中(课程内容中未对情感态度与价值观维度进行阐述)。

以下是小学数学“圆的认识”的教学目标①:

(1) 在良渚文化出土的圆形物品中,感受圆的存在与价值(实用价值、艺术价值、文化价值)。

(2) 以圆玉打磨为情境,以画圆为主线,在感受画圆工具(徒手、简单工具、圆规等)演进的同时,尝试用各种工具画圆,逐步认识圆、理解圆。

(3) 在古代东西方关于圆的定义的比较中,加深对圆的概念的理解,感受古人的智慧。

这是在《数学课程标准(2022年版)》颁布前进行的教学目标设定,未将核心素养考虑在内。接下来我们将结合上述分析,呈现这一课题教学目标的重新设定过程及最终版本。

在课程标准学段目标中,我们未找到与“圆的认识”相关的内容,但发现第三学段图形与几何学习领域指向的核心素养是量感、空间观念与几何直观,而“圆的认识”的教学同空间观念与几何直观关系密切。

在课程标准的课程内容中,相关内容要求是“认识圆,会用圆规画圆”;第三学段图形与几何学习领域的总体要求是“在图形认识与测量的过程中,进一步形成量感、空间观念和几何直观”;相关学业要求是“会用圆规画圆,能描述圆的特征”;相关教学提示是“圆的教学可以列举生活中的实例,引导学生概括圆的特点,利用圆规画圆,加深对圆的理解”。结合这些表述,我们可以将“圆的认识”中与核心素养相关的教学目标设定为:通过观察、对比生活中的圆,概括出圆的特征(认识圆),在用圆规画圆的过程中,加深对圆的理解,积累基本活动经验,形成空间观念与几何直观。

圆是美的化身,它的美体现在艺术、实用、文化等各个方面,人类很早就发现了这一点。从良渚文化入手,将用各种工具画圆设置为探究活动,并将《墨经》《几何原本》中对圆的描述引入教学,可以激发学生的好奇心和求知欲,帮助他们了解数学的价值与文化的多元性、欣赏数学美、提高数学学习兴趣、形成勇于探索的科学精神。因此,我们可以将“圆的认识”中情感态度与价值观的目标设定为:在良渚文化出土的圆形物品中感受圆的存在与价值(实用价值、艺术价值、文化价值);在用各种工具画圆的过程中激发好奇和求知欲,形成勇于探索的科学精神,在中外圆定义的对比中,感受古人的智慧和文化的多元性。

综上,“圆的认识”的教学目标最终调整为:

(1) 在良渚文化出土的圆形物品中,感受圆的存在与价值(实用价值、艺术价值、文化价值)。

---

① 李建良,岳增成. 让数学概念在学生手中“复活”:HPM视角下“圆的认识”教学思考与实践[J]. 小学数学教师,2022(11):47-51.

(2) 通过观察、对比生活中的圆,概括出圆的特征(认识圆),在用圆规画圆的过程中,加深对圆的理解,积累基本活动经验,形成空间观念与几何直观。

(3) 在用各种工具画圆的过程中激发好奇和求知欲,形成勇于探索的科学精神,在中外圆定义的对比中,感受古人的智慧和文化的多元性。

此外,教师在教学目标的设计过程中还要注意以下几点:第一,目标指向的是学生通过学习之后的预期的结果,其行为主体必须是学生,而不是教师,因此教学目标中不能出现使学生、培养学生、发展学生等表述;第二,目标的陈述主要是便于后续的评价行为,因此行为动词要尽可能清晰、可把握,而不能含糊其辞,这就需要认真研读课程标准附录中的"有关行为动词的分类",对行为动词做到理解并灵活应用;第三,有时单靠行为动词无法将目标清晰地表达出来,因此需要一些附加的限制条件,如学习情境、工具、时间、空间等的规定,上述"圆的认识"中就有一些附加的限制条件;第四,目标指向全体学生而不是个体学生,同时也为了便于评价,因此目标的表现程度总是最低要求,而不是最高要求;第五,情感态度与价值观目标的设定不能流于形式,也不能仅停留在激发学习兴趣、感受数学与生活的联系层面,要参照课程总目标与学段目标中的相关要求进行精准把握。

(二) 学情分析

学情分析可以从学生的已知、未知、能知、想知四个方面展开。已知是在教学开始前,学生的头脑中已经有了的与教学内容相关的知识结构、技能水平、行为习惯等。未知是学生的已知与课程标准相关要求之间的部分。能知是指按照学生认知发展规律能够掌握的知识范围,也就是学生的"最近发展区"范围内的潜在发展水平。想知是学生的兴趣取向,为教学过程和路径设计提供有价值的参考。精准的学情分析可以借助测试、调查、经验梳理、访谈法等方法,或综合运用多种方法来实现。[①] 以往,教师主要借助经验梳理进行学情分析,特别是有经验的教师会借助丰富的教育教学经验来确定学生的课前认知水平和需求水平,然而,信息化时代的多元性使学生的认知基础发生了改变,学生的认知需求更为多元,面对相同的学习内容,前后几个年级学习这部分内容时的学情不再一成不变,因此教师需要结合其他方法更为精准地定位学情。当前,越来越多的教师开始运用测试、调查、经验梳理、访谈等方法了解学情。

以下是结合"百分数的认识""分数除法"课题开展的学情分析。对于百分数,教师已有的经验是学生已在生活中见到过百分数,会从整体与部分的视角解释百分数,但无法理解大于 100% 的分数,这是学生的已知。理解百分数的意义,特别是大于 100% 的分数的意义是学生的未知。突破部分与整体的关系并走向两个独立量的关系、借助现实情境理解大于 100% 的分数的意义关系到学生的能知。了解百分数的前世今生、应用价值是学生的想知。以下是杭州市某小学教师在课前对 225 名学生开

---

① 徐梦杰,曹培英.精准针对学生差异的学情分析研究[J].课程.教材.教法,2016,36(6):62-67.

展的问卷调查。[①] 问卷有四个题目：

(1) 你在生活中见过百分数吗？请举出两个例子。

(2) 80% 表示什么意思？你能用哪些方法表示出来？

(3) 你见过超过 100% 的百分数吗？举个例子说一说它可能表示的意思。

(4) 关于百分数，你还想了解些什么？

对于前测题目 1，100% 的学生都能写出百分数，但只有 40% 的学生能举出如 100% 纯棉、38% 酒精等生活实例。这说明读写百分数不是这节课的重难点，但学生大脑中很难投射出有关百分数的例子。

对于前测题目 2，学生大致有以下三种表达（图 5-3）。学生这样的理解建立在对分数的意义理解之上，学生对百分数和分数大小之间的关系有一定的感知。

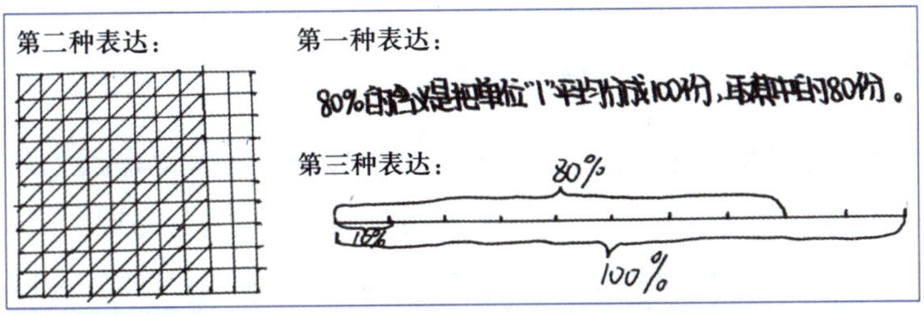

图 5-3　学生对于 80% 的三种表达方法

对于前测题目 3，66.7% 的学生回答“不知道或者没有见过”；11.1% 的学生只回答“见过”，但是举不出例子；22.2% 的学生能举出生活中一些比较模糊的应用，如超额完成、超速等，但对其表示的意义存在疑惑。可见，教学的难点应该引导学生去理解和解释分子大于 100 的百分数。

对于前测题目 4，表 5-2 列出了学生对百分数的学习需求。我们可以看出，学生对百分数的概念和百分号的来源、百分数的意义和作用比较感兴趣。

表 5-2　学生对百分数的学习需求

	百分数和百分号的来源	百分数的意义	百分数的作用	百分数的计算	百分数与分数的区别
占比	55.6%	95.6%	62.2%	35.6%	17.8%
典型回答	①百分数的用途。②百分数是什么。③百分数的由来。百分数是什么？百分数有啥用？百分数怎么计算？百分数用在哪里，百分数对于生活有什么帮助，百分数是谁发明的				

① 蒋燕芬. 重构知识　深度理解：HPM 视角下“百分数的认识”教学实践与思考[J]. 小学数学教师，2023(2)：35-39.

对比教师的经验和开展的问卷调查发现，两者的学情分析稍有出入，出入主要集中在学生大脑中能否投射出有关百分数的例子。通过问卷调查发现，虽然百分数在生活中非常常见，但是学生大脑中相关的例子并不多，特别是大于100%的百分数的例子，因此丰富的例子与百分数意义的多元表征将是学生的能知，教师借助能知，能够帮助学生跨域从已知到未知的障碍。此外，学生的想知涉及两个方面——知识的来龙去脉与应用价值，这也是学生面对数学课题时常有的想知。知识的来龙去脉需要回到数学知识的发展历史中进行回答，而知识的应用价值往往与知识的意义，以及与意义密切相关的例子相关。

“分数除法”一直是困扰教师的难题，很多教师表示在教授异分母分数除法时，大部分学生已经知道了相关的算法，但无法理解其中的算理，即使系统学习了相关内容后，学生依然无法理解分数除法的算理。某市的测试也证明了这一点。该市六年级上学期期末考试试卷中有这样一道题目：“用你喜欢的方法说明 $200\div\frac{1}{2}$ 一定等于 200×2。”测试结果大不如人意。约65%的学生给出的答案是因为除以一个数等于乘这个数的倒数，约10%的学生能仿照教材结合现实情境以数形结合的方式说明理由，约10%的学生用演绎推理的方法解释，还有约15%的学生表示不清楚。《数学课程标准（2022年版）》中的相关内容要求是“能进行简单的分数四则运算，感悟运算的一致性，发展运算能力和推理意识”；学业要求是“能进行简单分数的四则运算，并说明运算过程”；教学提示则是“数的运算教学应注重对整数、小数和分数四则运算的统筹，让学生进一步感悟运算的一致性”。由此可知，学生学情中的未知是理解算理，已知是算法，能知是借助数的运算的一致性理解算理、掌握算法。以下是广东省中山市某小学教师对所教班级39名学生进行的课前测试。测试题目如下：“尝试计算 $\frac{2}{3}\div\frac{3}{4}$，并说明计算的理由。”测试结果显示，接近85%的学生用颠倒相乘法进行计算：$\frac{2}{3}\div\frac{3}{4}=\frac{2}{3}\times\frac{4}{3}=\frac{8}{9}$，但说不出计算理由。接近5%的学生把分数乘法计算方法迁移到分数除法中，用被除数和除数的分子、分母分别相除，由于除得的结果都非整数，最终无法算出答案。还有约10%的学生表示不会或直接把分数除法当分数乘法计算，把被除数和除数的分子、分母分别相乘再约分得出错误结果 $\frac{1}{2}$。调查结果基本上与前面的分析相吻合，但学生的能知与“最近发展区”还有一段的距离，需要教师搭建“脚手架”，将学生的“最近发展区”靠近学生的能知，从而帮助学生理解算理、掌握算法。

教师在进行学情分析时，还需要注意以下几点：

第一，明确学情分析的对象是学生的认知与需求。学生的认知与需求与学科、知识相关，要围绕学科、知识分析学生的认识与需求，但不能用教材分析替代学情分析。

第二，采用多种手段获得真实的学情。学情的定位不要停留在表面仅靠经验，要借助多种手段，参照课程标准，获得真实的学情，避免经验与真实学情间的偏差。上面的案例也说明了这一点。

第三，明确学情分析的目的是通过对学情的分析获得教学设计的启示，因此教师在进行学情分析时，切勿“为了学情而学情”，不要停留在明确事实上，更重要的是借助学情分析，利用能知与想知实现变未知为已知。

（三）教学方法

教学方法是一套复杂的系统，它表现为“教师教的方法、学生学的方法，教书与育人的方法，以及师生交流信息、相互作用的方式”[①]。因此，教学设计中的教学方法不能仅仅停留在讲授式、启发式、探究式、参与式、互动式的某一种或某几种方法上，而是要在综合考虑教学内容与学生实际情况的基础上，确定适合的教学方法，并在教学过程的设计中就教师的教、学生的学、师生的互动交流等进行预设。

以小学数学“年、月、日”为例，如果按照教材的编排，以启发式谈话法从观察日历中得出年、月、日的相关知识是一种选择，教师通过布置学习任务让学生通过观察、合作、交流等方式，按照教材的编排再学习一遍，学到的知识很可能是一年有多少天、一月有多少天、如何判断平年与闰年、如何判断给出的月份是哪个类型的等陈述性知识与程序性知识。考虑到学生已有相关的知识经验，教师可以用启发式谈话法和探究式的方式开展教学，通过启发式谈话法让学生表达已知和内心的疑惑，特别是有疑惑的地方：为什么有的年份是 365 天，有的年份是 366 天？教师呈现“地球总是绕着太阳转动，转一周要用 365 天 5 时 48 分 46 秒”，让学生看到地球绕太阳一周的时间不是整数天，进而猜测四年一闰的原因，并进行小组探究。

教师在确定教学方法时，还需要注意以下几点：

第一，教学方法的选择是为教学目标的达成服务的，教师在选择教学方法时要有目标导向，不能脱离目标而考虑教学方法，而要以高效地达成目标为教学方法选用的前提。

第二，教学方法的选择是与教学内容相匹配的，在内容分析、学情分析的前提下，综合考虑教学方法的选用，要将教学方法与学生的内容学习历程整合起来，真正做到促进师生的交流与相互作用。

第三，教学的完成需要综合运用多种方法，在综合运用多种方法时要凸显学生的主体地位，尽量设置探究性活动，让学生在探究中经历知识的“再创造”。

（四）教具与学具

适切的教具与学具的选用有助于提高教学效率、突破教学难点，因此，教师在教学设计中对教具、学具的选用十分重要，选用时需要注意以下几点。

1. 适切性

与教学任务相适切是教具、学具选用的第一原则。当下，越发多元的教具、学具

---

① 巴班斯基．教育学[M]．吴式颖，等译．北京：人民教育出版社，1986：206.

让教师患上了选择恐惧症:要么无从选择,要么遵循便利原则拿来就用。其实,教具、学具是为教学服务的,适切最为重要。因此,教师在选择教具、学具时首先要考虑它们是否有助于教学目标的达成。例如,在“100 以内数的认识”的教学设计中,引入小方块和计数器作为学具,将有助于学生理解按群计数和位值制,因为这两种教学与学具任务相契合。

2. 高效性

由于课堂时间有限,教学需要高效。教具与学具的有效使用有助于提高教学效率。例如,在“圆的面积”的教学中,除提供圆片、剪刀等传统的学具让学生操作外,教师还可以借助专门的数学软件演示割圆的过程,提高教学效率,让学生在操作的经验基础之上通过观看割圆的过程,更直观、更深刻地认识推导圆面积公式的方法。

3. 趣味性与体验性

小学生的年龄特征决定了教师在选用教具、学具时要考虑趣味性、体验性,要选用富有趣味性的教具、学具让学生亲身体验。例如,在“1—5 的认识”的教学中,教师可以选择借助物品演示,让学生数物品,但是学生不一定能够知道几个物品的几是多少;换一种思路,如果让学生数教师提供的物品,学生的兴趣会很高,参与感也很强,他们就能够知道数出的几个物品的几是多少。

(五)教材分析

以往的教学内容分析以就课论课为主,缺乏整体性,这对学生核心素养的养成是不利的。为了促进学生核心素养的发展,《数学课程标准(2022 年版)》要求从注重教学内容的结构化、注重教学内容和核心素养的关联两个方面整体把握教学内容,要求重视单元整体教学设计,单元整体教学设计中要求合理整合教学内容,分析主题—单元—课时的数学知识和核心素养主要表现。这为教学内容的分析提供了思路:从课程标准到教材,从宏观到微观。

下面我们以“整数的乘法”为例按照主题—单元—课时的逻辑对小学数学“多位数乘一位数的笔算乘法(不进位)”开展教学内容分析。“多位数乘一位数的笔算乘法(不进位)”是“多位数乘一位数”单元的内容,这一单元属于“整数的乘法”主题。“整数的乘法”是整数运算的重要组成部分,《数学课程标准(2022 年版)》中与之相关的内容见表 5-3。

表 5-3 《数学课程标准(2022 年版)》中与“整数的乘法”相关的内容

	第一学段	第二学段
学段目标	能进行简单的整数四则运算,形成初步的数感、符号意识和运算能力	能进行较复杂的整数四则运算; 形成数感、运算能力和初步的推理意识

续表

		第一学段	第二学段
课程内容	内容要求	在具体情境中，了解四则运算的意义，感悟运算之间的关系； 探索乘法和除法的算理与算法，会简单的整数乘除法	探索并掌握多位数的乘除法，感悟从未知到已知的转化； 在解决简单实际问题的过程中，理解四则运算的意义； 探索并理解运算律（乘法交换律和结合律、乘法对加法的分配律），能用字母表示运算律
	学业要求	能描述四则运算的含义，知道乘法是加法的简便运算； 能熟练口算 20 以内数的表内乘除法	能计算两位数乘除三位数； 能说出运算律的含义，并能用字母表示；能运用运算律进行简便运算，解决相关的简单实际问题，形成运算能力
	教学提示	在具体情境中，启发学生理解乘法是加法的简便运算； 在教学活动中，始终关注学生运算能力和推理意识的形成与发展	数的运算教学应利用整数的乘法运算，理解算理与算法之间的关系； 在这样的过程中，感悟如何将未知转化为已知，形成初步的推理意识； 通过实际问题和具体计算，引导学生用归纳的方法探索运算律、用字母表示运算律，感知运算律是确定算理和算法的重要依据，形成初步的代数思维

从学段目标来看，整数的乘法以能进行相关运算为基础，第一学段指向的核心素养是初步的数感与运算能力，第二学段在第一学段的基础上指向数感、运算能力和初步的推理能力。在核心素养方面，相比第一学段，第二学段增加了初步的推理能力，这与年级的升高、运算的复杂度提升、借助推理能力实现从简单运算到复杂运算的转化有关。从课程内容来看，第一学段注重乘法是加法简便运算的意义理解，能熟练地借助乘法口诀进行口算；第二学段，整数乘法的运算复杂度提升，最高难度为三位数乘两位数，需要学生理解算理、掌握算法，要求算法与算理的统一。在多位数乘一位数或多位数乘多位数中，运算得以实现的基础是学生已有的知识经验与运算律，运算律在整数的乘法中扮演何种角色，这是接下来我们对教材内容进行分析的重点。表 5-4 呈现的是人教版小学数学教材中“整数的乘法”的内容安排参考示例。

表 5-4 人教版小学数学教材中“整数的乘法”的内容安排

所在分册	单元主题	内容描述
二年级上册	第 4 单元 表内乘法 1 第 6 单元 表内乘法 2	乘法的意义与九九乘法表
三年级上册	第 6 单元 多位数乘一位数	两位数、三位数乘一位数的不进位口算乘法、笔算乘法
三年级下册	第 4 单元 两位数乘两位数	两位数乘一位数的进位口算、两位数乘两位数的笔算

续表

所在分册	单元主题	内容描述
四年级上册	第 4 单元 三位数乘两位数	三位数乘两位数的口算

教材教学内容的安排充分考虑了学生的认知基础和认知发展水平，从乘法的意义出发，借助现实情境，实现乘法是加法的简便运算的转化，再进一步引出九九乘法表为整个整数乘法铺垫；笔算的引入是建立在口算的基础之上的，多位数乘一位数的口算以整十数、整百数乘一位数引入，借助计数单位在数的运算中的一致性的核心地位使得运算得以开展；整数乘法内容的一个重要进阶是“两位数、三位数乘一位数的不进位口算乘法”，在整十数、整百数乘一位数的基础上，借助现实情境、多元表征，让学生将两位数、三位数乘一位数的口算乘法转化为整十数、整百数、一位数与一位数的乘法；整数乘法内容的另外一个进阶是两位数乘两位数，这部分内容首先解决的是两位数乘一位数的进位口算，以此为基础，两位数乘两位数的重点就转化为将一个乘数拆分为整十数与一位数，再用未拆分的乘数分别乘整十数与一位数，两位数乘一位数口算即可解决，两位数乘整十数，将整十数转化为以十计的计数单位后，就转化为两位数乘一位数了；相比“两位数、三位数乘一位数的不进位口算乘法”“两位数乘两位数”，“三位数乘两位数”的难度更低，因为前两者为整数乘法奠定了基础，而无论是三位数乘两位数，还是更多位数之间的乘积的算法与算理，都与之相同。

上面提到运算律在整数乘法中该扮演何种角色的问题。可以说，乘法结合律和乘法对加法的分配律让复杂的乘法运算得以实现。我们都知道，在乘法运算中，九九乘法表和计数单位之间的乘法是乘法运算的基础，是推理的前提，所有的乘法运算都会转化为九九乘法表和计数单位之间的乘法，整十数和整百数与一位数的乘法、多位数乘一位数是整数乘法得以开展的保障，其中前者涉及乘法结合律，整十数、整百数要转化为几个十、几个百与一位数的乘法，进而转化为计算总共有多少个十、多少个百的运算；后者涉及乘法对加法的分配律，要将多位数转化为几个百、几个十、一位数后再与一位数进行乘法运算，这样多位数乘一位数就转化为整十数和整百数与一位数的乘法、表内乘法了。有了上述的基础和保障，多位数乘以整十数、多位数乘以多位数的运算就会水到渠成。需要注意的是，虽然在整数的乘法中运用到了运算律，但是运算律并没有成为经过论证的已知事实，因此，在整数的乘法中，教材并没有提及相关的运算律，相反地，运算律是结合整数乘法得出的，而在整数乘法中，结合不同的情境，帮助学生理解了乘法的算理与算法，隐性地运用了运算律。具体来看，乘法算式都是借助现实情境引出的，多位数乘一位数的口算、笔算乘法借助的是小棒，隐性地运用了乘法结合律与乘法对加法的分配律；两位数乘两位数的口算借助的是方块和实物，两位数乘两位数的笔算借助的是点子图与实物，均隐性地运用了乘法对加法的分配律。

具体到“多位数乘一位数”单元，教材涵盖的内容有口算(整十数乘一位数、不进位的两位数与一位数乘)、笔算(不进位、进一位、连续进位的两位数乘一位数)，这些内容由易到难、层层铺垫，但内容之间难度提升的幅度不大。口算与笔算是整数运算的两种主要形式，前者适用于难度较小、记忆负担较小的乘法，后者适用于难度较大、记忆负担较重的乘法，前者是后者的基础。因此，在“多位数乘一位数的笔算乘法(不进位)”这节承上启下的课中，笔算是在口算的基础上引入的，是口算步骤的另外一种表达形式，借助实物、口算与加法竖式，可以让学生很好地理解竖式这种算法以及每一步背后的道理，在数学表达与多元表征中实现算法与算理的统一，指向运算能力与数学推理的达成(图 5-4)。

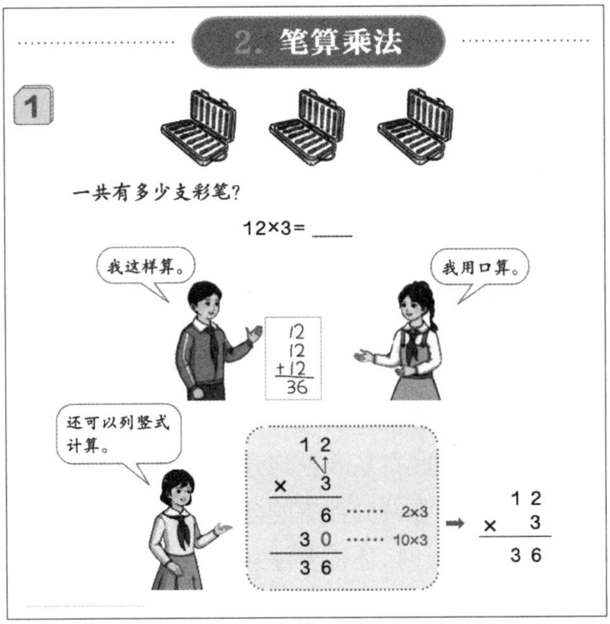

图 5-4 “多位数乘一位数的笔算乘法(不进位)”的教材内容编排

教师在进行教学内容分析时，还需要注意以下几点：第一是将单课的教材分析建立在“主题—单元—课时”的逻辑之下，这样才能从整体上理解教材结构，把握教材内容，理解教材编写者的内容编写意图；第二是注意教材内容与核心素养的对应，只有这样才能更好地发展学生的核心素养；第三是注意教材中的情境，情境往往是问题解决的关键，要从情境中生发出问题解决的多种方式，在多种方式联系中解决问题、丰富意义，寻找问题解决背后的原理；第四是用联系的眼光解读教材，考虑到小学生的认知特点，教材是图文并茂的，用图文将数学知识转化为教育形态的可供学生学习、教师教学的素材，但图文间的联系很多时候不是外显的，需要教师解读，需要教师构造出图文的联系，只有这样，教师才能借助教材帮助学生深度理解相关内容。

(六) 教学过程

前文提到要借助真实的问题情境与合理的问题将教学过程串联起来。下面我们以小学数学“分数的初步认识”中的“几分之一”为例,来说明教学过程的设计。

分数起源于分物,学生也有这样的生活经验,教材的安排也体现了这一点。从分物到分数经历了从量到率的转化,大致包括三个过程:从分物中得到分配物;在分配物与原来物品的关系中得到特殊的分数;从特殊的分数到一般的分数。教学过程通过教学任务的设计,让学生经历从分物到分数的完整过程。

教学以学生熟悉的情境引入:通过秋游的情境图引出新课,让学生对一个月饼、一个蛋糕等物品进行分配。

课堂探究环节注重问题设计与表征之间的练习:(1)先将物品分给2个人,让学生借助图形对分配的结果进行表征,然后探索为什么分配的物品和分配的结果不同,分到的物品都是一半,并让学生用数学的方法表示一半、说明表示的理由,呈现一半的数学表达$\frac{1}{2}$;(2)让学生将一个月饼、一个蛋糕等分配给4个人,在学生用多种形式表征分配结果后,继续让学生探索分配的物品和分配的结果不同,但分到的物品都是一半的一半,让学生用数学的方法表示一半的一半、说明表示的理由,呈现一半的一半的数学表达$\frac{1}{4}$。

分数概念以归纳的形式引入,注重对分数概念的理解:结合上述的两次活动,引导学生结合现实情境、图形表征对$\frac{1}{2}$、$\frac{1}{4}$进行辨析,将分数与部分—整体的关系联系起来,明确分数率的含义,引出分数的描述性定义。

课堂练习关注分数概念的理解:从表征与意义两个方面设计练习。

课堂小结关注本质与拓展:强调分数率的含义,为“几分之几”的教学铺垫。

教师在进行教学过程的设计时,还需要注意以下几点:

第一,厘清教学的主线,保证教学的有序推进。教学主线是教学推进的流程,是教学依次展开的过程,其设计是教学过程设计宏观层面的需求,把握教学主线能够避免教学过程出现方向偏差。

第二,合理设计教学任务,突出核心任务设计。教学任务的设计是为教学目标的达成服务的,因此教学任务的设计意图要明确,希望通过做什么达成怎样的目的。“做什么”指向任务本身,而“怎样做”则指向任务的开展形式,它决定着任务的达成度。在进行“怎么做”的设计时,教师要参照教学方法,将理论上的教学方法与教学内容结合,将教学方法转化为可操作的教学任务和可参与的学习方式。同时,课堂中的所有教学任务的地位并不是等同的,要重点关注核心任务的设计,而核心任务的设计往往围绕教学重难点展开。因此,在进行核心任务的设计时,教师除了考虑教学方法与学习方式,还要考虑时间的投入,将核心任务转化为表现性任务,尽量让学生有充足的时间参与到表现性任务中,进而实现认知的进阶。

第三,合理预设。教学过程设计就是对教学过程中的教与学进行预设,预设越精准,教学越有序,因此教学过程设计需要合理预设。要想做出合理的预设,一方面学情分析要精准，另一方面学习路径的分析要到位，更为重要的是要有应对学生生成的策略。

第三节 小学数学教学设计案例分析

教学设计的最终产物是教学设计的文本。本节将呈现小学数学典型课题“小数的初步认识”的教学设计文本，并对其中主要的环节进行评析，在此基础上，简单地呈现小数数学教学设计的分析要点。

一、“小数的初步认识”的教学设计与分析①

视频：小数的初步认识（徐炎）

课题：小数的初步认识

年级：三年级

课时：1 课时

课型：新授课

教学内容：人教版小学数学三年级下册“小数的初步认识”

前期分析：如果从单课的教材内容及其设计的角度看，“小数的初步认识”一课无非是会读写小数，在分数与小数的联系中初步认识小数的意义。小数的读与写对于学生而言并没有难度，而要初步认识小数的意义，学生则要借助多元的几何表征。但从课程改革的理念看，除上述要求外，学生还需要感受到数的认识的一致性，在认识数的一致性的过程中发展核心素养。而要做到这些，教师就需要单元整体设计，将“小数的初步认识”一课的设计放到整个小数体系中进行考量。就数的认识的一致性而言，学生对自然数体系中的十进位值制有一定的认知，但将自然数拓展到小数对他们来说有一定的难度，数位顺序表的引入将有助于难点的突破；从教的角度看，0.1 的出现及意义构建是关键，但以往直接建立分数与小数的联系，进而认识小数的意义，一方面将 $0.1=\frac{1}{10}$ 变成了规定，另一方面容易让小数的教学变为分数的教学。为了避免上述两个问题的出现，设计者试图先借助数位顺序表建立 1 和 0.1 的关系，进而再建立小数与分数的关系，最后通过以 0.1 为载体的多元表征任务帮助学生认识数的认识的一致性。

【评析】此处的前期分析综合了课程标准要求分析、教材内容分析、学情分析，通常的做法是先单独进行三者的分析，再综合起来。在课程改革理念下，数的认识的一致性是重点内容，从数的认识的一致性出发有助于核心素养的培育。如上所述，教材及以往的教学设计较少关注数的认识的一致性，事实上，小数是自然数的延伸，如果

① 此教学设计文本由浙江省杭州市桐庐县学府小学徐炎老师开发。

从整数与小数的关系入手引出小数，将有助于学生理解小数的本质，感受数的认识的一致性，进而建立小数与分数的联系，也将有助于学生对小数意义的初步认识，避免教小数成了教分数的问题出现。

教学目标：

1. 结合商品价格的具体生活情境，经历“创造”小数的过程，初步感知小数的特点，初步形成创新意识。

2. 借助史料理解小数点的作用，能够熟练地读写小数，感受数学符号发展演变的特点。

3. 借助数位顺序表，体会整数与小数的关系，初步感知数的一致性；在小数的多元表征中，积累数学活动经验，借助几何直观发展数感。

4. 观看微视频，古今对照，了解我国对小数发展的卓越贡献，激发民族认同，感受多元文化。

【评析】无论基于何种理念定位“小数的初步认识”的教学目标，会读写小数都是基本的要求，因此上述第二条教学目标对此进行了说明。核心素养的发展是教学目标的主要组成部分，上述教学目标中的第一条和第三条涉及三个核心素养，即创新意识、几何直观和数感，并将核心素养的发展与具体的教学活动结合在了一起——小数的“创造”与创新意识相结合，小数的多元表征与几何直观、数感相结合，而非泛泛提及核心素养，让核心素养的落地成为可能。对小数意义的初步认识是链接小数读写与核心素养的关键，感知小数的特点与数的认识的一致性、小数的多元表征是小数意义的初步认识目标的分解。此外，我国在小数的发展过程中作出了卓越的贡献，学生“重走”小数的发现、创造之路，将有助于他们价值观、必备品格的发展。上述四条教学目标均或明或暗地涉及了情感与信念层面的要求。

教学重点：小数意义的初步认识。

教学难点：十进位值制在小数部分的延伸，即整数与小数本质的一致性。

【评析】如果不关注数的认识的一致性，教学的重点、难点就都会放在对小数意义的认识方面。然而实际上，小数的产生和小数的概念理解在小数的初步认识中至关重要，因为深刻的概念理解将有助于意义的认识，未建立在概念理解之上的意义建构是有问题的。因此，此设计将教学的难点放在了整数与小数本质的一致性上，希望教学难点的突破能有助于教学重点“小数意义的初步认识”的突出。

教学方法：讲授法、探究法

教学资源：多媒体课件、学习单、直尺

教学过程：

（一）小数的产生

1. 出示情境图：一个书包 121 元（人民币 100 元一张、20 元一张、1 元一张），一个文具盒 15.1 元（人民币 10 元一张、5 元一张、1 角一枚），一个卷笔刀 11.11 元（人民币 10 元一张、1 元一枚、1 角一枚、1 分一枚）。

师：你能把这些商品的价格标签表示出来吗？

（学生独立填写。）

师：观察这些价格标签，你发现了什么？

设计意图：通过创设“六一”儿童节妈妈给小红购买礼物的生活情境，让学生根据图片中提供的人民币图片，写出价格标签，经历将具体图片信息逐步抽象成数学符号的过程，虽然学生对于商场中的各类商品价格标签都能看懂，如 20.45 元表示 20 元 4 角 5 分，但是让他们根据人民币的图片写出 11 元 1 角 1 分时，学生可能就会出现自己的方法：11.1.1 元。所以在学生认识小数之前，设计该环节是让学生拥有充分表达自己观点的机会，通过创造自己的符号来感受小数的实际意义，进而为下一步认识小数点形成自己的内驱需要。

2. 展示学生的价格标签，渗透小数产生的过程。

师：同学们，当这些价格不是整元时，我们要怎么办呢？其实在历史上，人类也遇到了类似的问题，我们一起看看，前人是怎样做的？你能看懂并分析这些表达吗？

3. 出示：11 余 11 元　中国（14 世纪）

11　11 元　阿拉伯（1427 年）

11 | 11 元　德国（1530 年）

11 。11 元　瑞士（1592 年）

师：尽管时间不同、国家或地区不同，但是它们之间的表示方法有什么相同的地方吗？你们觉得这些分界符号有什么作用？

生：它们都用一些符号或方法来区分整数和不整的数。

设计意图：从有记载的数学史中我们可以知道，人类很早就掌握了小数的意义，但寻找简单而又贴切的小数的符号表示方法，却费尽周折，尤其是小数点作为整数部分和小数部分的分界符号经历了漫长的历史发展过程。这一发展过程可以让学生感悟到，虽然只是一个小小的点，但它经历了从无到有、从繁到简的漫长过程，是来之不易的。这也说明了符号对于数学表达的重要性。

师：随着历史的发展，分界号慢慢变统一了，你们知道这个分界号是什么吗？

生：小数点。

4. 出示小数点的历史介绍：四百多年前，德国数学家克拉维斯开始用一个实心的小圆点来表示小数点。作为整数部分和小数部分分界的记号，小数点的左边是整数部分，小数点的右边是小数部分，小数点一般就写在整数部分的右下方。也有一些国家用“,”来区分整数部分和小数部分。至此，不整的数就产生了，我们把它叫作“小数”。

11.11 元　德国（1593 年）

11,11 元

（二）小数的认读

1. 指导小数的读法。

师:像 15.1 或 11.11 这样的小数,你会读吗?

师:小数点前面的整数部分按整数读法读,小数部分一个数字一个数字读就可以了。

2. 巩固小数的读法。

师:像这样的小数,你还能写出几个吗? 同桌之间相互读一读。

设计意图:在某个无法探究也无须探究的环节,教师是可以使用讲授法进行教学的。小数的读法是约定俗成的,而且读法教学比较简单,所以,在教学设计上,这个环节也相对简单,采用了传统的讲授法。

(三) 小数的认识

1. 认读 15.1,把 15.1 填入数位顺序表中,该怎么填?

2. 15 可以填,但是这个小数部分的"1"该怎么填呢? (小组讨论)

3. 出示 1 角硬币,根据学生生活经验提问:用元做单位是多少元呢? 你是怎么想的?

4. 探究:如果把 0.1 中的"1"写进数位顺序表,那你觉得应该写在哪呢? 为什么? (独立思考,同桌交流)

5. 出示把 1 元平均分成 10 份,每份是 1 角,也就是 1 元的$\frac{1}{10}$,就是十分之一元,也就是 0.1 元。

6. 因为是平均分成 10 份的,我们把这个数位就叫作十分位,想一想,十分位的后一位应该是什么位? 你是怎么想的?

设计意图:初步认识小数中的十进制关系,感受数学思想的和谐统一。虽然我国是最先认识和应用小数的国家,但是现行的小数记数法却是从欧洲传入我国的,这是因为我国先进的十进制记数法、十进制度量衡系统和完备的分数理论,没有西方那么迫切需要体会小数运算的便捷性。也就是说,我国古代在度量衡中会用元、角、分、厘、毫等专名来表示结果中的零头,而且各个专名间是十进制的关系,所以,这个环节的教学设计是想通过小组合作的学习探究形式,从整数部分的数位顺序引入小数部分的数位,回忆数位顺序个位开始越向左计数单位越大,从而要向右,但个位的右边又没有相应的数位,所以就大胆地在个位的后面创编数位,结合具体的 1 元转换成 10 个 1 角,每个 1 角就是$\frac{1}{10}$元,命名创编出来的数位就是十分位;同理知道还有百分位、千分位、万分位……学生可以借此感知数位的无穷性。同时,"数"是数出来的,通过 1 角等于 0.1 元,2 角等于 0.2 元……9 角等于 0.9 元,再添 1 角就是 1 元,让学生在初步认识小数时构建小数的十分位到个位,也是十进制的,也是要满十进一的,数数的过程使得整数、小数因十进制记数法而得以贯通。

(四) 巩固练习

1. 用小数表示这些图形:为什么图形不同,却可以用相同的小数来表示?

设计意图:脱离生活中的元、角、分情境,从具体的数量逐步抽象成数,从具体的图形抽象成相同的一个数，建立小数的模型：分母是以 10 的乘幂为分母，而分母又被省略的分数。同时，也渗透 1−0.6=0.4 这样的简单加减法。

2. 如果最后一条线段表示 1 米，那么它表示多少米呢？你是怎么想的？

设计意图：从抽象的数又回到具体的数量，体会它们之间的统一性。

3. 如果一个小数是 0.65，你觉得应该在哪？ 1.2 米可能在哪呢？（让学生经历数数的过程，体会满十进一。）

设计意图：虽然在没有分数基础的情况下表述小数的意义是比较困难的，但是数感有时就是只可意会不可言传的。当出现 0.65，让同学们在数轴上指出它的大致位置时，教师就渗透了大小的比较 $0.6<0.65<0.7$，0.65 正好是在 0.6 和 0.7 的中间，同时也渗透了两个数之间可作无穷尽的分。

4. 同学们，今天这节课我们学习了小数，那么小数是一个很小的数吗？（知道小数和整数一样，也有无数个。）

设计意图：从文字表述和实际意义上区分“小数”和“小的数”，通过列举小数，知道小数中也有和整数一样非常大的数，所以知道了没有最大的小数，小数有无数个。

5. 看图写出小数。

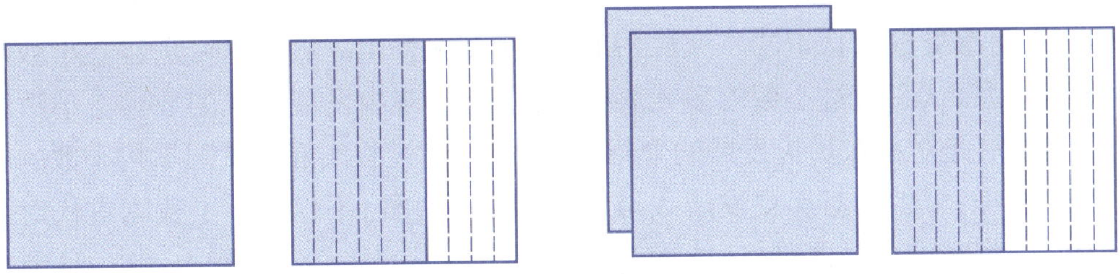

（ ）　　（ ）　　（ ）

（五）小数的历史发展

1. 同学们，我们学习了小数，那么小数究竟是怎么来的，是谁创造的，你想知道吗？

2. 微课介绍小数的产生。

设计意图：通过对小数发展历史的介绍，学生不仅了解了小数产生的历史渊源，还感受到了中华优秀传统文化。

（六）课堂小结

1. 学习这节课后，哪个地方让你印象最深？

2. 如果用 0—10 分表示这节课你的收获，会是几分？

3. 如果用 0—1 分表示这节课你的收获，会是几分？

设计意图：通过对指定区间内的数量表达，加深学生对小数意义的理解，同时渗透每两个数之间还有无穷个数，同时让学生知道，也有无穷小的小数，激发学生的学习兴趣。

（七）课后作业

1. 用小数表示5元3角。

2. (1)补充完整数位顺序表(表5-5);(2)表中的两个1一样吗？给出判断并说明理由。

3. 为什么要发明小数？谈谈你的看法。

4. 这节课你印象最深刻的内容是什么？说说你的理由。

5. 通过这节课的学习，当你遇到新的数学问题时，你会怎么处理？

表5-5 数位顺序表

百位	十位	个位		
2	1	5	1	3

【评析】教学过程由六个环节构成，分别是小数的产生、小数的认读、小数的认识、巩固练习、小数的历史发展、课堂小结，并设计了课后作业。小数的产生与认读建立在学生已有的认知之上，试图让学生形成对小数初步的认识。小数的认识建立起了整数与小数的联系，试图让学生将十进位值制的思想进行迁移产生新的数位，进而感受数的认识的一致性，初步形成创新意识。巩固练习是建立小数与分数的联系，试图通过小数的多元表征，在几何直观中发展学生的数感。小数的产生与发展是对小数历史发展的介绍，前面的教学过程实际上试图重构小数的历史发展进程，学生比对历史发展线与自身的学习过程，不仅了解了我国古代对小数的发展作出的卓越贡献，还能增强学生数学学习的信心。实际上，这一环节放在小数的认识环节后会更有价值，一方面学生刚经历了“创造”小数的过程，此刻进行古今对照更有体会；另一方面，学生在“创造”小数的过程中会遭遇困难，小数历史发展的呈现将有助于学生从中汲取突破难题的经验。课堂小结的三个问题既考查了学生的数感，又考查了学生学习过程的回顾与评价，有一定的新意。课后作业是教学评价的一部分，此教学设计中的课后作业用来检测学生对教学内容的理解与掌握情况、对知识学习必要性的认识情况以及学习的情感体验，突破了已有作业仅考查知识的理解与掌握的局限，但相对缺少核心素养方面的考查内容。

知识卡片：

近些年来，数学文化、数学史受到了中小学数学教师的广泛关注，“小数的初步认识”教学设计就融入了数学史。在世界范围内，有一个专门的研究领域——数学史与数学教育(history and pedagogy of mathematics，HPM)来研究数学史与数学教育的关系。

HPM 和 PME(psychology of mathematics education,数学教育心理学)是国际数学教育大会上最早成立的两个研究小组。2003 年颁布的《普通高中数学课程标准(实验)》对数学史十分重视,2005 年举办的第一届全国数学史与数学教育学术研讨会引起了数学教育者对 HPM 的重视。目前,HPM 主要有六个研究方向:理论探讨、教育取向的数学史研究、历史相似性实证研究、教学实践与案例开发、HPM 与教师专业发展、数学史融入教材研究。

二、小学数学教学设计分析要点

(一) 内容、活动、基本要求、核心素养多维一体的教学目标

教学目标的设计是教学设计的起点,教学目标设计的分析也是教学设计分析的起点。只有明确了教学目标的相关要求及其合理性,才能对教学设计的其他构成要素作出科学的评价。教学目标设计的分析要关注内容、活动、基本要求、核心素养之间的联动,教学目标是针对具体的教学内容的,教学内容通过教学活动对学生产生影响,所以,我们可以从基本要求和核心素养两个维度分析教学活动产生的影响,基本要求指向基础知识、基本技能、基本思想与基本活动经验,核心素养指向正确的价值观、关键能力与必备品格。教师可以分析核心素养、基本要求是哪部分内容开展何种形式的活动产生的,推断教学内容与教学活动的互动是否真的能产生相应的教学效果。

(二) 教学重难点定位的精准度

前文已提及了教学重难点在教学设计中的地位,因此教学重难点的精准定位是教学设计分析的重点所在。教学重难点的定位需要与教材分析、学情分析联动,因此,我们对教学重难点的分析要关注教材分析、学情分析,通过对教材分析、学情分析的再分析就会发现教学重难点的定位精准度。相较于教学难点,教学重点较易确定。例如,“小数的初步认识”教学设计,通过授课教师对教材内容的分析,我们就会发现这个课时的基本要求是小数的读写与对其意义的初步认识,相较于读写,对其意义的认识更为重要,因此将这个课时的教学重点定位为对小数意义的初步认识是精准的;通过授课教师对课程理念、教材内容与学情的分析,我们可以发现,教师基于数的认识的一致性进行了单元整体视角下的课时设计,关注了小数的产生与认识,相较于对意义的理解,从数学本身的难度和学生学习的难度上看,概念本身的认识无疑更有难度,因此将教学的难点定位在“十进位值制在小数部分的延伸,即整数与小数本质的一致性”也是精准的。

(三) 课程标准要求、教材内容与学情分析的深度

前期分析是教学设计的重要组成部分,也是教学设计分析的重要分析对象。在对教学设计的前期分析进行分析时,我们需要阅读设计者对课程标准理念及要求的

解读情况，查看解读是否与课程标准的理念、要求有出入；查看设计者是否按照主题—单元—课时的逻辑进行教学内容的全面深度解读、是否抓住了数学知识的本质、是否准确地把握了教材内容的编排意图，了解学情分析的方法与结果，查看设计者是否采用了科学的方法真正地了解了学情。

（四）教学过程的连贯性与教学活动的合理性

教学过程设计是教学设计的重中之重，对教学过程进行分析可以从教学环节和教学活动两个维度进行。教学环节是教学过程的框架，对其分析需要关注其完整性与连贯性：一方面，教学环节要尽量完整，可以根据课型来判断教学环节设置的完整性；另一方面，教学环节间的衔接要自然连贯。教学活动是教学过程的重要组成部分，要用教学活动充盈教学环节，教学任务的设计是教学活动的核心，可以按照史密斯和斯坦的分类，低水平要求的任务包括记忆性任务与无联系的程序性任务，高水平要求的任务包括联系的程序性任务与做数学的任务，来确定教学任务的水平，同时，要查看教学任务的展开情况，即教学活动的设计，推测任务的难度与学生认知间的匹配度、任务的展开是否有助于学生的深度学习。

（五）教学设计各构成要素的联动

教学设计的各构成要素是有机一体的，要用整体的视角对教学设计进行分析，关注教学设计各构成要素的联动。在进行教学设计分析时，教师可以先通读教学设计文本，再对上述的教学设计分析要点进行分析。此时，教师对整个教学设计有了一定的认知，对教学设计的重要组成部分有了深刻的认识，此后，就可以对教学设计各构成要素的联动进行分析：推敲教学设计思路是否符合新课程的理念，理清教学目标的确定和教学重难点的定位与课程标准要求分析、教材内容分析、学情分析的紧密相关，明确教学过程设计中教学方法的选择与教学手段的选用是否合适、教学活动设计是否体现了新课程改革的理念、是否有助于重点的突出与难点的突破、是否有助于核心素养教学目标的落实。

理解·分析·实践

- **理解性练习题**

1. 新课程改革理念下小学数学教学设计有哪些趋势？
2. 小学数学教学过程设计的要点有哪些？
3. 选择教学设计的一个或两个构成要素叙述其撰写规范。

- **思辨性练习题**

1. 谈谈核心素养在整个教学设计中的地位。
2. 目前很多教师持“教材分析就是对教材相关内容的分析”的观点，对此你怎么看？
3. 当前，教师开展教学设计时可以参考的资源越来越多，面对如此多的资源，我们该如何开展教学设计？

- 实践性练习题

1. 选择任一教学内容进行单元整体设计视角下的课时设计。

2. 小组合作，收集名师、见习（或实习）所在学校小学数学教师、师范生同一课题的三个版本的教学设计，进行分析、比较与评价。

3. 总结反思小学数学教学设计的设计要点，对自己原有的教学设计进行修改完善。

拓展阅读导航

1. 曹一鸣. 数学教学论[M]. 2版. 北京：高等教育出版社，2020.

2. 加涅，等. 教学设计原理：第五版修订本[M]. 王小明，等译. 上海：华东师范大学出版社，2018.

中外对教学设计的理解有所不同，建议读者阅读《数学教学论（第2版）》第五章“数学教学设计”、概览《教学设计原理：第五版修订本》，了解中外视野下的教学设计。

3. 刘加霞，刘晓婷，刘琳娜. 小学数学典型内容教学设计与评析[M]. 北京：清华大学出版社，2019.

4. 曹一鸣. 新版课程标准解析与教学指导：小学数学[M]. 北京：北京师范大学出版社，2022.

为了了解教学设计的撰写规范，更好地开展教学设计，读者可以参考《新版课程标准解析与教学指导：小学数学》《小学数学典型内容教学设计与评析》中的典型案例及其背后的设计理念，从模仿开始到自主设计，设计出适合自身的合格教案。

5. 史宁中，曹一鸣. 义务教育数学课程标准（2022年版）解读[M]. 北京：北京师范大学出版社，2022.

关于教学设计的理念，建议读者阅读《义务教育数学课程标准（2022年版）解读》，明白纲领性文件的要求，从宏观上认识小学数学教学设计。

第六章
小学数学课堂教学艺术

■ 走近学生

“师者，所以传道授业解惑也。”(《师说》)小学数学特级教师华应龙说：“好的课堂不应该仅仅是传授知识，更要启迪智慧、点化生命。”华老师的教学已经达到了挥洒自如、运筹帷幄的艺术境界，在教学过程中技能技巧的运用恰到好处，给人一种和谐、流畅的感觉，充满艺术感染力。许多师范生对于华老师高超的教学艺术羡慕不已，渴望自己像他一样拥有良好的教学职业素养，同时也对将来走上讲台开展教学工作充满憧憬。

课堂教学是一种创造性劳动，是教师教学能力的体现，需要长时间的教学实践和积累，才能逐步得以提高。师范生在大学期间，较为全面系统地学习了本专业的通识课程、专业课程、教师教育课程以及相关实践课程，已经走进小学数学课堂开展了见习、实习和研习，对小学数学教育教学有了进一步的了解。但是，如何理解数学课堂教学艺术的本质与特征？教学艺术和教学技能有何区别和联系？如何从教学艺术的视角探讨课堂教学组织和实施？小学数学课堂教学中导入、提问、讲解和总结四个环节教学艺术的功能和要求有哪些？如何提升自身乐教情怀、懂教素养和善教能力，不断追求小学数学课堂教学的艺术境界？可能大家对于这些问题还不是非常清楚明白。

教学艺术是一个历久弥新的命题，也是教育领域里一个永远充满生命力和吸引力的话题。数学教学艺术，毋庸置疑地具有一般教学艺术的特点，但也有其特殊性。本章将在概述小学数学课堂教学艺术的基础上，对其中的导入艺术、提问艺术、讲解艺术、总结艺术等重要内容展开解析，并提供丰富的案例，希望能够帮助师范生提高教师职业技能，促进师范生领悟和掌握课堂教学艺术。

■ 学习目标

1. 理解数学课堂教学艺术的本质与特征，以及教学艺术和教学技能的关联。

2. 能够从教学艺术的视角探讨课堂教学组织和实施，重点掌握小学数学课堂教学中导入、提问、讲解和总结四个环节教学艺术的功能、要求和常用技巧。

3. 能够按照美的规律开展独创性教学实践活动，提升自身乐教情怀、懂教素养和善教能力，不断追求小学数学课堂教学的艺术境界。

■ 思维导图

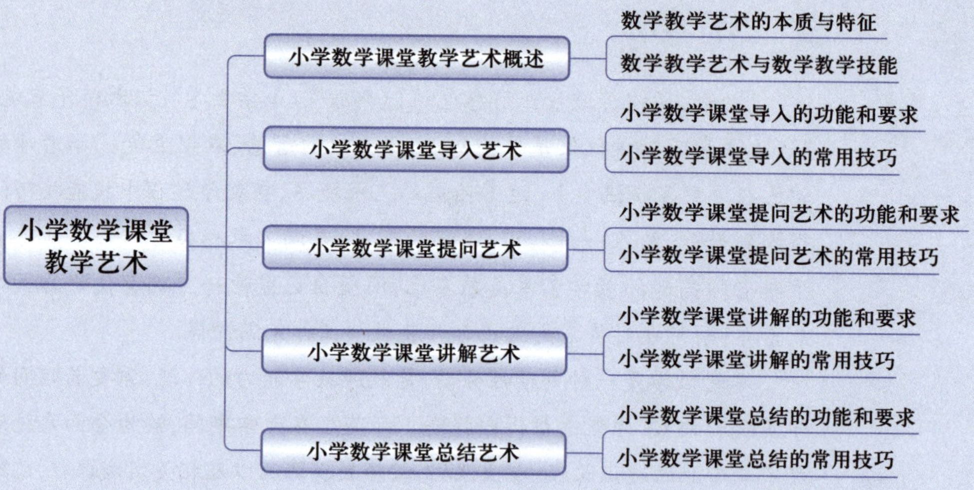

第一节 小学数学课堂教学艺术概述

随着《数学课程标准(2022年版)》的颁布实施,小学数学课程目标已从关注学生的"四基""四能",转变到关注学生"核心素养"。《数学课程标准(2022年版)》强调,有效的教学活动是学生学和教师教的统一,学生是学习的主体,教师是学习的组织者、引导者与合作者。人们越来越认识到数学教学是一门复杂、高超、具有特殊性的培养人才的艺术。在数学教学过程中,教师教的方式、学生学的方式以及数学本身都有艺术的特点。教学艺术就是教师在课堂上遵照教学法则和美学要求,根据教学内容灵活运用语言、表情、动作、媒体、组织形式等手段,进行创造性教学的活动。使用教学艺术有助于感染和激励学生,提高课堂教学效率和教学质量。当然,对于教学艺术,不同的人有着不同的理解和认识。但是,把教学艺术看成是某种高超的教学技巧、某种创造性的教学设计、某种动人的表演都是不全面的。

一、数学教学艺术的本质与特征

(一) 数学教学艺术的本质

教学艺术是什么?它的实质是什么?学界众说纷纭,看法并不统一,其中比较有代表性的有三种:第一种是教学艺术乃是教师娴熟地运用综合的教学技能技巧,按照美的规律而进行的独创性教学实践活动。第二种是教学艺术是指师生紧密合作,充分利用教学情境中的一切条件,遵循教学规律和美的规律,创造性地运用各种教学方法和美的形象,最佳地完成教学任务的活动特征。第三种认为教学艺术的含义有三层:其一,指在教学过程中综合运用教学方法体系的技能技巧;其二,指遵循美的规律,贯彻美的原则而进行的创造性教学;其三,指在教学过程中体现教师个性而独具特色的艺术创造活动等。我们认为,这三种看法的有机统一乃是教师高超精湛的教学艺术,因此我们可以将教学艺术定义为:教学艺术乃是教师娴熟地综合运用教学技能技巧,按照美的规律而进行的独创性教学实践活动。审美化、艺术化的教学,不但有益于学生身心的全面发展,而且犹如一件艺术品,能给人带来全方位的审美享受,让人回味无穷,让教师体会到自我实现的愉悦感。

数学课堂教学艺术是指数学教师综合运用数学课程论、教学论、学习论等理论,遵循数学教学规律和学生的认知特点,在数学教学的整体活动中,通过课前对教学内容的慎思和教学"实场"的"即兴创作",以富有个性特色、独特的方式方法,创造性地组织数学教学,优化学生的数学学习生命,使教学达到最佳效果的精湛教学技艺。它是教师的境界、学识和智慧的结晶,是教师创造性地运用教学方式方法的升华,是教学规律性与教学独创性的完美结合,是"真善美"和"精气神"的和谐统一。而这正是数学教学艺术的本质所在。[①]

（二）数学教学艺术的特征

教学艺术的特点是教学艺术的本质在各个具体方面的表现，把握艺术的特点是了解和运用教学艺术的关键。数学教学艺术主要包括以下几个方面的特征。

1. 形象性

由于数学教学内容的高度抽象性和严密逻辑性，所以数学教学必须强调形象性。因此，教师在数学教学过程中要善于运用生动、鲜明、具体的形象，通过直观性语言和感性化材料的辅助来展开数学问题的思维活动。数学教学艺术的形象性，一方面表现在教师运用生动形象的语言，借助比喻、类比、模拟、描绘等艺术手法，给学生以感性认识，使学生形成生动的表象或产生丰富的联想，从而掌握难以理解的抽象概念、公式和定理；另一方面表现在教师根据教学任务和学生的年龄特征，恰当地选择各种直观教具和教学手段，通过观察实物、实验、模型、挂图，以及多媒体手段等，使学生认识客观事物的特点和规律。

2. 情感性

数学教学作为一门科学，主要运用理性，以理服人，注重科学思维方法的训练；作为一门艺术，则主要运用情感，以情感人，具体表现在各种情感手法的运用上。教学过程既是传授知识、培养能力的过程，又是情感交流的过程。“没有爱就没有教育”，教学艺术的情感性首先表现在教师对学生、数学学科的爱，这种爱是一种巨大的情感力量，它可以融化学生心中的“坚冰”，点燃学生数学思维的火花，搭建沟通师生感情的桥梁；其次表现在教师在教学过程中善于发挥情感的作用，创设愉快、和谐、合作、轻松的学习氛围，提高课堂教学效率；最后表现在教师在数学教学过程中善于创造条件，使每个学生都有获得成功的机会，培养学生探索未知、追求真理、勇攀科学高峰的责任感和使命感。

3. 审美性

数学教学艺术的审美性不像文学艺术之美那样形象、感性，它以数量关系、几何图形和缜密的逻辑推理为基本载体，主要表现在教学设计的美、教学过程的美、教学语言的美、教态的美和板书的美等方面。教学设计的美表现在既新颖别致又具体可行；既便于操作又富有成效。教学过程的美表现为整个教学过程诠释数学之美，自然流畅、环环相扣、波澜起伏、余味无穷。教学语言的美表现为生动形象、简洁明快、精练准确。教态的美表现为教师衣着打扮美观大方，仪态端庄自然，态度真诚热情等。板书的美表现为书写规范而美观、布局设计比例协调，板书内容既突出教学重点又有利于学生数学知识的建构。

4. 创造性

数学教学的复杂性决定了教师劳动的创造性。创造性是数学课堂教学艺术的生

① 曹一鸣，刘咏梅，朱凯，等. 小学数学课程与教学论[M]. 北京：教育科学出版社，2014：141.

命力。教师面对的是千差万别的学生,不可能用刻板的模式或套路去解决课堂上出现的各种问题。数学教师只有寻找最优的教学活动方式,构架最优的教学结构,建立协调一致的教学方法群,才能达到最理想的教学效果,使课堂具有艺术魅力。数学课堂教学艺术的创造性一方面表现在教师对教学原则、方法的合理恰当的选择和运用上;另一方面表现在教师善于捕捉教学中各种因素的细微变化,迅速机敏地采取恰当的措施,使课堂教学收到意想不到的效果上。如巧妙地利用突发事件,创设新的教学情境等。

二、数学教学艺术与数学教学技能

(一) 数学教学技能概述

教学技能是教师最基本的职业技能,许多专家学者都对课堂教学技能的定义提出了自己的看法。有人认为,教学技能是教师在教学过程中,运用专业知识和经验顺利完成某些教学任务的活动方式。也有人认为,课堂教学技能是教师运用相关知识和经验进行课堂教学,向学生传递信息和推进学生学习的教学活动技能。众多专家学者普遍认为,教学技能是指教师在教学过程中运用有关的知识和经验,进行课堂教学与促进学生学习的一系列教学活动方式,如导入技能、提问技能、讲解技能等。教学技能不是教师生而具有的本能,它是教师通过学习各种知识(包括学科知识、学科教育学和教育心理学的知识)、经过反复实践(教学的实践、育人的实践)才得到的本领。

为建立师范生教育教学能力考核制度,2021 年 4 月,教育部研究制定了《小学教育专业师范生教师职业能力标准(试行)》。《职业能力标准》明确指出,教师要“通过微格训练学习,系统掌握导入、讲解、提问、演示、板书、结束等课堂教学基本技能操作要领与应用策略”。可见,课堂教学技能是师范生教育教学能力考核的重要内容,也是师范生将来从事教育教学工作的必备能力。

数学教学过程是一个极其复杂的过程,教师想要做好数学教学,就必须掌握多种多样的教学技能。小学数学教师除了应具备通用的教学技能,还应具备小学数学学科的教学技能,如速算技能、数学符号语言和文字语言与儿童口头语言的互转技能、徒手作图技能、直观教具的制作和使用技能等。二者之间,前者是基础、是“通用”,后者是特长、是“专用”。正确处理好通用技能与专用技能之间的关系,使二者互补互促,可以使每个教师都具有完整的从事小学数学教育所需要的教学技能。数学教学技能是数学教师专业素质的重要内容,它对提高教学质量、促进教师专业成长以及学生的数学学习都有重要意义。

(二) 数学教学艺术与数学教学技能的关系

教学技能的生成、成熟和提升都离不开教学实践,教师只有敢于进行教学创新,通过不断地尝试、接受反馈和揣摩反馈,并逐渐得到肯定和欣赏,形成良性循环,才能步入教学艺术的殿堂。就教学原则而言,教学艺术要遵循基本的底线,以保证教学艺术的目的性和有效性。就教学规律而言，教学艺术是建立在与人的行为、交流和环境有关的知识、技能和技术之上的，即使教师没有意识到，但是有效推动学生认知和情感发展的教学艺术必然是符合教学与心理规律的。就综合表征而言，教学艺术之美是科学之美和价值之美，而非视觉之美。纯粹的教学原则和规律是教学的理论形态，也不构成完整的教学艺术，因为教学艺术是具有客观外在组织结构的，可复制、观察和操作的表达方式。当教学技能是原则和规律的实现样式时，当教学原则和规律是技能实施的规范和指导时，教学技能、原则和规律融合为一体，方为教学艺术。①

娴熟的数学教学技能在数学教学艺术创造中占有重要地位，它是创造数学教学艺术必须具备的基本功，只有练就纯熟的数学教学技能，才能得心应手地组织各种教学活动，从而把数学审美理想变成现实的数学教学艺术。教师头脑中的教学艺术构思与教学艺术形象的差距，是由教师的教学艺术表现能力造成的，而数学教学艺术表现能力的强弱反映着数学教学技能的高低，因此，数学教学艺术的魅力在很大程度上与数学教学技能的高低密切相关。

从教学技能到教学艺术（彭道林）

（三）数学教学艺术的应然追求

许多工作、许多活动，在“山脚”下，是技能、技术，到了“山顶”上，就成了艺术。教学工作也不例外。教学要达到艺术境界是需要条件的。那么，如何才能到达教学的艺术境界？那就要教师努力去创造这些条件。这些条件至少有这样三个方面：一是知识达到相当广度和深度，二是技巧上的千锤百炼，三是不断地总结积累。②

教学艺术不仅是教学技能技巧，更应当看成是按照美的规律来进行的独创性教学实践活动。数学教师更多的责任恰恰就在于应当通过自己的“再创造”，为学生展现出“活生生”的思维活动。例如，教师怎样把课讲得清晰、透彻，富于启发性；怎样吸引学生全神贯注、兴趣盎然地来听课；怎样启发学生主动积极地、创造性地思维；怎样培养学生熟练的、灵活的解题技能和技巧；等等。教师应该像演员仔细揣摩编导者的意图及所扮演角色的性格、心理那样，对知识内容进行重组和演化，对知识内容的传授形成进行设计和选择；在讲解中注入自己的理解、观点和感受，这样才能在课堂的教学舞台上自然而然地“进入”角色，进行准确、细腻、深刻地“表演”。

追求数学教学艺术，教师不仅可以用语言塑造着各种听觉形象，借助教态、教具、板书塑造着各种视觉形象，还可以利用数学的简单美、符号美、图形美、逻辑美等表现出理性的美，使学生既受到真理之光的烛照，又受到数学美的熏陶。同时，还要正确地处理师生间的双边活动。教师、学生、课程诸多关系，要看作可控的、动态的平衡系统，教学的艺术实际上就产生在“教师、学生、课程”三位一体的配合和

---

① 曹一鸣，刘咏梅，朱凯，等. 小学数学课程与教学论[M]. 北京：教育科学出版社，2014：143.

② 彭道林. 从教学技能到教学艺术[J]. 大学教育科学，2017(2)：118-121.

协调之中。数学教学的成功既取决于数学教师的创造，又取决于学生的创造，还取决于师生的配合与协调。在师生的交流中，师生处于一种配合与协调状态中，教学过程就会产生一种同构互补、神来神往的默契。这正是数学教学艺术的核心所在。

第二节　小学数学课堂导入艺术

所谓导入，即课的开头、课的引入，是指教师在进入新课题教学时，采用各种教学媒体和各种教学方式，引起学生注意，激发学习兴趣，产生学习动机，明确学习目标和建立知识间联系的一类教学行为。这类教学行为广泛用于课堂教学的开始，也用于进入新单元、新内容的教学过程之中。

一堂课的导入在整个课堂教学过程中是十分重要的一环。常言道，万事开头难。一堂课有好的开头，如同一台好戏演好序幕、一部好乐章奏好序曲。高超的小学数学课堂导入艺术，可以产生先声夺人的效果，课堂导入顺利、成功，可以为整堂课的教学奠定良好的基础，让教学对学生产生强烈的吸引力。

一、小学数学课堂导入的功能和要求

（一）小学数学课堂导入的功能

良好的课堂导入能迅速集中学生的注意力，使学生对所学内容产生浓厚的兴趣，由此产生学习新知识的动力，为学习新的知识奠定良好的基础。在课堂教学中，导入艺术具有动机诱发、凝聚注意、目标导向和新知铺垫等功能。

1. 动机诱发功能

学习动机是直接推动学生学习的内在动力，是一种指向学习任务的动机和求知欲望。没有兴趣的学习，无异于一种苦役，没有兴趣的地方，就没有智慧和灵感。良好的课堂导入，以激发学生情感为中介，有助于引起学生的学习兴趣，诱发学生的求知欲，产生良好的学习动机。

2. 凝聚注意功能

注意是一种重要的心理现象，意识中的一切必然要经过它才能进入思维活动中。小学生的有意注意处于发展之中，起主要作用的仍然是无意注意，注意力不集中、不能持久都是小学生的心理特点。因此，在一节课的开始阶段，教师通过必要的导入艺术，创设某种情境，揭示某个矛盾，提出某些质疑，可以使学生的注意力由其他事物转移到课堂教学活动上来，并使之集中于某一具体教学内容和特定的教学程序上，由此为学习新知识做好心理上的准备。

3. 目标导向功能

良好的课堂导入应使学生明确本节课学习的内容、要达到的目标、要完成的任

务。在起始阶段，教师通过必要的导入艺术，创设某种情境，使每个学生都明白他们要做什么、应达到什么程度，或要得到什么结果，促进学生积极地投入到学习之中。同时使学生的思维有清晰的目标，在教学的起始阶段就能将思维凝聚到教学重点上。

4. 新知铺垫功能

学习是循序渐进的，要以掌握较低层次的知识为前提，才能保证与此相联系的较高层次知识的理解和掌握。同类知识要提升到新的台阶，更需要原有知识做铺垫。在新知识学习之前，利用知识迁移规律，搭建新旧知识联系的支点，可以为学习新概念、新规则做好知识上的铺垫，并由此使教学内容进一步展开、发展、拓宽，把课程不断推向新的高度，产生良好、积极的“连锁反应”。

（二）小学数学课堂导入的要求

“导入新课”，顾名思义，即先“导”再“入”。“导”就是教师介绍或引导学生回忆一些与新知识有自然联系的知识点。“入”就是引入新课，特别应注意的是要自然过渡，切忌牵强附会。教师在导入新课时应当注意以下几点。

1. 目的明确，针对性强

心理学研究表明，人的心理的显著特点之一，就是对某种需要具有自觉性和能动性。学生的学习行为也是在具有学习愿望这种需要的激励下发生的，教师在导入过程中，应抓住这个特点，选取适当的导入方法，使学生明确学习目的，刺激其求知心理，把学生内在的学习自觉性和主动性挖掘出来。艺术性的课堂导入，首先要明确其具体目的和针对性内容，导入语的设计以及各种教育技术、教学方法的使用都应该指向具体目标的实现。

【案例 6-1】目的明确的导入教学

一位教师在教学“循环小数”时，是这样导入的——请同学们完成下列练习题：1÷3；20÷6；707÷330。学生在试商时发现商的小数部分中的一些数字不断地重复出现，纷纷感到惊奇、迷惑，但又无法用已学的知识表示出这几个除法算式的商，大家都把信任的目光投向老师。这时，学生就有了听老师解答疑难的需要，教师顺势说道：“一个数的小数部分从某一位起，一个数字或几个数字依次不断地重复出现，这样的数叫‘循环小数’。今天，我们就来学习‘循环小数’及其相关概念。”这样的教学导入不但有利于突破“循环小数”概念形成过程中的难点，而且激发了学生的认知兴趣，使学生迅速进入最佳学习状态，达到了事半功倍的教学效果。

2. 新颖有趣，激发兴趣

心理学研究表明，令学生耳目一新的“新鲜的外部刺激”可以有效地强化学生的感知态度,吸引学生的注意指向。新颖性导入语往往能“出奇制胜”,但应切忌为新颖猎奇而走向荒诞不经的极端。导入之所以必须有趣,并非为了引起笑声而耗费精力,而是使学生对学习内容发生兴趣。针对小学生爱听奇闻逸事的心理特点,在导入新课时,适当引入一些与教学内容有关的故事、寓言、典故、谜语、趣闻等,可以帮助学生拓展思维,丰富联想,使他们兴致勃勃地投入到新知识的学习中,变好奇心为浓厚的学习兴趣。

【案例 6-2】新颖有趣的导入教学

一位教师在讲“圆的认识”之前画了一幅彩色自行车的挂图。教师将挂图上自行车的两个车轮用白纸盖住,将挂图贴在黑板上,上课时问学生:“这幅挂图上画的是什么?”“是自行车!”“老师送给你们要不要呀!”“要!”教师把遮盖车轮的纸扯开,学生笑了。“你们为什么发笑呀?”“两个轮子是正方形的,这样的自行车骑不动。”教师再把正方形车轮扯开,学生又笑了。“你们为什么又笑呀?”“两个轮子是椭圆形的,这样的自行车骑上去会跌倒。”最后教师把椭圆形的车轮扯下,一辆美丽的自行车展现在学生眼前,教师问:“这样的自行车行吗?为什么自行车的轮子要是圆形的呢?学习了今天的知识后你就会知道了。”(教师板书课题。)

3. 新旧衔接,启迪思维

认知心理学认为,学习是认知结构的组成与重新组织,学生是通过一系列的认知活动来构成自己的认知结构的。这种通过主体与客体相互作用而构成的认知结构与解决问题的能力是直接联系的。学生认知结构的构成与教材的知识结构有关,认知结构是由知识结构转化而来的。所以,在导入新课时,教师要从知识结构入手,注意新旧知识的衔接,使导入的内容与新课重点紧密相关,找准新知识的生长点,能揭示新旧知识联系,引发学生思考。

【案例 6-3】新旧衔接的导入教学

一位教师在教学“分数加减法”时,上课伊始,就要求学生说出整数加减法的法则和小数加减法的法则,当学生说出这些法则后,教师概括地说:“计算整数和小数加减法都要求数位对齐才能相加减,其实质就是只有计数单位相同的数才能相加减,其计算方法是把相同计数单位的个数相加减。今天,我们来学习分数加减法(板书课题),那么计算分数加减法是不是也要求‘数位对齐’呢?这里的‘数位对齐’是什么意思呢?怎样才能相加减呢?”这里,教师把整数、小数和分数加减法组织起来,形成一个结构,使学生将整数、小数加减法计算的算理和算法自然而然地迁移到分数加减法中来。

4. 简洁明了，过程紧凑

一堂课的时间有限，不宜在导入环节花费太多的时间。艺术性的课堂导入应在一堂课的前 5 分钟内完成，教师要用精练的语言达到预期的目标。导入的时间长了，必将影响中心环节的教学；但导入时间也不能过短，如果时间过短，学生的心理准备不足，也不利于新知的教学。一般来说，在学生的注意力开始集中、学习积极性开始形成时导入新课最佳。有经验的教师常常在上课后，先组织基本训练，控制在 3 分钟内，然后花 2 分钟左右的时间用于导入新课。

通常，一堂课的导入可以由几个步骤组成，如由旧知导入新知，就可以按“旧知再现、旧知重组、新知诱发”三个步骤进行。在导入过程中，各步骤之间既要层次清楚，又要合理紧凑，如果课堂的导入过程松松垮垮，那么整堂课都会松松垮垮，或者出现前松后紧的现象，必将影响教学计划的完成。只要导入过程安排得紧凑，就能很快集中学生的注意力，使学生尽快地进入学习情境，顺利完成教学任务。

二、小学数学课堂导入的常用技巧

新课导入艺术和方法灵活多样，在长期的理论研究和小学数学教学实践中，广大的数学教育工作者实施并总结了多种多样的课堂导入的艺术方式。教师应该做到因材而异，因生而异，这是导入实施的关键，也是难点。下面是结合课堂实例，整理并总结出的八种小学数学新课常用的导入艺术技巧。

（一）旧知复习导入

新课导入需要的信息有两个：一是能作为联系新旧知识桥梁的、一些学生熟悉或能够理解的事物；二是学生已经掌握的知识，以及与此知识相互关系的“图式”。这些知识及其关系“图式”可以作为学习新知识的铺垫。知识铺垫的起点是向学生提出自己非常熟悉的事物和知识，而终点应该是新旧知识的联结点。教师应深刻理解和准确把握小学数学教材中的知识体系，从学生已学习过的知识或者题目入手来导入新课，这样能降低学生接受新知识的难度。教学时可以安排一些与新知学习有关的旧知，将旧知作为学习新知的生长点，为下一步引入新知做好铺垫。

【案例 6-4】旧知复习导入

在教学“分数的初步认识”时，老师先给同学们设计了一道情境题。有两个小朋友去买月饼，卖月饼的老爷爷说：“你们要吃月饼可以，我先得考考你们。”他拿出四个月饼，说：“四个月饼平均分给你们俩，每人得几个？”两人很快答出。然后他又拿出两个月饼平均分给两人。最后，他拿出一个月饼问：“一个月饼平均分给你们俩，每人得几个？”两个小朋友回答：“半个。”老爷爷追问道：“‘半个’怎样用数字来表示？”这下便难住了两个小朋友。

这里利用生活问题很自然地从整数除法向认识分数过渡，利用旧知识做铺垫，过渡到新知识，不仅巩固了学生已学的知识，也符合小学生的心理特征，比较易于接受和掌握。

（二）创设情境导入

创设情境就是按照教学内容与教学要求设计适合学生学习某一内容的情境，使学生产生身临其境的感觉，激发学生有目的地去探索，从而帮助学生掌握知识又发展智力。儿童智力活动的形成过程一般有五个阶段：第一，了解当前活动的阶段，如听教师讲解或演示获得一般的表象和初步理解；第二，运用各种实物来完成活动的阶段，如用小石子或小棒计算活动；第三，有外部语言参加的、依靠表象（头脑中的形象）来完成活动的阶段；第四，只靠内语言（不出声的语言）在大脑里完成活动的阶段；第五，智力活动过程简约化。创设情境导入活动应大致遵循这样的认识规律来进行设计。

【案例 6-5】创设情境导入

一位教师在讲授"分数的基本性质"时，先给学生讲述"悟空分桃"的故事：孙悟空在花果山摘了一堆桃子，准备分给师兄弟吃。八戒口水直流，悄悄对悟空说："猴哥，给我多分几个吧！"悟空听了，想逗一下八戒，便说："当然，俺老孙不要太多，就只要这堆桃的$\frac{1}{3}$，沙师弟呢，就分这堆桃的$\frac{2}{6}$，至于老猪嘛，就多分一点，分这堆桃的$\frac{3}{9}$吧！"八戒心里美滋滋的，一个劲儿地感谢悟空。同学们，你们想一想，八戒真的多分到桃子了吗？（学生：不知道。）你们只要学懂今天的内容，就能回答出故事里的问题。（教师出示课题。）

（三）直观操作导入

小学数学中有部分知识与技能的学习要经过动觉、触觉的感觉通道，如质量、长度、面积、体积观念的建立、测量和比较，这些课题更需要安排直观操作活动来学习。直观操作导入，实际是由动作产生感知，由感知得到表象，再由表象抽象出新课的最初概念的过程。教师通过直观操作活动，引起学生各种感官共同参与，使学生高度集中注意力，进行有效的观察和思维，进而学习新的知识。操作演示实物、教具、图画或模型等，可以化抽象为具体，为学生提供丰富的感性经验。

【案例6-6】直观操作导入

在教授“图形的认识”时，教师事先准备球、长方体盒子以及正方体魔方，还有圆柱体的茶杯，让学生摸一摸、玩一玩、猜一猜，然后让他们说一说：长方体是什么样子？有几个面？正方体呢？它们可以滚动吗？圆柱体呢？它长什么样子？球和圆柱体一样吗？通过直观地展示教具并提问，学生对新的知识产生强烈的求知欲，便会主动而积极地投入学习中。学生在这样的情境中很乐意和教师一起探讨各种图形的简单特点，教师有效地激发了学生的求知欲。

（四）设悬激奇导入

设悬激奇导入是指教师根据教材内容的性质，提出问题，揭示矛盾，造成悬念，引起学生的好奇心和求知欲。刚一上课，教师就合理并巧妙地设置悬念，便可以充分激起学生的好奇心，把学生的思维推向“心求通而不能，口欲言而非达”的愤悱境地，激起学生对学习新知识的强烈探究愿望，从而把学生带入更广阔的数学天地。教师应精心组织感性材料，将静态的数学知识变为动态的探索对象，从而帮助学生扫除求知的障碍，叩开探究新知的大门。实践证明，疑问、矛盾、问题是思维的“催化剂”，它可以引发学生的有意注意，能使学生的求知欲由潜伏状态转入活跃状态，有力调动学生思维的积极性和主动性。

【案例6-7】设悬激奇导入

一位教师在教学“能被2、3、5整除的数的特征”时，是这样进行导入的。

他说：“同学们，今天这节课，先让大家出题考考老师。你们随便说一个数，我不用计算，就知道它能不能被2、3、5整除。”全班同学都很好奇，注意力马上集中起来，纷纷举手说出了很多的数，有的是一、两位数，有的是五、六位数。教师很快脱口而出，并让学生计算验证，学生的计算结果与教师回答的相同。此时，学生情绪高涨、兴趣盎然，教师接着说：“从同学们的表情上看，你们迫切地想知道老师用的是什么方法，这节课我们就来学习这种方法。”

这种设置悬念的课堂导入，激发了学生的好奇心，引起了良好的学习动机。

（五）横生妙趣导入

课堂导入阶段如果有一个引人入胜、充满妙趣的开头，就会有意想不到的好效果。“妙”是指形式与结构巧妙、奇妙，既能满足小学生好玩、好奇的心理，又能引导学生发现问题、提出问题，乃至解决问题；“趣”是指趣味、好听、好看，很容易让学生聚精会神地投入学习。教师设计有趣的教具并配合独具匠心的表达与演示、好玩的数学游戏、好听的数学故事、趣味讨论话题，播放动感、优美的视频资料等，都可以作为课堂导入的形式。教师生动、幽默的语言，巧妙地利用学生的生活经验和感兴趣的事物作借鉴与隐喻，在激趣方面也会起到独特的作用。

【案例 6-8】横生妙趣导入

一位教师在教学“认识图形(平面)”时，有意图地在衣服上粘贴了许多五颜六色的长方形、正方形和圆形贴纸。当她走进教室的时候，学生精神振奋，注意力全集中在图上了。有的同学感叹：“老师的衣服真漂亮！”有的同学猜测：“那是我们的奖品吧？”还有的同学说：“那些图形，我认识。”教师及时将这种无意注意引向有意注意，提出问题：“你们认识我身上的哪些图形呢？”当同学们说出“长方形、正方形、圆形”后，教师顺势板书，并导入新课。

（六）开门见山导入

“开门见山”意思有二：一是让学生一开始就看到学习的主题，尽量减少与主题无关或干扰主题的信息；二是要有足够的刺激强度，容易引起学生的注意，调动学习的积极性。在多数情况下，侧面或逆向地提出问题，会使学生有“奇、惊”的感觉，从而产生探索问题的强烈愿望。开门见山导入的顺序是：首先，提出与主题有关的生动、具体事物；然后，逐步抽去现实的、具体的、无关的部分，使学生的注意力集中到数学教学的主要问题上；最后，通过多次抽象与概括，只剩下最本质的东西——最纯粹状态下的数量关系和空间形式。教师既要注意培养学生的思维能力，又要设计有层次的思维阶梯，以学生的认知发展水平和已有的经验为基础完成新课导入。

【案例 6-9】开门见山导入

一位教师在教学“用字母表示数”时，他这样开始上课——首先通过唱英文字母歌、观察扑克牌很快引出课题，然后提问：“当你看到这个课题，你能提出一些和这节课有关的问题吗？你想了解一些什么知识？”同学们的探索欲望高涨，纷纷提出问题，比如：怎么用字母表示数？用什么字母表示数？为什么用字母表示数？用字母表示数有什么好处？教师接着说：“请同学们打开课本，边学习边思考一下这几个问题。”这样引入教学具有很强的直接性和目的性，不让学生的思维走弯路，而是直接由教师提出了要求。

（七）情感牵引导入

在新课导入中，教师固然要设法激起学生对新课题的强烈兴趣，引起学生的学习动机，但不是所有的课题都是非常有趣的。这时，教师要凭借学生对自身的亲近与信赖，动之以情，晓之以理，创造一种和谐的学习气氛，促使学生也能自觉、认真地学习。教师可以通过生活实例自然渗透情感、态度、价值观教育，润物于无声处。对于较低年级的学生，教师可以让他们了解数学能够描述生活中的一些现象，感受数学与生活有密切联系；对于较高年级的学生，教师可以让他们在运用数学知识和方法解决问题的过程中，认识数学的价值，建立学习数学的自信心。

【案例 6-10】情感牵引导入

一位教师在教学"体积和体积单位"时，以亲切的谈话交流方式引入——

师：同学们，老师非常想和大家交个朋友，大家愿意吗？

生：（非常高兴地，齐答）愿意。

师：我在家里，我的女儿非常爱穿我的衣服，你们在家是不是也这样呢？

生：是的。

师：穿上爸爸的衣服有什么感觉？

生 1：很大。

生 2：非常宽松。

生 3：很温暖、很舒服。

生 4：很温馨，感觉自己长大了。

师：爸爸会穿你的衣服吗？（学生都很惊讶，大多数笑了起来。）

师：你们笑什么？

生 1：我的衣服太小，爸爸穿不上的。

生 2：爸爸太胖，会把我的衣服撑破。

师：你的衣服，你爸爸穿不上，为什么呢？这里面实际上包含着丰富的数学知识，每个同学都应该善于从生活中发现数学问题。今天我们一起研究"体积和体积单位"，相信通过学习大家会理解得更清楚。

在案例 6-10 的导入过程中，伴随着"穿（不穿）爸爸的衣服"这一学生都体验过的、极具亲情味的问题，学生有愉快的情绪体验，高涨的学习积极性，学生的思维已不仅仅局限于数学学科领域，而是向着更广阔的领域延伸。

（八）摸石头过河导入

在精心创设的教学过程中，教师可以运用学习迁移原理，注意收集学生在新情境中的反应并及时调控，采取有效的手段，排除学生受到的心理及知识方面的干扰，使学生的知识顺利地向新的领域迁移。"摸石头过河"的"石头"是指学生学习过程中的心理状态和认知状态。教师只有通过及时收集反馈信息，及时作出判断，才能摸清这两个状态的实际情况，摸清情况并及时调控才能带领学生"过河"，顺利进入到新的知识领域。教师在反馈调控过程中，不要怕学生犯错误、提问题，不要急于解答问题，而应该创造更多的机会让学生暴露问题和接触问题，引导学生从正确的方向探索问题、解决问题。

【案例 6-11】摸石头过河导入

一位教师在教学“用计算器探索规律”时，是这样引入的——

导语：老师今天碰到一个这样的难题，谁能帮忙解决呢？

$$\underbrace{99\cdots99}_{9个9} \times \underbrace{99\cdots99}_{9个9}$$

交流：同学们刚才不断尝试用计算器解决，但遇到了新问题——计算器显示不了这么多数位。怎么办呢？

启发：老师给大家提供华罗庚先生的一个秘籍——善于“退”，足够地“退”，退到最原始而不失去重要性的地方，是学好数学的一个诀窍。

思考：要想解决这个难题，我们可以回归到哪个简单问题呢？

在案例 6-11 的导入过程中，学生虽不断尝试，但仍旧无法用计算器解决提出的问题，此处暴露问题意在让学生体会计算器只是解决问题的一个辅助工具。同时，教师引导学生不断尝试探索，收获更多关于数学问题解决的经验。

第三节　小学数学课堂提问艺术

提问是最古老也是最普遍的教师课堂教学行为。对提问行为的研究可以追溯到孔子的“启发式”提问和苏格拉底“产婆术”提问。提问是一种重要的教学手段，它被运用于整个教学活动中，是联系师生活动的纽带，在教学中有助于引导学生探索知识、积极思考、获得智慧。

课堂提问是教师从教学目标出发，结合教学内容和学生特点提出问题并要求学生回答的一种教学活动方式，是沟通教师、教材和学生三者的桥梁和媒介。应该说，好的课堂提问是教学有效传递的关键，它能激发学生的学习动机，集中学生的注意力，能帮助学生更好地学习和思考。最重要的是，好的提问能激发学生高认知水平的思考，培养学生的问题意识。

一、小学数学课堂提问的功能和要求

（一）小学数学课堂提问的功能

1. 整体助学功能

课堂提问首先要求在总体设计上是科学的，要把它作为整个教学过程的一个有机组成部分。设置的问题必须从提高学生整体水平出发,为实现课堂教学目标服务,这就要求提问不能有知识性的错误,要符合逻辑,做到重点突出,整体性强。因此,教师必须认真备课,深钻教材,把握好提问的尺度,安排好提问时机,排列好问题的顺序,对整堂课提问的内容进行合理的布局:哪组问题什么时候提出?学生能从提问中学到什么?这次提问能使学生形成何种能力和品质?对于这些问题,教师必须心中有数,全盘考虑。并且在设计时,教师要根据不同的目的和要求将问题分成若干组,组与组之间,各组的问题与问题之间要有严密的逻辑性和一致的连续性,不能前后矛盾、颠三倒四,要使教学提问成为严密的知识体系和严格的思维训练系统。

2. 启发思维功能

课堂提问必须要有利于启动学生的积极思维。《论语》中的"学而不思则罔,思而不学则殆"准确地论述了思维与学习的辩证关系;书中还提出了"不愤不启,不悱不发"的教学原则和要求。所以,教师在组织课堂提问时,要充分考虑启迪学生的思维,开发学生的智力,做到设疑引思,要让学生获取知识的过程变成思维训练的过程,不能让学生对问题的回答总是停留在"是""对"这个低水平层次上,而应该在新旧知识的"接触点"与"结合部"、在学生思维"最近发展区"设疑问难,这样才能启发学生独立思考,深入钻研,有助于提高学生参与讨论问题的积极性,让他们主动地获取新知识,解决新问题。

3. 有的放矢功能

课堂提问要有针对性,要做到有的放矢。这里所讲的针对性有两方面含义:一方面是针对学生的知识水平和思维水平,要求教师要设计适应学生年龄和个性特点的多种水平的问题,使多数学生能参与回答;另一方面是针对一堂课教学内容的重点和难点,要求教师在知识结构的关键处提问,在学生思维发展的转折点提问,在学生理解知识的疑惑处提问。对于那些没有价值和达不到教学目的的问题,要尽量少提或者不提。这就要求教师要全面了解学生,把握住教材的重难点,这样才能避免提问的盲目性和随意性,保证提问的针对性和有效性。

4. 反馈调控功能

根据反馈原理,学习可以定义为"学习者吸收信息并输出信息,通过反馈和评价知道正确与否的整个过程"。这个定义表明,只有吸收信息、输出信息,没有反馈信息和评价信息,并不是完整的学习过程。因此,课堂提问必须遵循反馈原理,问题提出以后要给学生一定的思考时间,学生回答时,教师要注意倾听,不要从中干扰,必要时可以提供一些辅助性的问题以启发学生思考。对于学生的回答,教师要及时判断其正误,给予分析和确认,准确地进行评价,这样学生可以通过教师提供的反馈信息,强化理解,排除错误的认识。

(二)小学数学课堂提问的要求

1. 了解问题的认知水平

课堂提问一定要围绕教学的中心任务,把目的性、科学性和系统性有机结合起来。教师了解问题的认知水平，就能从促进学生发展的角度运用好课堂提问。这就要求教师认真备课，深入钻研教材，切实了解学生的知识基础和接受能力，围绕教学的重点、难点和关键，精心组织设计问题，这样提问才能做到有的放矢。现在不少课堂教学往往存在这样一种现象，就是由于教师不了解问题的认知水平，只是根据知识要点设计教学程序，提出一连串简单的、低认知水平的问题，让学生不需要进行多少思考和活动就能回答。这种教学从表面上看似乎是知识教学到位了，而实际上学生并没有达到对知识的深刻理解，更没有让课堂提问的功能充分发挥出来，使学生获得充分的发展。所以，课堂提问要做到难易适度，遵循“跳一跳、摘桃子”的原则。提问太容易，会使学生产生厌倦和轻视的心理；提得太难，学生思维达不到问题的要求，就会失去学习的兴趣和信心。

2. 明确提问的目的

苏联数学教育家斯托利亚尔指出：“一定的发展只能是特别设计的有目的的教学的结果，所以我们把用‘数学思维’这个名称统一起来的思维活动结构作为数学教学的特殊的首要目的。”小学数学课程目标以学生发展为本，以核心素养为导向，进一步强调使学生获得数学基础知识、基本技能、基本思想和基本活动经验的获得与发展，发展运用数学知识与方法发现、提出、分析和解决问题的能力，形成正确的情感、态度和价值观。因此，课堂教学是有目标、有计划的活动，教学中的有效课堂提问应是在精心预设的基础上动态生成的。因此，教师在教学实施之前，应聚焦于教学目标，在教学的重点、难点之处精心预设问题，预先考虑在哪些知识点上提问，每个知识点的问题怎样提出，提出何种类型的问题，以此增加课堂互动的可能性，发展学生高水平的思维能力，并为各种可能的生成问题做好充分的准备。

3. 掌握提问的技术

研究表明，学生应答认知程度与教师提问的方式有很大的关系，高水平的提问方式能引发学生高认知的回答。因此，提问应建立在学生的“最近发展区”内，且教师应合理设计有梯度的问题，对复杂的问题进行分解，对不同的内容采取不同的策略。教师应善于采用大量追问，使问题形成高效的“问题链”以提高课堂效率；善于针对不同类型的问题引导学生采取不同的回答方式，激发学生高认知的思维；善于针对不同的提问类型采用不同的提问策略，调动学生的思维活动，提高学生的参与度。在教学中，特别是新手教师，经常出现以下几种没有积极效果的习惯性提向方式。

(1) 简单的是非问题。

由于这类问题对错机会各占 50%，如果问得太多，学生很容易揣摩教师的提问并找到正确答案的提示。与此同时，由于选择性问题的分析含量低，学生即使回答正确了也不能说明他们是真正理解了所学内容。

(2) 简单的追问。

有的教师往往在学生回答问题出现停顿或者回答不完全时进行简单追问，但不提供任何帮助，如“啊”“继续”“还有吗”等。

(3) 猜测问题。

在教师提出的问题中，有的问题本身具有开放性，有的问题要求学生进行猜测或推论，有的问题超出学生的能力范围。这类问题对发挥学生的想象力和让他们参与讨论有一定的意义。但是，如果使用不当或过多使用，往往会导致学生不予思考或妄加猜测。

(4) 无效的反问。

例如，当学生回答正确时，教师问：“你是自己想到的是不是？”当学生回答不正确时，教师反问：“你想知道正确答案吗？”实际上，教师应该多追问：“为什么这个是对的？”“你为什么这样答？”“这个问题你是怎么想的？”这样做既能了解学生思考问题的方法，又能点燃学生创新思维的火花。

4. 用好提问的策略

(1) 拟题阶段，精心设问。

拟题是为提问而做的准备工作，它是提问成功的重要条件之一，教师要在此阶段精心设计问题。

(2) 引入阶段，暗示提问。

教师用不同的语言和方式表示即将提问，使学生对提问做好心理准备，如“同学们，请思考这样一个问题……”。

(3) 列题阶段，说明问题。

陈述所提问题并做好必要的说明，表述问题应清晰准确。教师还可以提醒学生有关答案的组织结构，如以时间、空间、过程顺序等作为回答的组织依据，“请注意，大家在回答问题时应注意以下几点……”。

(4) 听答启发，鼓励启发。

教师要倾听学生答题，在学生不能作答或回答不完全时，要以不同的方式鼓励、启发学生。教师可以主要考虑以下四个方面：检查，核对查问学生是否听懂、听清了所提问题；催促，力求学生快速作出反应或完成教学指示；提示，给学生设立适当台阶，使其能答、答准；重述，当学生不理解题意时，用相同或不同词句重述问题。

(5) 评价阶段，理答有法。

教师对学生的作答进行评价，其主要的评价方法有：重述，教师以相同或不同的词句，重复学生的答案；追述，根据学生回答的不足，追问其中要点；补充，根据学生回答的不足，教师和其他学生予以完善；更正，教师或学生纠正错误的回答，给出正确的答案；肯定，教师或学生对某学生的回答给予认同、表扬；延伸，依据学生的答案加入新的材料或见解，引导学生思考另一新的问题或进行新的内容学习；检查，检查其他学生是否理解某学生的答案或反应。

二、小学数学课堂提问的常用技巧

《学记》中提出要“善问”和“善待问”。“善问”就是教师的提问应当有针对性和启发性。“善待问”就是要重视学生原有认知结构对新知识获得的作用，教师应该了解学生的知识结构和能力结构，针对不同情况进行提问。古人智慧的教育思想在今天的课堂教学中仍然具有强大的生命力，好的提问应发生在课堂教学的始终。教师要积极运用国内外关于课堂提问的研究成果，把握好不同类型、时机的提问艺术，不断提高“善问”“善待问”的艺术技巧，并进行创新性运用。

小学数学的课堂提问应做到三个明确：一是目的明确，即提问要达到什么样的目标；二是方向明确，即提问要给学生明确的思考方向，不能含糊不清；三是评价明确，即学生在回答提问后，要对其有明确的评价，不能不置可否，使其茫然。下面我们结合一些案例，介绍优秀教师在小学数学教学中艺术性提问的具体做法。

（一）判断性提问

判断性提问，也叫是非性提问，需要学生判断数学理论知识或解题过程是否正确。这类提问多见于学生或教师的解题过程中或结束后，目的是判断其过程、方法和结论的正确性，有时也用于引导学生思考其过程、方法或结论的合理性。

常用的提问方式是：“是不是？”“对不对？”答案是简单的“是”或“否”。例如，教师在教真分数、假分数的概念后，提问：“假分数是分子大于分母的分数，对吗？”教师在教长方形、正方形的面积计算时，开始给出一个长 6 dm、宽 2 dm 的长方形和一个长 4 dm、宽 3 dm 的长方形，提问：“请同学们猜一猜，这两个长方形的面积大小一样吗？”

这类提问的特点是：(1) 要求学生仅用“是”或“否”就能解决提问，因此，尽管教师也引导学生思考，但提问方式本身容易误导学生不做思考，所以，思维程度要求很低；(2) 难以发现学生真实水平，一个简单的“是”或“否”常包含偶然因素，从概率来说即便是猜，也有 50% 的正确率；(3) 难以找到学生错误症结所在，一个判断失误可由多种因素所致，不找到原因就无法对症下药。建议教师在这种类型提问后面紧跟一些引导叙述或引导思考的提问。

（二）视读性提问

视读性提问多见于一个课题展现在学生视觉之中后，其目的是引导学生在课题中找到一些相关信息，便于从这些信息入手加以思考。常用的语句有：“发现什么信息？”“怎么样？”

这类提问的特点是：(1) 能引导学生将注意集中并指向课题，并调节学生学习的心理状态；(2) 能提高学生从众多信息中辨认出某些相关信息的能力；(3) 其思考性成分很低，有时甚至只要照读一些数据即可。例如：“第一班工人生产了几个零件？”学生只要读一下题中已经提供的数据即可。建议教师为这类提问增加些思考成分，如尽量避免只视读一些数据的提问，以免学生产生逆反心理。

（三）复述性提问

复述性提问多见于学生在学完某个知识点之后，目的在于考查学生对此知识点的掌握程度如何。有时也见于学生在某个自学阶段完成之后而讨论思考前加以提问，以便引起讨论和探索。常用的语句有："是什么？""怎么样？"

这类提问的特点是：(1)有提高记忆力的功能，要求学生将由视觉或听觉而进入记忆系统的信息能较快地再现出来；(2)缺乏引起思考的功能，因为提问本身只要求回答是什么，因而这类提问难以培养学生思考能力。这类提问应常和引起思考和引导讨论的提问结合使用，以增加提问的可思考性。

（四）泛化性提问

泛化性提问多见于在新授课中例题出示之后，也偶见于相关或相近知识比较认识进程中，目的是引导学生发现知识的某些本质特征，在探究和比较中抓住知识的本质，从而加深对相关知识的理解。常用的语句有："发现了什么？""有什么相同（或不同）之处？""有更好的办法吗？"

【案例6-12】泛化性提问

在教学"条形统计图"时，教师先是让学生对喜爱的水果进行数据收集，提问学生："你平常最喜欢吃哪一种水果？"在学生给出答案之后，教师通过绘制相应的统计表，让学生了解喜欢不同水果的人数，然后继续提问："有什么更好的办法来清晰地了解喜欢每种水果的人数？"促使学生观察条形统计图并对比统计表之后得出其特点。接着，教师鼓励学生自主设计条形统计图并提出相应问题。在师生相互问答过程中，学生逐渐熟悉了条形统计图的用法。

这类提问的特点是：(1)问题常常指向不明确、不具体，范围过大，难以引导学生较快抓住本质特征。对于同一课题，学生的观察发现可以有多种多样，有些是非本质的（如情节特征、数据特征），有些是本质的（如关系特征、结构特征）。(2)这类提问后面常伴随讲解或讨论，如果学生因问题目标不明确而茫然时进入讲解和讨论，不仅不利于思考，反而会使学生难以掌握知识本身。这类提问应尽可能改为目标明确、要求具体的提问，实实在在地引导学生思考。

（五）叙理性提问

叙理性提问多见于学生完成某个解答后，目的在于引导学生叙述道理，加深理解，同时教师也容易发现学生错误所在。常用的语句有："为什么？""怎么想？"

这类提问的特点是：(1)具有培养初步逻辑能力的功能，一个较完整的"为什么"的叙述，其本身是一个较完整的逻辑过程，包含着因果关系（因为…所以…）；(2)能引导学生在叙述过程中加深对知识的理解，同时在教师的点拨下，可以使一些原来不知其所以然或略知其所以然的学生能知其所以然。

这类提问与学生的年龄特征有很大的关联，因为这类提问的逻辑要求相对较高，故年龄小的学生在回答时常有些困难，这时教师应增加些指导或学习活动，如启发、纠正、点拨、商讨等，以提高学生的逻辑思维能力。

（六）创造性提问

这类提问多见于学生在完成某个问题目标的解答后，目的是引导学生多角度思考，从而能创造性地提出见解。常用的语句有："还可以怎么做？""还可以怎么想？"

这类提问的特点是：(1)问题目标指向具有扩散性，能引导学生充分、自由地去思考，提出具有独创性见解，培养学生思维的创造性；(2)需要有一定的基础知识和基本能力，无论是直觉思维还是创造性思维，其水平的发挥既取决于基础知识的积累，又取决于学生如想象、思维等智力水平。

对于这类提问，低年级学生可以从最简单的多解法开始，有计划地随着学生年级增高而增加问题的难度。例如，低年级在做完加法并会用减法验算后，教师就可以提问："还能用什么方法验算？"而到高年级则可较多提问："还可以怎么想？"

第四节 小学数学课堂讲解艺术

讲解是课堂教学中最基本的教学行为。课堂讲解是教师运用口头教学语言向学生传授知识和方法、促进智力发展、进行思想品德教育的教学活动方式。讲解的实质是建立新知识与学生原有知识经验之间的联系。课堂讲解不仅能够保持教师在教学中的主导地位，便于教师控制教学时间和进度，使所授内容能保持流畅与连贯，而且有利于重点内容的分析、难点的突破，易于帮助学生抓住问题的关键，节约教学时间。在小学数学课堂教学中，教师的口头教学语言包括引入语、解说语、启示语、结论语、介入语、评价语等。

引入语是指在数学教学中教师用以引入数学知识的语言。常以原有知识的发展或新知识的作用来表述。例如："我们学习、生活和劳动都安排有一定的时间。今天，我们就一起来认识时间的基本单位——时、分。"

解说语是指在数学教学中教师对教学内容作出一定的解释和说明的教学语言。例如，一位教师在教学"整除"这一概念后这样说："这里所说的整除指的是整数除以整数。整数 a 能被 b 整除，指的是整数 a 除以整数 $b(b \neq 0)$，除得的商正好是整数且没有余数。比如，42 和 3 都是整数，42 除以 3 所得的商 14 也是整数，我们就可以说'42 能被 3 整除'。而 42 和 5 虽然也都是整数，但 42 除以 5 的商是 8.4，不是整数，所以我们就可以说'42 不能被 5 整除'。"这段对"整除"这一概念的进一步解释和说明就是解说语。

启示语是在数学教学中教师对学生提出要求或问题，启发学生思考时所用的教学语言。例如，在教学三角形面积公式时，教师让学生用数方格法求出三角形的面积后，要学生观察分析，初步建立“三角形的面积=底×高÷2”的猜想，接着教师提出问题：“底×高是什么图形的面积？你能使三角形转化为平行四边形吗？”这就是为学生明确三角形面积公式的思维方向而使用的启示语。

结论语是教师对所授内容所做的结论。有时是描述或定义一个概念，有时是叙述一条规律，有时是总结一个方法，有时是对一个教学阶段（环节）所作的小结，有时是对一节课的教学内容所做的概括等。

介入语是在数学教学中教师向学生进行鼓励或指点学习方法，或提出学习要求时所用的教学语言。例如，学生对某一数学题提出了新颖独到的解法，教师表扬说：“这个方法真棒！同学们都要学会这样想！”又如解答某一数学问题时，教师告诉学生如何获取题目信息、如何思考分析等。

评价语是在数学教学中教师以不同方式处理学生的学习行为或结果时所用的教学语言。常用的形式有：评价，对学生的学习行为或结果加以分析、评论；更正，对学生不正确的学习行为或结果加以剖析、更正；等等。

为获得最佳讲解效果，教师在课堂教学中必须自觉地培养以下几种能力：组织内部语言的能力（即要想好“说什么”“为什么说”“怎么说”）、快速语言编码的能力（即要注意储备口语词汇，懂得语法规则）、运用语言表情达意的能力（即善于运用语言、语调、语速、语量的变化表达思想感情）。

一、小学数学课堂讲解的功能和要求

（一）小学数学课堂讲解的功能

1. 传知导学功能

教师教学的主要目的是向学生传授知识，而实现这一目的的主要途径是教师讲解。在课堂教学中，教师通过讲解可以引导学生在原有认知结构基础上，感知、理解、巩固和应用新概念、新规律、新方法。教师成功的讲解，可以把学生要学习的知识系统准确地呈现出来，便于学生理解；也可以把教材中原本枯燥无味的知识讲解得深入浅出、活灵活现，便于学生理解掌握；还可以把重点关键性的知识讲清讲透，便于学生熟记和运用。因此，传知导学功能确实是课堂讲解的一个最主要的功能。

2. 启智拓维功能

在课堂教学中，教师的讲解可以帮助学生明晰得出结论的思维过程，启迪学生探究解决问题的不同途径，发展学生的认识能力（如观察力、思维力、想象力等）和实践能力（如运算能力等）。想要对学生进行启智，就需要学生拥有数学思维。教师在课堂讲解中通过设置问题对学生启智，能够引发学生的思考，提高学生的思维品质，让学生拥有思想碰撞的机会，在互相学习的过程中得到智慧的提升，在动脑探究的过程中获得解决数学问题的能力，实现学生智力的开发，让学生面对问题的时候懂得从何处入手来分析。

3. 育德育心功能

教师应善于从教材中挖掘、提炼其蕴涵的德育因素，把显性的教学问题和隐性的德育影响有机地结合起来，寓科学性、思想性于课堂讲解中，可以使学生潜移默化地受到思想品德教育，从小养成良好的行为规范和道德品质，从而实现数学的育人功能。例如，教材中“南京长江大桥”“植树问题”“啄木鸟吃害虫”“节约用水、用电、用气”等数学问题，分别渗透着爱国意识、环保意识、节能意识，这些都是鲜活的德育素材，教师“画龙点睛”式的讲解引导，可以收到意想不到的效果。这样做既加强了数学与生活实际的联系，又赋予数学教学中的思想品德教育以时代的气息，学生容易产生共鸣，有新鲜感。

（二）小学数学课堂讲解的要求

1. 讲解的目标要明确、重点突出

在讲解前，教师要认真确定教学目标，分析教学重点和难点，在明确新旧知识相互联系的基础上，理顺知识结构之序、学生思维发展之序，提出系列化的关键问题，必须明确一节课在哪些环节运用讲解、有哪些内容需要讲解、要达到什么目的、重点内容是什么、怎样突出重点等，从而形成清晰的讲解结构，这样才能使讲解条理清楚，引发学生思考。

【案例 6-13】目标明确的讲解

在教学“乘法的初步认识”这节课时，教师宜按下列步骤进行讲解：首先，让学生观察如 2+2、2+2+2 等算式中加数的特点，讲清“相同加数”这一概念；接着，教师让学生观察上述算式的特点，讲清这样的几个几相加的算式可以写成乘法算式；然后，讲清如何读写乘法算式；最后，教师做示范性讲解，告诉学生怎样根据示意图直接定出乘法算式，并说出这是表示几个几相加。

通过这样有步骤地讲解，教学目标自然水到渠成。

2. 讲解的内容要正确，符合学生认知水平

在讲解前，教师一定要认真钻研教材，准确地把握教材内容；同时要了解学生的学习准备状况，以便能有针对性地进行教学。讲解的内容要准确无误，概念要讲清楚，把握好概念的内涵与外延；阐述命题证明、推理要合乎逻辑，思路和方法要明确、清晰。在讲解时，教师首先要做到表述数学知识的语言准确、严密。例如，“平角是一条直线”“分数可以分成真分数、假分数、带分数”之类的说法都是不准确的。其次，讲解的语言要清楚明白。例如，一位教师讲解例题“41÷6”时说：“4 够 6 除吗？不够除，我们移一下 1，变成 41 除以 6，这时商是 6，写在 1 的上面……”这样的讲解就不规范，对试商、定商的位置等算理没有讲清。

教师讲解要适应学生的认知发展水平，通俗易懂、形象生动。一位教师在教学“乘

法分配律”后这样说：“同学们，我们要灵活运用乘法分配律，特别是逆用。逆用就是把含有乘法的加乘混合算式中的公因数提取出来，变成这个因数乘其他因数的和。”这样的讲解，学生不太能接受，因为学生根本不理解“提取公因数”是怎么一回事。

3. 讲解的条理要清楚，富有启发

讲解法不等于“满堂灌”“照本宣科”。教师在讲解时首先要理清教材的知识结构脉络，善于提出问题，创设问题情境，激发疑问，引起学生的求知欲，激发学生思维活动，促使其主动参与学习活动。对教学内容较多、知识点比较零散的课题，教师要对教材加以整理，分好段落，形成清晰的讲解框架，使课堂讲解条理清楚，层次分明，帮助学生掌握正确的逻辑思维方法。

教师在讲解过程中，要循循善诱，深入浅出，结合提问引导学生积极思考，使他们由无疑到有疑，又从有疑到无疑，不断地形成知识、增长智慧。

【案例 6-14】循循善诱的讲解

一位教师在教学“乘法的初步认识”时，出了一道题：“8+8+8+5+8+8=？”。当学生算出结果后，教师挑起“矛盾”，使学生“生疑”：“这道题还可以怎样算？这些加数有什么特点？可不可以用我们学过的乘法算？除了乘法，还可以用别的方法算吗？可不可以把 5 分成 5 个 1 计算？”

在案例 6-14 中，教师通过层层提问，学生思维不断深入。小学生的思维特点是从具体形象思维逐步向抽象思维过渡，教师要通过讲解促进、加速这个过程。

4. 讲解的语言要生动、情感充沛

《数学课程标准（2022 年版）》要求教师在课堂上创造轻松、宽容、富于活力的教学气氛，让课堂焕发出活力。亲切的教学语言正是创造此种气氛的重要途径。亲切生动的语言能缩短师生的心理距离，沟通师生的感情，融洽师生关系，使课堂上呈现出和谐、愉快、轻松的气氛，能够把抽象的知识具体化、深奥的道理形象化、枯燥的知识趣味化。纯粹的语言是如此，被称为“身体语言”的眼神、表情、手势更是如此。在课堂教学中，教师如果能做到和颜悦色、神态亲切，善于运用丰富的面部表情、眼神，就能使学生得到最直观、形象、真切的感受。

《数学课程标准（2022 年版）》强调教师要关注学生的情感和态度，帮助学生认识自我，树立信心。课堂教学语言的节奏是在教师真挚的情感支配下，语调抑扬顿挫，语速轻重缓急。数学教师应根据不同的教学内容、不同的情景、不同的对象来调节语言的节奏和转化语调。教学语言要做到快慢适中、高低适宜，使得教师与学生之间始终保持协调合拍。如果语速太快，学生反应不及时，难以接受；速度过慢，会抑制学生的积极思维，产生消极情绪；长时间的高腔，反复的强烈刺激，不但达不到预期效果，还会使学生产生烦躁情绪；若整节课中教师的声音太低，学生听起来就感到吃力，同样影响教学效果。

二、小学数学课堂讲解的常用技巧

(一) 描述式讲解

所谓描述式讲解,是指教师通过对数学知识的特征、要素、发展和变化等的叙述使学生有比较形象的、具体的感知,或有一定程度的认识。根据描述方式的不同,描述性讲解可以分为以下三种。

1. 例证性描述

例证性描述即举出有代表性、有说服力的例证来具体描述数学知识。

一位教师在教"长方形的认识"时是这样讲的:"今天我们来认识长方形,什么是长方形呢?像课桌面、书本、黑板面,这些都是长方形。"这是对长方形的例证性描述。

2. 概要性描述

概要性描述即对数学知识的特征、要素作概述。

一位教师在教学"长方形的认识"时,先让学生观察具体实物,初步认识长方形后说:"长方形有四条边,每组相对的边相等;长方形有四个角,它们都是直角。"这是对长方形的要素和特征的概要性描述。

3. 程序性描述

程序性描述即按数学知识发展的过程或步骤一步一步地描述。

一位教师在教学"8+3=?"时是这样讲解的:"先想8和几能组成10? 8和2组成10,就把3分成2和1,8加2等于10,再加1等于11。"这是对8+3的程序性描述。这种描述要注意知识发展的阶段性,抓住其关键节点。

(二) 解释式讲解

解释式讲解,又称说明式讲解,是指由教师解释或说明数学知识,使学生对这些数学知识有比较清楚的认识。根据解释或说明的内容不同,解释式讲解可以分为以下几种情形:

1. 意义解释

意义解释即对某一数学内容的意义、实质做出解释。

【案例 6-15】意义解释

一位教师在教学"三角形的高"这一概念时,做了这样的讲解:什么是三角形的高呢?从三角形的一个顶点到它的对边作一垂线,顶点和垂足之间的线段叫作三角形的高,这条边叫作三角形的底。我们还可以做进一步的解释:(1)作三角形的高,必须从一顶点出发,必须垂直于这个顶点的对边,它是这个顶点与垂足间的线段;(2)三角形的高和底是相对而言的,不仅三角形中水平方向的边可作为底,其他方向的边也可作为底;(3)过三角形中每一个顶点向它的对边作垂线,顶点和垂足间的线段都是三角形的高;(4)每一个三角形都有三条高,直角三角形是特殊三角形,每一条直角边都是它的高。上述讲解是对“三角形的高”的实质做出全面的解释。

2. 翻译性解释

翻译性解释即对某一数学符号、术语或式子所表示的意思做出解释。

【案例 6-16】翻译性解释

一位教师在教学“比较大小”的起始课时,是这样讲解的:先通过实物的比较使学生知道 8 比 6 大后说:“我们怎样表示 8 与 6 的大小关系呢? 我们可以用符号‘>’来表示 8 比 6 大,这个符号叫作‘大于号’,读作‘大于’。如‘5>4’,读作‘5 大于 4’。‘大于号’有个‘开口’,有个‘尖顶’。开口边写大数,尖顶边写小数。”这是对“>”的翻译性解释。

3. 结构性解释

结构性解释即对某一数学内容的结构做出说明。

【案例 6-17】结构性解释

一位教师在解决问题时是这样进行的,先将问题做如下标记:

小明家养了 9 只公鸡,4 只母鸡, | 一共养了多少只鸡?

进一步说明:竖线左边部分叫作解决问题的条件。这个解决问题有两个条件,分别标了条件 1、条件 2(在题目中分别标出条件 1、条件 2);竖线右边部分叫作解决问题的问题(在题目中标出问题)。

以下是对简单解决问题结构的说明:

小明家养了 9 只公鸡(条件 1),4 只母鸡(条件 2), | 一共养了多少只鸡?(问题)

(三)分析综合式讲解

所谓分析综合式讲解,是一种“整体—部分—整体”的系统讲解方式。讲解时,一般先对整体进行初步的阐述,使学生对整体有个初步的了解。接着重点讲解整体的各个部分,使学生深刻理解。最后系统地概括,回到整体,使学生对整体能全面、系统地认识。这种讲解方式符合学生的认识规律。教师在教学知识前,要善于把整体划分成几个部分。在讲解过程中,不要孤立地讲解每一个部分,而是要把每一部分与整体联系起来，最后用概括的方法把各个部分组合成一个整体，使学生获得整体的认识。

【案例 6-18】分析综合式讲解

教学“乘数是两位数的乘法”一般是通过具体例子先整体观察算式，接着在具体运算过程中先后将它分为“个位数乘多位数”与“整十数乘多位数”两个部分，讲清计算步骤与方法，然后将两个部分组合起来，概括成“乘数是两位数的乘法”的运算法则。

（四）归纳式讲解

所谓归纳式讲解，即从对特殊例证的分析到作出一般结论的讲解方式。讲解时，一般是先列举能揭示所授知识的典型例证；接着引导学生分析，找出同类事物（例证）的共同点；最后抓出本质特征概括出一般规律或结论。

【案例 6-19】归纳式讲解

在教学“加法交换律”时，教师可以这样讲解——

请同学们尽快算出下列各组算式的结果：

12+15　15+12；　　14+20　20+14；　　118+245　245+118。

学生算完后，教师问：“上面各题中的两个算式有什么关系？”学生答出“结果相同”后，教师接着讲：“因为上面各题中两个算式的结果相同，所以我们可以把它们写成这样的三个等式。”

12+15=15+12；　　14+20=20+14；　　118+245=245+118。

“这些等式有什么特征？”教师让学生讨论后，再讲解：“这些等式的左右两边都是求两个数相加的和，等式两边的加数是相同的，只是它们的位置交换了。也就是说，两个数相加，交换加数的位置，它们的和不变。这就是加法交换律。”

（五）演绎式讲解

所谓演绎式讲解，即由一般的结论出发得出特殊结论的讲解。讲解时，一般先引导学生回忆用于推导新知识的原有知识，教师做相应的讲解；接着分析、找出新事物与原有知识之间的关系；最后用原有知识推演出新的知识。

【案例 6-20】演绎式讲解

在教学“正方体体积公式”时，教师先引导学生回忆长方体的体积公式以及正方体和长方体的关系。教师重点强调正方体是长、宽、高都相等的特殊长方体，接着说明正方体中这些相等的线段叫作正方体的棱长，然后推出“正方体的体积=棱长×棱长×棱长”，最后用字母简化其形式，表述为：$V_{正}=a^3$。

（六）类比式讲解

所谓类比式讲解，即根据两个数学对象之间的部分属性相同而推测其他属性也可能相同的讲解。运用类比式讲解，要求教师先讲清两个数学对象之间已有的相同属性，再从一个数学对象的另一个已知属性类推出另一个数学对象也可能具有的未知属性，然后再去验证这一推断是否成立。

【案例 6-21】类比式讲解

在教学“分数的基本性质”，教师可以这样讲：“同学们，我们已经知道，与除法相比较，分数的分子相当于被除数，分母相当于除数，分数值相当于商。”“除法运算有一个商不变性质，即被除数和除数都乘或除以相同的数（零除外），商不变。”“由此我们可以推测分数也应具有类似的性质，即分数分子和分母都乘或除以相同的数（零除外），分数值不变。”“那么，分数是否真正具有这样的性质呢？下面我们一起来检验……”

上述列举的六种讲解方式是就课堂教学过程中的局部教学而言的。也就是说，在数学课堂教学中，以上讲解方式不是孤立存在的，在一个教学过程中往往伴随着几种方式的结合，并与其他教学技能方式综合运用。此外，为了激发学生学习的积极性和规范学生的学习行为，教师还要适当运用其他非知识讲解的方式，如激励式、暗示式、指导式、指令式等。

第五节 小学数学课堂总结艺术

课堂总结可以帮助学生理清所学知识的层次结构，掌握其外在的形式和内在联系，形成知识系列及一定的结构框架。在每一节课里，从环节上看，都少不了总结这个程序，这就是通常所说的结束。课堂总结不是课堂教学中可有可无的活动，而是必不可少的教学环节。

新课程改革的深入推进对课堂教学的要求越来越高，从教学的导入到结尾各个环节都“精益求精”，就如同一场音乐会，不仅要有引人入胜的序曲，扣人心弦的主旋律，还要有一个余音绕梁的“尾声”。因此，在小学数学课堂教学中，倘若教师能设计出一个“曲终收拨当心画，余音绕梁久不绝”的课堂总结，不仅能促进学生对所学知识的内化和掌握，而且能再次激起学生的思维高潮，取得“课虽终、趣未尽、思不止”

的艺术效果。

一、小学数学课堂总结的功能和要求

(一) 小学数学课堂总结的功能

1. 整理知识功能

一整节课下来,学生头脑里涌进了大量的零碎信息,这些知识往往是不稳定的,不牢固的,特别是新旧知识之间容易混淆,产生理不顺的现象。因此,教师在课堂结尾时可以利用简洁准确的语言、文字、表格或图示将一节课所学的主要内容、知识结构进行整理归纳。这种总结简明扼要,提纲挈领,目的明确,能准确地抓住每一个知识点的外在实质和内在的完整性,具有较高的实际意义。好的课堂总结促使学生整理一节课所学的知识,对整节课的内容有一个清晰明确的印象,有助于将所学知识纳入已有的认知结构中去,加深对知识的理解,形成系统的知识网络。

2. 承上启下功能

数学知识具有一定的系统性和连贯性,旧知识是新知识的基础,而新知识又为以后学习做铺垫。但在实际学习时,由于时间关系,教师往往只能就所学内容进行讲解,对本课与其他知识之间联系的讲解比较少。学生对所学的内容不能很好理解,往往死记硬背,或者虽然暂时记住了,却难以长时间记忆。因此,每节课结束前用一点时间适当地进行总结,把本节课所学内容与前后的知识进行联系,可以帮助学生更灵活、更深刻地理解掌握所学的知识,丰富自己的知识体系,并通过归纳总结,把相关知识融会贯通,为下一节课的学习做好准备。

3. 巩固记忆功能

成功的课堂总结能引导学生回顾总结所学内容,使学生形成清晰明确的印象,从而强化知识的记忆,形成知识系列及一定的结构框架。例如,在“三角形的认识”教学中,教师通过直观演示、操作学具,教学了三角形的有关概念、特征及类型等知识。内容虽没有很深奥,但信息繁多。为了将知识储存在学生记忆中,一位教师是这样总结的:“本节课我们学习了三角形的有关知识,谁来说说什么叫三角形? 它的各部分的名称有哪些? 按角的大小可以分成哪几类? ”通过这样的问答,教师不仅让学生对本节内容进行了全面回顾,更重要的是把知识信息进行了梳理和浓缩,使之有效编码并纳入学生的认知结构。

4. 反馈调控功能

课堂总结最重要的任务是在较短的时间内对这节课最重要的知识加以回顾,一般都能起到了解学生情况并根据反馈信息及时查漏补缺、调整教学过程的作用。这就要需要突出要点、重点、难点、易错点、技能和方法。学生明晰了要点,就有助于他们从整体上把握一节课;学生明晰了重点,就强化了考查的内容;学生明晰了难点,就会掌握本课的主要学习方向;学生明晰了易错点,就可以找到致错根源,避免再掉入同一个陷阱;学生明晰了技能,就能反思自己的做题水平并进行有针对性的训练;学生明晰了方法，就能做到知一解百、以简驭繁。

（二）小学数学课堂总结的要求

课堂总结并没有一种固定的模式，在教学实践中教师需要根据不同的教学内容选择合适的总结方式，才能杜绝生搬硬套，更好地提升课堂总结的针对性。但无论运用哪种方式，若想要保证课堂总结的效果，教师都需要注意以下几点。

1. 课堂总结要注重简明扼要

开展课堂总结，首先要突出一个“小”字，即时间上不宜过长，5 分钟之内为宜。不能长篇大论地进行重复性的总结，这样反而容易让学生失去耐心，对所学内容更加混淆。教师要抓住知识要点和结构，抓住最本质、最主要的内容，尽可能用概括性的话语进行总结，语言要精确、简洁，展示图表要简明、利落，跳出大而全，力求少而精。

【案例 6-22】简明扼要的总结教学

一位教师在教“多位数的读法”时，新课授完后的总结就是一句话：“个级怎么读，万级就怎么读。”一句话就把这节课的内容和学生本节课应该掌握的知识都高度概括进去了。

2. 课堂总结要注重灵活多变

在进行课堂总结的过程中，一些教师可能会为了省力气、图方便，而长时间地采取单一的总结方式。这样千篇一律的总结方式很容易让学生感到枯燥，无法有效地激起学生的兴趣，学生也不会积极地配合教师进行课堂总结，使课堂总结的效果大打折扣。因此，为了更好地保证课堂总结的效果，教师要根据实际的教学内容、教学情况，提前精心设计课堂总结，让每次课堂总结都有耳目一新的感觉，从而更好地调动学生参与课堂总结的积极性。

对于教师来说，揭示概念的课型可以采用讲解式画龙点睛、概括要点；讲解法则、规律的课型，可以采用问答式，让学生议论、总结、归纳；巩固训练的课型，可以采用练习式，并适当点拨，提示“要点”。另外，不同学段的学生思维方式不尽相同，课堂总结的内容和形式要力求切合学生实际。例如，低年级学生主要靠直觉思维认知事物，教师可以采用“启发谈话、回顾复述”的总结方式；高年级学生由于学习的内容容量大，且已初步具备运用抽象思维认知事物的能力，故教师可以采用“抽象概括、整理归纳”的总结方式。

3. 课堂总结要注重延伸引导

课堂总结不仅仅是对一堂课的总结概括，也是对课后学习的一种拓展延伸。通过课堂小结，教师要引申出新的知识、新的学习目标，为学生接下来的学习做好铺垫，引导学生在课下继续展开探究，发展学生的数学新知。教师可以根据教学目标和学生的实际水平，将教学内容中的某些知识点进行适度挖掘、拓展和延伸，以引导学生多角度审视和多层次引申，从而拓宽学生的视野，发展学生的思维。

【案例6-23】延伸引导的总结教学

一位教师在教学“小数除以整数”时，在新授阶段小结时提出：“21.45÷15，小数除以整数，如果把15缩小到它的$\frac{1}{100}$，变成21.45÷0.15，小数除以小数，又怎样计算呢？”这样的课堂总结，既总结了教学内容，又为下一节课的教学做了铺垫，促使学生发现新旧知识之间的联系，主动建立新的认知结构。

二、小学数学课堂总结的常用技巧

（一）归纳概括式总结

归纳概括式总结是指在结课时，为了让学生较为系统地掌握本节课的内容，教师自己或引导学生用准确简练的语言，对该节课的学习内容进行提纲挈领地说明，并对教学重、难点和关键问题加以归纳、概括。这样做可以促使学生把分散的知识系统化、完整化，在帮助形成完整的知识结构的同时，还能培养学生的综合概括能力。特别是学生的积极参与，可以使其自身的思维在不断交流中得以提升和发展。这种总结方式是大多数教师采用率最高、最常见的一种方式。

根据教学内容的不同，归纳概括式总结可以采用两种不同的方式：

1. 阅读式

学会学习是每个人都需要的基本素养，而阅读则是学会学习的基本方法。每个人都需要养成良好的阅读习惯。阅读式总结注重让学生通过阅读材料来加深对教材内容的理解和把握，并提炼与概括核心观点、主要信息、逻辑结构。

【案例6-24】阅读式总结

在教学“圆的认识”一课快结束时，教师提出三个问题：第一，什么是圆的半径和直径？第二，同一圆中半径和直径有什么关系？第三，怎么样用圆规画圆？然后让学生带着这三个问题阅读教材，把书上的重点词句划出来，最后请学生说说是怎样理解的。这样做既培养了学生阅读数学教材的习惯，又教给了学生归纳总结的方法。

2. 口诀式

口诀式总结是一种将教材中的较复杂的知识或信息简化为易于记忆和理解的短句或句子的方法，以便学生快速运用这些知识来解决问题。口诀式总结不能只是让学生机械地记忆某一知识、结论，而是需要作为一种辅助手段让学生在理解的基础上的记忆。

【案例 6-25】口诀式总结

在学习“多位数的大小比较”时，教师可以编口诀：位数不同比大小，位数多的大，位数少的小；位数相同比大小，高位比起就知道。在讲授完“角的度量”这一节课后，教师可以引导学生归纳总结“角的度量”口诀：中心对顶点，零线对一边，内外要分清，另边来读数。

（二）悬念设置式总结

悬念设置式总结是指教师在引导学生结课时，有意设置一个悬念，促使学生去思考、去探索、去创新，产生一种“欲知后事如何，且听下回分解”的学习心理。教师应注意悬念的设置必须恰到好处，悬念过于简单，学生不思而解，达不到启发积极思维的目的；悬念过于晦涩，学生百思不得其解，也会挫伤学生的积极性。

【案例 6-26】悬念设置式总结

在教学“认识三角形”结束时，教师可以设计这样的问题：“我们现在知道三角形是由三条线段围成的图形，那是不是随便的三条线段都能围成三角形呢？下课后你可以去思考和尝试一下。”同样，在教学“三角形的分类”后，教师也可以做这样的总结：“为什么出现一个钝角或直角就可以判断它是钝角三角形和直角三角形，而看到一个锐角时不能马上判断它是锐角三角形呢？三角形的三个角之间又有什么关系呢？”

（三）拓展延伸式总结

拓展延伸式总结是指在让学生熟练掌握已学过内容的基础上，把所讲授的内容进行延伸和拓展，进一步启发学生把问题想深、想透，更多地领会和接触新知识，从而拓宽学生的知识视野，培养其举一反三的能力。同时，教师可以引导学生把关注点由课内向课外延伸、拓展，将课堂上的内容、活动和学生的课外甚至校外学习结合起来，激发学生课外学习与探索的兴趣和行动。

【案例 6-27】拓展延伸式总结

一位教师在学生学习了利息、利率的相关知识后，做了如下拓展延伸式总结：“你们知道国家规定的年利率情况吗？储蓄中有哪些种类可以不用缴纳利息税？提前支取或延期支取的利息计算情况是什么样的？请同学们课后到各银行或通过其他方式了解，相信大家一定会很快找到正确答案的。”这样的总结，不仅使学生获得了课本上的基本知识，课本以外的知识还能得以补充。

（四）趣味游戏式总结

趣味游戏式总结是指根据学生喜欢做游戏的心理特点，把游戏与课堂教学结合起来，通过游戏使学生的身心得到放松、浓厚的兴趣得以保持，让学生在兴趣盎然中结束新课。这种方式特别适用于低年级的数学课，如“摘苹果”“夺红旗”“拍手歌”等，都是教师普遍采用的游戏。

【案例 6-28】趣味游戏式总结

在教学“万以内数的大小比较”总结时，教师可以设计一个“抽数字组成四位数比大小”的游戏，把学生分成两组，每组各派一个代表，每抽出一个数可以自己决定放在哪个数位上，下面同学也可以自己来组数，最后比哪组组出的数字大。在游戏中，学生既要考虑比较大的数要放在高位，又要考虑下一次会不会抽出更大的数字等大小比较的知识点。课堂总结有机地融于游戏活动中，使枯燥乏味的口诀记忆和数的大小比较变得生机盎然，极大地增强了学生的学习兴趣，收到了“课已完，趣犹存”的效果。

（五）交流评价式总结

数学课堂教学应该给学生足够的时间和空间去思考和活动，同时要让学生有机会去畅谈自己对数学的体验、感受和收获，提出建议和见解。如果课堂总结由教师或学生进行知识点归纳、总结或进行方法概括，那么学生会觉得疲惫，并且容易造成学生注意力分散，不一定能达到预期的效果。所以在部分合适的课堂上，教师在课堂总结时，可以围绕本节课的主要内容进行学生小组间的交流与讨论。这种总结是开放的，不仅关注学生的学习结果，而且关注学生学习数学的体验和感受，关注学生的数学情感态度和价值观。

【案例 6-29】交流评价式总结

在教学“认识小数”一课时，教师设计了这样的总结——

师：如果咱们用满分“1”来表示你对自己在这节课上的表现的满意程度。同学们会给自己打多少分呢？

生：0.9 分。

师：比较满意，继续努力！你会更优秀。

生：0.8 分。

师：你的满意度稍微差一点儿。没关系，只要不断努力，你会更棒的！

生：1 分。

师：不错，很有自信！

这一巧妙的课堂总结，将课堂评价与所学新知有效结合，将学生自评与教师评价结合，让学生直观体验了数学学习的应用价值和现实意义，进一步增强了学好数学、用好数学的信心。

（六）首尾呼应式总结

首尾呼应式总结是指课的结束与课的开始相呼应的一种结课方式。通常地，教师会在课堂一开始结合教学内容创设情境，激发兴趣，提出问题；通过整节课的学习，到了快结课时再利用学习的新知识回过头来解决这个问题，并总结和提升所学的知识。这样的情境串联设计，首尾呼应，给了学生“自己摘果子吃”的机会，让学生体验到成功的快乐，同时也使总结与导入脉络贯通，体现了整个教学过程的协调与和谐。

【案例 6-30】首尾呼应式总结

一位教师在教学“中位数和众数”一课时，导入部分设计了一次谈话：“有一群人在操场上做游戏，他们的平均年龄是 11 岁，请你猜猜他们可能是什么人。”学生想当然地认为是一群小学生。教师对这个回答没有做过多的评价，只是简单地说了一句：“学完今天这节课，大家就知道答案了。”到了课末总结时，教师又将这个话题出示并问道：“现在你对课始的问题还有别的答案吗？”通过学习中位数和众数，学生的知识面更加广了，他们认为可能是一群小学生在做游戏，也可能是幼儿园老师带着一群小朋友在做游戏。

（七）练习巩固式总结

练习巩固式总结，即在课堂教学的结尾，教师根据教学的重点、难点和关键点，或学生在课堂学习中出现的问题，精心设计相应的练习，以使学生在做练习的过程中内化新知，从而形成技能和发展能力的结课方法。这种结课方法一般借助提问、板演、课堂作业和小测验等具体落实。它不仅能巩固与强化学生所学的知识，还有利于教师及时发现教学中存在的问题和不足，从而在以后的教学中采取必要的补救措施。另外，练习巩固总结的练习形式和内容要根据教学需要，科学而合理地设计。

【案例 6-31】练习巩固式总结

为了突出教学的重点和难点，教师可以设计突出教学重点和难点的专项练习；为了明晰新知识与已学知识的异同，并增强新知识的清晰度，以便有效防止知识的负迁移，教师可以设计针对易混、易错知识的对比练习；为了帮助学生排除事物非本质特征的干扰，教师可以设计能够比较知识本质特征和无关特征的变式练习题；为了体现知识间的内在联系，深化学生对知识的理解，教师可以设计旨在展示知识规律的综合性练习；为了照顾不同水平的学生，教师可以设计不同层次的练习。

理解 · 分析 · 实践

- **理解性练习题**

1. 数学课堂教学艺术的本质与特征是什么?
2. 如何理解数学教学艺术与数学教学技能的关联?

- **思辨性练习题**

1. 怎样追求小学数学课堂教学的艺术境界?
2. 掌握小学数学教学艺术就能成为优秀的小学数学教师吗?为什么?

- **实践性练习题**

1. 小学数学课堂导入的功能和要求是什么?请任选一节教学内容,设计一个新课导入的实例,并说明你的设计意图及使用的导入技巧。

2. 请任选一节小学数学课堂教学录像课,从课堂提问与理答的有效性角度进行分析和评价。

3. 在小学数学课堂教学中,教师的口头教学语言主要包括哪些?请任选一节小学数学课堂教学录像课,从课堂讲解技巧的角度进行分析和评价。

4. 请任选一节小学数学教学内容,艺术性地设计一个教学总结,并说明设计意图。

拓展阅读导航

1. 曹一鸣. 小学数学课程与教学论[M]. 北京:教育科学出版社,2014.

2. 曹一鸣. 数学教学论[M]. 2版. 北京:高等教育出版社,2020.

3. 曹一鸣. 新版课程标准解析与教学指导:小学数学[M]. 北京:北京师范大学出版社,2022.

4. 华应龙. 小学数学化错教学案例[M]. 北京:中国人民大学出版社,2018.

5. 胡慧良. 名师面对面　我和我的团队:小学数学教学设计经典案例[M]. 杭州:浙江教育出版社,2022.

对于上述提及的书籍,建议读者重点关注其中的小学数学化错教学案例、小学数学教学设计经典案例以及磨课故事,在研读分析中学习其中的课堂导入、课堂提问、课堂讲解和课堂总结等教学技巧,体会教学案例中所蕴含的教学智慧和艺术,并结合自身实际情况,对标对点提升自己,不断适应新时代社会发展和新版课程标准对小学数学教师提出的新要求。

第七章
小学数学教学实施

■ 走近学生

这一届师范生马上要进入实习阶段了，小学数学课程与教学的课代表欧阳同学找到我："老师，如果我的课堂上出现的情况不是我预设好的怎么办呀？我很想一上讲台就吸引住学生，让他们都喜欢上我的数学课，您有什么妙招吗？我怎样做才能设计出一堂好课呢？"和欧阳同学一样，很多师范生或教师都面临一个真实的问题：如何把教育理论的实践性反思与教学实践的理论性解读结合起来，让自己迅速成长为一名合格的小学数学教师？

本章将针对这些问题，从小学数学教学实施应遵守的原则、小学数学教学实施的方法与策略、小学数学课堂教学设计中的预设与生成、小学数学课程资源的开发与利用、核心素养导向下的小学数学教学实施等方面提供比较系统的分析指导与学习建议，以期收到"理实互补"的学习效果。

学习目标

1. 理解小学数学教学实施的原则。

2. 能结合教学实例感悟并理解小学数学教学实施的方法与策略,并能在教学设计中主动运用这些方法与策略。

3. 理解小学数学教学实施中预设与生成的关系。

4. 理解课程资源开发与利用的基本原则,具备课程资源开发与利用的意识。

5. 能独立设计指向核心素养目标的小学数学教学实践活动。

思维导图

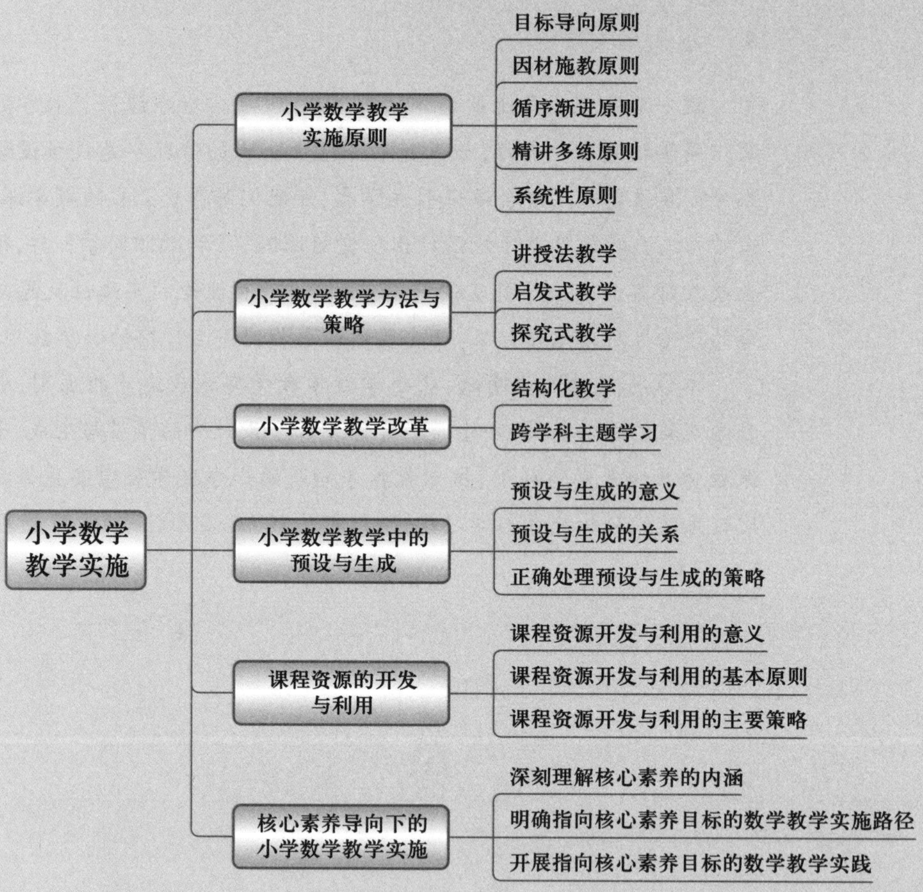

第一节 小学数学教学实施原则

教学实施原则指的是根据一定的教学目标对教学活动本质性特点和教学过程规律性的认识，是对教学实践活动基本规律的科学总结。在教学活动中正确和灵活运用教学实施原则，对提高教学质量和教学效率发挥着重要的保障性作用。

自古到今，许多教育专家、学者对教学实施原则有着深入的研究。我国著名教育家孔子提出过因材施教原则、启发性教学原则。17 世纪捷克教育改革家和教育理论家夸美纽斯，提出过教学实施的直观性原则、主动性原则、自觉性原则、巩固性原则、循序渐进和量力性原则。他们提出的教学实施原则大部分一直沿用至今，经得起教学实践的检验。当然，教学实施原则不是唯一正确和一成不变的，每位教师都可以在自己的教学实践中，不断完善这些原则。数学教学原则对数学教学规律的反映不是直接反映，它取决于人们对数学教学客观规律的主观认识，因而其带有主观性。本节提及的是在教学实践中最重要的教学实施原则，主要包括目标导向原则、因材施教原则、循序渐进原则、精讲多练原则、系统性原则等。

一、目标导向原则

我们常说，教什么比怎么教更重要。就好像吃饭，吃什么可能比怎么吃更重要。“果腹”“营养”“味道”一直是饮食的核心，至于是用筷子吃的还是用刀叉吃的，显然就没那么重要了。教学也是如此，如果我们没有弄清教学目标就开始设计教学活动，这样的教学活动无论形式多么新颖、场面多么热闹，教学效果都不会太好。因为教学目标是一节课的灵魂，课堂教学要紧紧地围绕“教给学生哪些知识点，发展什么技能，渗透哪些数学思想方法”进行。每个教学环节的设计，每个例题和练习要完成什么目标、达到什么要求，教师都要心中有数，不能随心所欲地降低教学要求，也不能想当然地提升教学难度。这些都需要教师深入研读课程标准，深度解读教材，准确定位教学目标，并围绕教学目标采取适当的教学方法，才有可能构建有效甚至高效的课堂。

《数学课程标准（2022 年版）》以“三会”为统领构建了义务教育阶段的核心素养体系，明确规定了学生完成相应学段学习任务后应该达到的核心素养水平及表现。因此，教师在教学实施时要坚持核心素养目标导向，充分关注核心素养在数学教学中的达成情况。[①]这就意味着教师在实施教学时，要以“三会”为顶层目标，以“四基”“四能”为支撑目标，以“发现问题、提出问题、分析问题、解决问题”为基本路径实施教学。

我们经常发现在小学数学教学实施中，课堂里热闹非凡，有的在课堂上通过现场拍球、跳绳引入“平均数”，有的通过“摸球游戏”引入“可能性大小”，还有热闹的小组

---

① 史宁中，曹一鸣. 义务教育数学课程标准（2022 年版）解读[M]. 北京：北京师范大学出版社，2022：8.

交流学习。但仔细去推敲这些活动，真正有价值的、有实效的活动并不多，因为在这样的活动中教师往往只注意了学生的“动手”“动口”能力的培养，却忽视了如何促进学生思维发展的重要目标。

【案例7-1】三角形三边关系

在教学“三角形三边关系”时，很多教师把教学目标定位为“在探究活动中，经历探索、发现得到‘三角形三边关系’，尝试用三角形三边关系解决一些实际问题”。在这种教学目标的驱动下，教师要花大量的时间让学生操作、交流、探索，然后“发现”得出三角形三边关系。毫无疑问，这是教学目标定位不准导致的问题。三角形的三边关系是非常抽象的，并不能够通过实验得出。我们可以稍加改变，把教学目标定位为“探索并理解三角形的三边关系”。落实到课堂教学中，我们可以这样提问：“在魏晋时期，我国数学家赵爽在其《勾股圆方图注》中记录了这样一句话——三角形任意两边之和大于第三边。你明白这句话吗？你信吗？”这样的教学设计是在帮助学生理解这句话的含义，并引导学生自己设计实验来验证这句话，这个过程中，有助于学生加深对三角形的三边关系的理解。

由此可见，教学目标直接关系到课堂活动的组织，甚至直接关系到教学效果。每一位教师都要深入研究课程标准，深度研读教材，把准确定位教学目标作为教学环节的重中之重。在这里，我们想要特别强调的是，教学目标的准确定位要面向全体学生，能够使绝大多数学生实现教学目标。“绝大多数学生”是一个“量”的问题，而实现教学目标是一个“质”的问题，量与质的统一就是我们所追求的教学质量。这就要求教师实施教学时，要特别关注绝大多数学生是否达到教学目标，要有意识地寻找一切机会获取学生的反馈信息并及时调整教学。

二、因材施教原则

根据学生的实际情况给学生分层分类，是有效教学的一个重要原则。在《论语》中，孔子就提出了“因材施教”的教学原则。“因材施教”集中反映了孔子对受教育个体的关注。

知识卡片：

教育家孔子的很多教学理论和实践都可供后人借鉴。他教学，从来因人而异，即因材施教。例如，同是“仁”的问题，孔子对不同弟子给予不同回答。颜回问“仁”，对这个水平最高的弟子他回答“克己复礼为仁”；冉雍问“仁”，他回答“己所不欲，勿施于人”；樊迟问起“仁”时，孔子很简单明确地说“爱人”。有个爱说话，说出话来有时不负责任的弟子司马耕也向孔子问“仁”，孔子回答“其言也讱”。这句话就是在说：仁者说话要谨慎。

孔子因材施教，弟子们各有所长。弟子仲由个性刚猛、急躁，孔子则加以抑制，引导他三思而后行；弟子冉雍性格稳重，遇事踌躇，孔子就鼓励他雷厉风行。此外，孔子注重培养德行、言语、政事和文学四科的人才，在他的引导下，弟子中的颜回、樊迟等成为德行高尚的人；宰予、端木赐成为外交上的辩才；冉雍、仲由是政事方面的干才；言偃、卜商则成为文采斐然的饱学之士。

在小学阶段，学生之间的数学学习基础相差较小，教师应相信每一位学生都能够在引导和帮助下完成预期的学习任务。教师不能因为学生的成绩、智力、能力或态度对学生进行不公平对待，而应在面向全体学生的基础上，正确认识因材施教的本质，避免在教学中加入过多主观因素，让学生能够在公平、公开、透明的环境中学习和成长。

当然，要真正实施因材施教，需要教师在课前花更多的时间与精力。如在充分了解学生对学习的信心、毅力、兴趣、智力水平、内在潜力与学习成绩等的前提下给学生分层，根据分层情况进行分层设计，在教学时充分调动每个层次的学生参与数学学习的热情，尽可能让每一个学生都有所获。课后，教师要根据上课情况或作业情况进行分层辅导，让优等生、中等生、学困生都能参与进来。

实施分层授课当然是重中之重，是促进学生进行深度学习的有力举措。为此，教师可以设计分层问题，组织学生进行自主分层学习，在此基础上，组织小组分层合作、分层展示成果，教师适时进行分层点评提升，最后在分层检测、反馈的基础上，进行分层总结、反思。

【案例 7-2】分层设计问题

分层设计问题是教师的一项基本功——针对学困生需要设计基础性问题，针对中等生需要设计发展性问题，针对优等生需要设计挑战性的问题。专业水平较高的教师还可以尝试设计同一个问题，但处于不同层次的学生可以有不同层次的“工作量”。以“长方形面积计算公式的推导”为例：教师给学生提供测量工具——4 个 1 cm^2 的小方格，被测对象是一个长 3 cm、宽 2 cm 的长方形。设计的问题是：“你用老师提供的学具能测量出这个长方形的面积吗？”这时，处于不同层次的学生会有不同的思考——学困生会发现老师提供的小方格不够密铺整个长方形；中等生会想到一行摆 3 个，一列摆 2 个，并联想到乘法；优等生会发现只要用小方格测量长与宽的长度，就可以通过想象用小方格去密铺长方形，直接找到用长乘宽算出面积的方法。这样的问题无疑是好问题，好就好在所有的学生都有能力去解决它，再通过彼此之间的交流反馈，不断丰富自己的认知，最后归纳出一般的算法。

总之，学生的个体差异是客观存在的。我们要理性地面对这种差异，智慧地直面这种差异进行分层教学，努力做到“不同的人在数学上获得不同的发展”。

三、循序渐进原则

循序渐进的教学原则可以追溯到苏联教育学家凯洛夫的教学原则体系，这是有效教学必须遵循的基本要求和原理，无论是教师的教，还是学生的学，都不能背离这条基本原则。循序渐进原则是指教师按照学科的逻辑结构和学生认知发展的顺序进行教学。

我们的教育对象是儿童，儿童思维的发展由形象思维发展到抽象思维，他们的记忆从机械记忆逐步发展到理解记忆。这是一个慢慢变化的过程，是一个由量变到质变的过程，是一个逐渐发展的过程。同样地，我们使用的教材，即学生的学习材料，也是以由近及远、由浅入深、由简到繁、由具体到抽象，由低级到高级的顺序呈现的。这些都给我们的教学实施提出了循序渐进的要求，绝不能揠苗助长、陵节而施。

【案例 7-3】分数的认识

“分数的认识”这一内容在人教版小学数学教材编排体系中，一共分为两段：第一段是三年级上册的“分数的初步认识”，这里的教学目标是“能结合具体情境初步认识分数，会读写分数”；第二段是五年级下册“分数的意义”，这里的教学目标是“结合具体情境，理解分数的意义”。这种编排体现了教材“螺旋式上升”的特点。在三年级，学生的理解水平仅限于“具体情境”下的“一个物体的平均分”；到了五年级，学生的抽象水平有所提高，他们再次认识分数时能结合实例理解“一堆物体”也可以看作单位“1”，更能站在“数系的扩充”角度去理解“分数的产生”，理解分数与除法的关系。如果教师不顾学生的认知水平，让学生记住“分数的意义”，学生能背诵，但是不能理解，更不能运用。

例如，在五年级教学分数的意义时，王老师进行了教学前测（图 7-1），王老师要求学生摆出被遮挡的部分，学生无一例外地摆成了图 7-2 的样子。当王老师出示如图 7-3 的图片时，很多学生露出了惊讶的表情。可见，学生要理解“一堆物体也可以看作单位 1”是有一定难度的，因为在这之前，这 4 个三角形无论如何都是用自然数“4”来表示的。如果我们把这个目标定在三年级，学生是不能理解的。

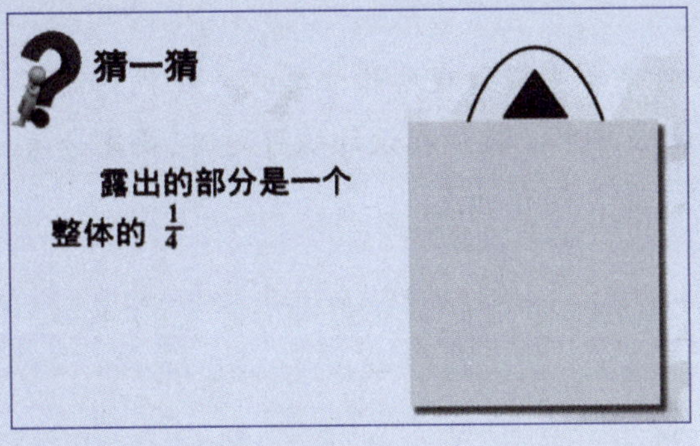

图 7-1

图 7-2

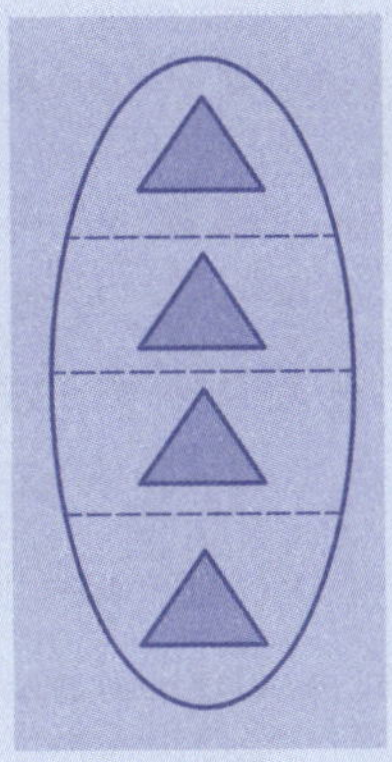

图 7-3

因此，教师在教学的过程中，首先要思考学生所处的年龄阶段，不同年龄段学生的认知水平是不同的；按照皮亚杰的观点，儿童从出生到成人的认识发展不是一个数量不断增加的简单过程，而是伴随同化性的认知结构不断再构的过程。这就需要教师从学生的具体情况出发，通过观察、检测等手段了解学生，灵活运用教育学、心理学知识，做到循序渐进地实施教学。

四、精讲多练原则

在小学阶段，一节课时长通常是 40 分钟，教师讲的时间多了，学生练的时间肯定就不够，而小学数学教学离不开刻意练习。因此，精讲多练是小学数学教学实施中的一条重要原则。精讲多练原则既体现了数学学科的特点，也体现了以教师为主导、以学生为主体的教学理念。

1. 精讲

我们常说“三讲、三不讲”：“三讲”即讲易混点、讲易错点、讲易漏点；“三不讲”即学生已经会了的不讲、学生自己能学会的不讲、教师讲了学生也学不会的不讲。这就要求教师课前要做好充分的准备，想清楚哪些应该讲，哪些不应该讲，哪些可以少讲。该讲的时候要讲得够、讲得透，深入浅出，画龙点睛，学生容易听明白；不该讲的坚决不讲，把问题留给学生，把展示的机会留给学生。

2. 多练

通过多练，学生可以达到理解和巩固所学知识的目标。教师应在操练中培养学生运用知识分析和解决问题的能力，力求举一反三、触类旁通。这里所说的多练，绝不是机械操练，而是紧扣数学本质的有效练习，需要教师精心设计分层练习，让不同层次的学生都获得发展。

【案例 7-4】商不变性质

在教学"商不变性质"时，教师引导学生仔细观察除法算式。在找到商不变性质后，教师就要把练习的机会让给学生。教师在设计练习题时，要充分考虑各层次学生的实际情况，层层深入，使其各有所获。

(1) 填空题

(100×4)÷(20×□)=5

(100○□)÷(20÷4)=5

(100×□)÷(20×□)=5

(100○□)÷(20○□)=5

这几个算式看似简单，仔细研究，还是很有层次感的。被除数和除数第一道题需要运用商不变性质中的"同时扩大'相同倍数'"的原则，第二道题需要运用"同时缩小'相同倍数'"的原则，第三道题需要运用"扩大 0 以外的相同倍数"的原则，第四道题则可"扩大或缩小 0 以外的相同倍数"的原则。

(2) 判断题

25÷5=(25÷3)÷(5÷3) ( )

24÷8=(24+24)÷(8+8) ( )

20×4=(20÷2)×(4÷2) ( )

这三道题要求学生在理解商不变性质的基础上进行判断。第一道题如果通过四则运算来判断，学生会遇到除不尽的情况，但通过商不变性质，则马上可以得出结果，学生由此体会商不变性质的价值。第二道题在形式上被除数和除数没有同乘(除以)相同的数，出现了加法，但实质上相当于同乘 2，学生进一步理解这条性质。第三道题是学生出现错误最多的一道题，两数同除以 2，但这是一道乘法题，乘法有着自己的规律，与商不变性质是不同的。

五、系统性原则

《数学课程标准(2022 年版)》指出，教师要改变过于注重以课时为单位的教学设计，推进单元整体教学设计，体现数学知识之间的内在逻辑关系，以及学习内容与核心素养表现的关联。事实上，任何一个数学知识点都不是孤立存在的，而是属于整个知识系统中的一个"点"，这个"点"与它的母体以及其他"点"之间存在着某种逻辑关联，各个"点"在这一逻辑的组织下就会形成一个网状结构。因此，教师在教学中，不能以"散状点"的方式来组织学生学习，而要将各个"点"置于整个结构体系中展开认知，以母体核心思想为统领，与其他关联内容、结构相近的"点"同步进行沟通、联系、对比、辨析，以获得深度的整体认知，从而实现结构化的建构式学习。

在实施单元整体教学时，教师要将某一模块的数学知识看作一个整体，弄清该整体的内在结构，如整体与部分之间的关系，以及部分与部分之间的关系，然后寻找出统领这个结构的核心思想方法（有的学者把这种上位概念称之为“大观念”或“大概念”，其英文为 big idea 或 big concept），然后在这一核心思想方法统领下，进行有结构地教、有关联地学，使前后一脉相承，形成合力，进而培养学生的结构化思维和迁移性学习能力。

知识卡片：

威金斯认为，如果一个观念能帮助我们理解很多毫无意义的、孤立的、惰性的或令人困惑的事实，那它就是大观念。查莫斯等人提出 STEM 领域的内容大观念和过程大观念，内容大观念可以是概念（如加法、减法、乘法、除法、空间、力等）、原则（如乘法分配律）、理论（如勾股定理）、策略（如自上而下的以及自下而上的设计策略；设而不求等问题解决策略）、模型（如概率模型）；过程大观念是与获取和有效使用内容知识相关的智力技能（如观察、试验、控制变量、提出假设、解释数据等）。查尔斯将数学大观念定义为对数学学习至关重要的观念的陈述，是数学学习的核心，能够把各种数学理解联系成一个连贯的整体。查尔斯还系统地整理出“数学大观念 21 条”，这 21 条数学大观念适用于小学及中学阶段，并尽可能将这两个阶段所有的数学内容囊括其中。

【案例 7-5】长方体与正方体体积

在教学“长方体与正方体体积”时，教师把三张图片放在一起（图 7-4），引

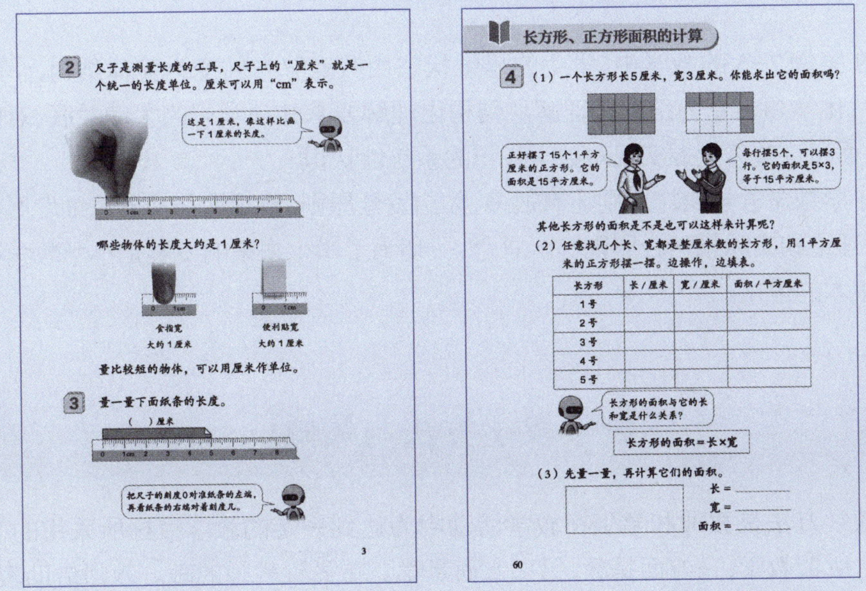
2　尺子是测量长度的工具，尺子上的“厘米”就是一个统一的长度单位。厘米可以用“cm”表示。

这是 1 厘米，像这样比画一下 1 厘米的长度。

哪些物体的长度大约是 1 厘米？

食指宽 大约 1 厘米

便利贴宽 大约 1 厘米

量比较短的物体，可以用厘米作单位。

3　量一量下面纸条的长度。

（　）厘米

把尺子的刻度 0 对准纸条的左端，再看纸条的右端对着刻度几。

3

长方形、正方形面积的计算

4　（1）一个长方形长 5 厘米，宽 3 厘米。你能求出它的面积吗？

正好摆了 15 个 1 平方厘米的正方形。它的面积是 15 平方厘米。

每行摆 5 个，可以摆 3 行。它的面积是 5×3，等于 15 平方厘米。

其他长方形的面积是不是也可以这样来计算呢？

（2）任意找几个长、宽都是整厘米数的长方形，用 1 平方厘米的正方形摆一摆。边操作，边填表。

长方形	长/厘米	宽/厘米	面积/平方厘米
1号			
2号			
3号			
4号			
5号			

长方形的面积与它的长和宽是什么关系？

长方形的面积 = 长×宽

（3）先量一量，再计算它们的面积。

长 = ______

宽 = ______

面积 = ______

60

(1)　(2)

讨论一下：怎样计算长方体的体积？

求长方体的体积就是看长方体有多少个体积单位。

把长方体分成若干单位体积的小正方体，就可以……

实验：用体积为 1 cm^3 的小正方体摆成不同的长方体。说一说你是怎么摆的。

（1）把小组内摆法不同的长方体的相关数据填入下表。

长	宽	高	小正方体的个数	长方体的体积

（2）观察上表：摆出的长方体的体积与长、宽、高有什么关系？

长方体所含体积单位的个数就是长方体的体积。

长方体的体积正好等于长×宽×高的积。

长方体的体积＝__________

29

(3)

(1) 线段的度量——“长度单位”:“长度单位”个数累加的和是线段长度。

(2) 面积的度量——“面积单位”:“面积单位”密铺后,个数累加的和是面积的大小。

(3) 体积的度量——“体积单位”:“体积单位”填充后,个数累加的和是体积的大小。

图 7-4

导学生体会无论是一维空间、二维空间还是三维空间,都是选择一个合适的单位去度量,度量的结果就是线段的长度、面积的大小、体积的大小。这种认识上的一致性能帮助学生实现积极迁移。

在案例 7-5 的教学中,学生的思维状态由散点分布转变为整体结构,学习方式由碎片化学习转变为结构化理解。结构化理解要求知识学习的主动关联、对比思辨等,从而通过整体把握实现对数学知识的系统性认识。

小学数学教学实施原则还有很多,如启发性原则、直观性与抽象思维发展相结合原则、理论和实际相结合原则等。总之,一切为了学生未来的发展是小学数学课堂教学最根本的遵循。

第二节 小学数学教学方法与策略

教学方法是教师和学生在教学活动中为达到一定的教学目标所采用的手段和方式。所谓教学,一方面是教,另一方面是学。首先说教师的教。教师借助教材、多媒体课件、实验器材、直观教具等多种手段,通过讲解、操作、板演,或任务驱动学生参与数学思考，理解、掌握或运用所学的知识。再说学生的学。学生在教师的引导下，通过观察、操作、听讲、演算等活动，独立思考、主动探究、交流互动，以达成学习目标。数学教学内容丰富多样，有抽象的概念，有带规律性的法则、公式、定律，有丰富的几何图形，综合运用知识解答的实际问题等。这些内容，从教的角度来看，包含着很多因素，有传授知识的因素，也有培养学生能力发展智力的因素和向学生进行思想品德教育的因素；从学的角度来看，包含着很多的因素，有模仿式学习的因素，也有创新性学习的因素等。教师的教与学生的学都是一个复杂的系统工程，这就决定了教师在教学中，要根据不同的教学内容和要求，根据学生的心理特征和认知水平，采用不同的教学方法。长期以来，广大的数学教育工作者在教学实践中，总结了许许多多行之有效的教学方法。以下介绍的是当前课堂教学中一些常用的教学方法。

一、讲授法教学

（一）讲授法的内涵

无论教学方法如何变革，讲授法都是最基本的、最常用的教学方法之一。讲授法是一种教师通过语言，系统地、有重点地传授知识和方法的教学方法，换句话说，是一种通过描述事实、说明问题、解析概念和规律、论证原理的教学方法。这种方法最明显的特点就是“教师讲、学生听”，偏重接受性学习。

奥苏贝尔的“有意义的学习”理论对讲授法持支持态度。在奥苏贝尔的理论中，学习者已有经验与新内容直接建立实质性关联被看成是有意义的学习真正发生的标志。有意义的学习使学习者认知结构中产生新的意义。运用讲授法进行新内容的教学，重点在于帮助学生高效率地在原有认知结构中建立新的意义，并且这个新的意义不是孤立存在的，而是与原有经验密切关联的。而这种关联性的学习在现在提倡的单元整体教学中也有积极的意义。在心理学上，有意义的学习的心理机制是同化，通过同化，新知识被纳入学习者的认知结构中，原有的认知结构经过吸收新知识，自身也得到了改造和重新组织。在这种意义上，讲授法通过教师讲授，帮助学生实现同化和顺应，并构建新的知识体系，让学习“发生”。

（二）讲授法的作用

第一，讲授法能够帮助学生理解抽象的数学。抽象是数学学科的特点，为了帮助学生理解较抽象的知识，教师有必要通过讲授法指导学生从特殊到一般、从具体到抽象理解数学知识，在此过程中不断积累学习经验，最终学会独立研究抽象的数学问题。

第二，讲授法能帮助学生扩大学术视野。教材篇幅有限，但数学知识应用很广，在教材中不可能一一列举，教师可以根据自己的学识经验，通过讲解向学生提供一些有实际意义的材料，提供一些科学的数学解题方法等，有利于扩大学生的学术视野，促进学生的智力发展。

讲授法因为以教师的讲为主，很容易被人与“填鸭式教学”等同起来，因此，教师在实施讲授法时要讲究策略。

（三）讲授法教学的常用策略

第一，讲前准备要充分，抓住教材内容的重点、抓住学生认识上的难点讲解。

第二，讲授时要精准表达，语言要准确、简练、生动，前后连贯，要有启发性，激发学生的学习兴趣和引起积极的智力活动。

第三，讲授内容要准确清晰，层次鲜明，既要注意科学性和思想性结合，又要注意抽象性与形象性结合，理论性与实践性结合。

讲授法不仅对教师有一定的要求，对学生也有一定的要求，如听讲时注意力持续集中，理解水平相对较高等。而这些要求对于小学生而言是有一定困难的，因为他们的无意注意占优势，有意注意的时间相对较短。因此，我们在前面提到的精讲多练原则中就提倡教师的讲一定要“精”，对于小学生来说，教师在一节课中使用讲授法的时间不宜过长。

二、启发式教学

（一）启发式教学的内涵

“启发”一词，源于我国著名教育家孔子的“不愤不启，不悱不发”（《论语》）。朱熹解释说：“愤者，心求通而未得之意；悱者，口欲言而未能之貌。启，谓开其意；发，谓达其辞。”（《论语集注》）愤与悱是个体内在心理状态在外部容色言辞上的表现。也就是说，教师在教学前务必先让学生认真思考，学生已经思考相当长时间但还想不通，就可以去启发他；虽经思考并已有所领会，但未能以适当的言辞表达出来，此时可以去开导他，所谓“道而弗牵，强而弗抑，开而弗达”（《学记》）。

启发式教学是指教师在教学过程中根据教学任务和学习的客观规律，从学生的实际出发，采用多种方式，以启发学生的思维为核心，调动学生学习的主动性和积极性，促使他们生动活泼地学习的一种教学方法。而启发式教学的关键在于设置问题情境。学生在具体的问题情境的驱动下，投入地思考数学问题，有助于教师实现有效教学。

在强调学生核心素养的当下，师生在小学数学课堂教学中所承担的角色悄然发生改变。我们主张教师由知识的传输者变为思维的引导者，学生由知识的接受者变为思维的主导者。由此，师生关系也由单向指导关系变为互动合作关系。

（二）启发式教学的作用

一是满足好奇。好奇是儿童的天性，启发式教学恰好满足了学生的好奇心，问题就摆在那里，不是显而易见，也不是高不可攀，跳一跳摘得到的桃子自然是最可口的。因此，启发式教学可以使学习的过程变成愉快的、类似游戏的过程。

二是开发智力。启发式教学通过情境诱发学生进行深度思考，整个过程尤为注重学习动机的激发、思考问题的路径与方法的习得、解决问题经验的总结与反思，长此以往，学生便能举一反三、触类旁通地学习。

三是协调行为。启发式教学的整个过程将学生的主观能动性摆在首要位置，教师运用启发式教学，调动学生积极性，使学生产生积极的行为反应。

（三）启发式教学的常用策略

1. 以问题为媒介，推动学生的数学思考

无论哪个学科，无论哪个学段，设计好的问题一定是教师最重要的教学基本功之一。什么是好问题呢？张奠宙先生对"好问题的标准"就有过精辟的论述："我认为，一个好的问题，首先要容易懂，不要说了一大篇，还没有把问题说清楚。有些题目离学生的实际太远，专业名词太多，也是不好的。其次，要引人入胜，激起学习者的思考欲望，很快能够入手，却又有向纵深发展的余地。第三，要体现数学本质，具有数学价值，能够启发学生进行深度的数学思考。最后，好的数学题，还要能够评价，分出数学思维的层次和水平。"① 好的问题直指数学知识的本质，这些好的问题有助于学生主动思考所学知识的要点，并不断提出新的问题，逐渐实现知识的整体构建。

【案例 7-6】百分数

在教百分数一课时，教师鼓励学生就这个内容提出自己的问题。之后，教师梳理归纳出这样几个问题：

"百分数有什么好处？"

"有了分数为什么还要研究百分数？"

"什么情况下需要用到百分数？"

……

教师总结的这些问题直指百分数概念的本质。

2. 掌握"启"的时机，讲究"启"的实效

教师"启"的时机要把握得好、点拨得好，启发到位，学生才会有"柳暗花明""醍醐灌顶"的感觉，否则就会启而不发，适得其反。因此，教师要抓住时机，如在学生思维受阻无法突围时、在山重水复疑无路时、在心不在焉时、在跃跃欲试时，教师要适时、适度地启发，就像给学生的思维搭建了一个"脚手架"。

3. 把握"启"的度，达到"发"的目标

教师应注意把握启发的"火候"，做到不愤不启、不悱不发，抓住时机启发，把握启发的程度，避免出现未启已发和启而不发的现象。无论是"启"还是"发"，教师要力求通过自己的指导、点拨推进学生主动思考，而不是教师直接告诉学生问题的解决方案。

总之，与讲授法教学不同，启发式教学强调的是教与学的双向沟通，"教"的功能是"启"，即"开其意"；学的功能是"发"，即"达其辞"。"启"是"发"的手段，"发"是"启

① 唐彩斌. 思想改变课堂[M]. 上海：上海教育出版社，2008：31.

的目标。

三、探究式教学

探究是一个知道什么，怎么知道以及怎样才能知道的问题。教师应该向学生提供充足的进行数学探究活动的机会，帮助他们在自主探索和合作交流的过程中经历知识的形成过程，真正理解和掌握基本的数学知识与技能、数学思想与方法。

【案例 7-7】平面图形的面积

湖北省教育科学研究院的刘莉老师在“平面图形的面积”单元起始课中，设计了这样的探究活动：一个方格的面积是 1 cm^2，你会利用方格纸数出几号图形的面积？（图 7-5）

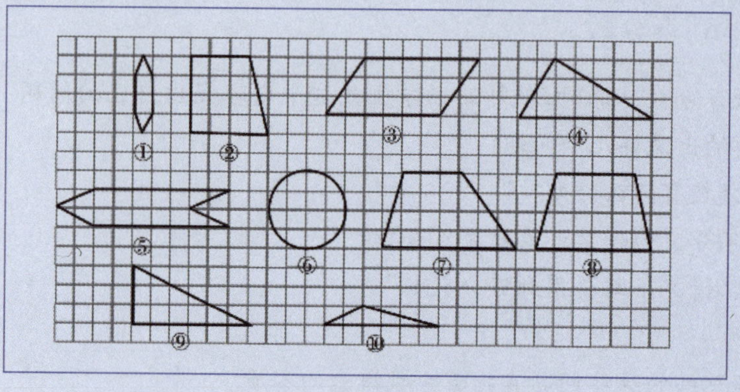

图 7-5 探究活动图

在案例 7-7 的教学中，学生尝试用“割补法”“倍拼法”“数面积”探究面积，这为整个单元运用“转化”方法推导面积计算公式做了很好的铺垫。

（一）探究式教学的内涵

探究式教学是指在教学过程中教师不把现成的结论告诉学生，而是让学生在教师的指导下自主发现问题、探究问题、获得结论的方法。[①] 探究式教学特别重视对学生思维能力的培养，发展学生的创造性思维，培养学生的自学能力，力求通过学生的自我探究，或经历知识的形成过程，或寻找问题解决的路径，或获得研究问题的方法，为学生的终身学习奠基。

（二）探究式教学的作用

1. 激发探究兴趣

在探究式学习中，教师会设计探究性较强的问题或项目，学生在任务的驱动下关

① 王本陆. 课程与教学论[M]. 4 版. 北京：高等教育出版社，2023：178.

联之前所学的知识与方法,并主动寻求解决新问题的方法。一旦问题解决,学生的成就感将成为他们继续探究的动力。

2. 启发深度思考

大部分需要探究的问题,都是有一定难度的问题。想要解决这些问题,学生就需要充分调动已有的知识经验,或在此任务下主动获取更多的知识,学生常常呈现深度学习、思维活跃的状态。

3. 激发创新思维

开展探究式教学能激发学生的创新思维,锻炼学生的数学知识创新应用能力,让他们有机会多角度思考问题,感受数学知识在不同领域中的创造性应用,这对培养学生的核心素养有着十分积极的影响。

4. 提升合作能力

在探究式学习中,教师要鼓励学生通过合作交流来完成探究任务。在此过程中,学生互相帮助,互相补充,不断修正探究成果,在交流合作中共同进步,提升探究素养。

(三)探究式教学的常用策略

1. 创设问题情境,引发探究学习的兴趣

教师要巧设问题,让学生常常感觉"问题就摆在那里,它无时无刻不在吸引我们去穷究其结果"。例如,数学史上著名的"七桥问题",即"能否以任何一点为起点,相继走过7座桥,而且每座桥只走一次,然后重新回到起点",一直吸引着人们探究。后来,欧拉用适当的抽象手段将七桥问题变成"一笔画"问题来解决,产生了探究性研究成果。

2. 制造认知冲突,促进知识或观念重构

想要引发探究性学习,就不能只依靠正面示范或"指点方向式"的启发。如果学习进程"太顺",学生就无须探究。课堂上我们常会见到教师设计好每一步操作流程,学生只要动手操作就能顺利地得到结论,至于为什么实验要设置成这样的步骤,学生是不明白的,而这恰好是问题最核心的部分。因此,教师要善于举反例或者设置问题引发学生的认知冲突,从而使学生清楚地认识到实现"知识或观念的重构"的必要性。

3. 设计"再创造"学习,引导学生"做"数学

荷兰著名数学家、数学教育家弗赖登塔尔曾提出"再创造原则",其核心思想在于"数学应当被看作一种活动,而不是现成的科学"。从这一立场出发,他又进一步提出:"学一个活动的最好方法是做";"对学生和数学家应该同样看待,让他们拥有同样的权利,那就是通过再创造来学习数学,而且我们希望这是真正的再创造,而不是因袭和仿效"。[①] 这里的再创造,不是历史的简单重现,而是历史的重建或重构。因此,教师要设计"再创造"学习,学生通过探究之后,学到"可以理解的、可以学到手的、能够推广运用的数学"。

① 弗赖登塔尔. 作为教育任务的数学[M]. 陈昌平,唐瑞芬,等,编译. 上海:上海教育出版社,1995.

知识卡片：

弗赖登塔尔提倡的数学教育三原则是：

(1) 现实原则。数学来源于现实，存在于现实，并且应用于现实，而且每个学生有各自不同的“数学现实”。“数学现实”不同于客观现实，而是学生从客观现实中抽象、整理出来的数学知识和现实背景的总和。数学教师的任务之一是帮助学生构造数学现实，并在此基础上发展他们的数学现实。数学教育要引导学生了解周围的世界，周围的世界应该是学生探索的源泉。

(2) 数学化原则。弗赖登塔尔认为，数学教育的目标就是数学化。人们运用数学的思想和方法来分析和研究客观世界的种种现象并加以整理和组织的过程，即抽象、推理、建模和应用的循环反复过程就是数学化。数学化是一个过程，是一个从问题开始，由实际问题到数学问题，由具体问题到抽象概念，由解决问题到更近一步应用的教育全过程。一般来讲，数学化的对象，一是数学本身，二是现实客观事物。对数学本身的数学化，就是对数学知识的深化，包括形式化、结构化等。对客观现实的数学化，形成了数学概念、运算法则、定理，以及为解决实际问题构造的数学模型等。

(3) 再创造原则。把数学作为一种活动来进行解释和分析，建立在这一基础上的教学方法，成为再创造方法。弗赖登塔尔认为，学习数学唯一正确的方法就是再创造，即由学生本人把要学的东西发现出来或创造出来。

第三节　小学数学教学改革

核心素养统领下的数学课程改革应落实到课堂教学实施中。《数学课程标准(2022 年版)》将小学数学课程内容进行了结构化处理，有助于学生从整体上来理解和把握数学和核心概念、思想和方法，从而促进学生核心素养的发展。此外，《数学课程标准(2022 年版)》还根据当前社会、科学和技术的发展，以及学生应用、创意意识等综合素养发展的实际需求，通过“综合与实践”领域，开展跨学科主题学习。这两个方面是当下数学教学改革特别需要关注的内容。

一、结构化教学

(一) 结构化教学的内涵

《数学课程标准(2022 年版)》指出，教师要改变过于注重以课时为单位的教学设计，推进单元整体教学设计，体现数学知识之间的内在逻辑关系，以及学习内容与核心素养表现的关联。单元整体教学设计要整体分析数学内容本质与学生认知规律,合理整合教学内容,分析主题—单元—课时的数学知识和核心素养主要表现,确定单元教学目标,并落实到教学活动各个环节,整体设计,分步实施,促进学生对数学教学内容的整体理解与把握,逐步培养学生的核心素养。《数学课程标准(2022 年版)》把单元整体教学、结构化教学提到了比较重要的地位。所谓结构化教学,是指将某一模块的数学知识看作一个整体,弄清该整体的内在结构(整体与部分之间的关系,以及部分与部分之间的关系),寻找出统领这个结构的核心思想方法,然后在这一核心思想方法统领下,进行有结构地教、有关联地学的整体任务规划,使前后一脉相承,形成合力,并在分阶段实施中运用结构化的内容和手段逐一落实,进而培养学生的结构化思维和迁移性学习能力。①

(二)结构化教学的作用

1. 帮助学生构建知识网络体系

长期以来,数学教学都是以课时为单位进行设计的,而教材也是以单元形式把若干知识点分布在各个课时中。这样很容易形成散状的知识点,忽视知识之间的内在联系,即“只见树木不见森林”。事实上,任何一个数学知识点都不是孤立存在的,属于整个知识系统中的一个“点”,这个点与它的母体以及其他“点”之间存在着某种逻辑关联,各个点在这一逻辑的组织下就形成一个网状结构。因此,教学不能以“散点”的方式来组织学生学习,而要将各个“点”置于整个结构体系中展开认知,以母体核心思想为统领,并与其他关联内容、结构相近的“点”同步进行沟通、联系、对比、辨析,以获得深度的整体认知,从而实现结构化的建构学习。

2. 帮助学生顺利实现正迁移

结构化教学强调知识结构或学习方法的“一致性”。这种一致性能够帮助学生顺利实现正迁移。例如,整数加减法中的“相同数位要对齐”与小数加减法中的“小数点要对齐”的一致性在于“相同计数单位的累加”,由此学生可以将其积极迁移到分数的运算中。

(三)结构化教学的常用策略

1. 以核心思想方法为统领,整体规划结构化

数学结构化教学首先从整体规划开始。教师应着眼于大板块和大概念,先对某一领域的内容进行整体规划,然后对大任务进行分解落实。整体规划能否实现结构化,其关键是能否抓准统领整个板块知识的核心思想方法,因为思想方法具有结构迁移性。要将这些思想方法贯穿整个板块的教学,做到一脉相承。因此,教师在教学一个新的板块知识前,要先通读该领域的所有教材,将它梳理成一个知识结构网,并从中提炼出起统领作用的核心思想方法,在这些思想方法的统领下规划出分阶段的教学目标,确定各阶段的教学任务。

2. 以具有“一致性”的知识或方法为纽带,课时教学结构化

整体规划最终会落实到课堂教学中,每一节数学课就是一个相对完整的结构。

① 陈力,朱华锋.数学结构化教学深度发生的策略探究[J].小学数学教育,2021(Z3):7-9.

教师在执行教学计划时，一方面要比较完整地呈现一节课的结构，另一方面又要把这一节课放到一个更大的单元结构中去，以这个大单元中具有“一致性”的知识或方法作纽带实现结构化教学。

3. 以模块题组为载体，练习设计结构化

前面讲了精讲多练原则，练什么、怎么练当然是个技术活。在通常情况下，根据学生的分层情况，练习也要分成“基础层”“综合层”“拓展层”。

【案例 7-8】“图形的放大与缩小”的练习设计

下面的哪些图形是①号长方形放大或缩小后的图形？是怎么放大和缩小的？

(1) 请在是①号长方形放大或缩小后的图形的后面记上“√”。

②号（ ） ③号（ ） ④号（ ） ⑤号（ ）

(2) 将图形放大或缩小的倍数用比表达：

（ ）号长方形是①号长方形按照（ ）:（ ）（ ）的。

（ ）号长方形是①号长方形按照（ ）:（ ）（ ）的。

(3) 如果将④号长方形的一条边调整长度，怎样调整才能变成①号长方形放大后的图形？

方案一：

方案二：

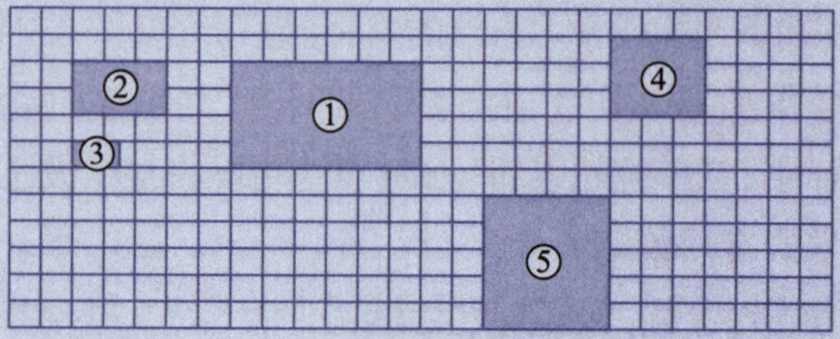

图 7-6 练习题

4. 以关联、对比、辨析为重心，整理复习结构化

一节好的整理与复习课，往往能把具有相同结构的知识关联起来。学生通过与结构相近的“点”同步进行关联、对比、辨析，有助于获得深度的整体认知，从而实现学生结构化的建构学习。

二、跨学科主题学习

（一）跨学科主题学习的意义

《数学课程标准（2022 年版）》的一个突出亮点是将跨学科主题学习作为“综

合与实践”领域的主要教学活动形式，提出“综合与实践”领域要重视跨学科主题学习活动的开展。跨学科主题学习活动在小学阶段主要采用主题活动的方式呈现，初中阶段主要采用项目学习的方式呈现，体现了跨学科主题学习不可或缺的重要意义。

物以类聚，触类旁通：立体图形的整理与复习教学实践与思考（王丽燕）

（二）跨学科主题学习的作用

《数学课程标准（2022 年版）》提倡跨学科主题学习，旨在通过“综合与实践”领域的教学活动，以解决实际问题为重点，以真实问题为载体，适当采用主题活动方式呈现，通过综合运用数学与其他学科的知识与方法解决真实问题，着力培养学生的创新意识、实践能力、社会担当等综合品质。

（三）跨学科主题学习的常用策略

1. 整合学科

跨学科主题学习的教学目标聚焦于核心知识与关键能力，有较强的综合性与实践性的特点。一是力求用学科整合的方式，实现数学与其他学科或社会生活的融合，体现学科价值；二是力求学生在教师引导下，真实地用“问题解决”的流程解决问题，以此发展学生的创新能力、实践能力、社会责任感。

2. 解决现实生活中的问题

教师要精心设计活动，把现实生活中的真实问题转化为数学问题，利用信息技术或制作教具等手段，展示跨学科主题的背景，从提取问题、解决问题的角度出发，让学生经历解决问题的过程。在此过程中，教师要加强对活动的指导，对活动中学生遇到的困难及时加以鼓励、点拨，帮助学生主动探寻解决问题的方案。

第四节　小学数学教学中的预设与生成

想要使数学教学过程充满生机与活力，教师就必须关注预设与生成的关系。预设指的是教师对于教学行为发生之前的设想，如对教材的解读、对学情的分析、对教学目标的确定、教学结构的设计，还包括对课堂上可能产生的各种问题、各层次学生在交流中可能出现的状况、课堂上可能出现的影响教学进度与目标达成的其他因素等，预先做好应变方案。生成是指在实施预设方案的过程中，教师与学生、学生与学生之间互相合作、交流、碰撞的过程中，即时生成的、超出教师预设方案的新问题、新情况或新资源，在教师没有准备的前提下，源自学生突如其来的新情况，这便需要教师进行即时的分析与研究，根据课堂实际情况采取具体的应对措施。

一、预设与生成的意义

教学从来都是静态预设与动态生成的矛盾统一体，高质量的预设是教师发挥组织作用的重要保证，创造性的生成是以学生为主体的教育理念的具体体现。当预设与生成一致时，我们认为教师对教育规律的掌握与教学内容的逻辑、学生的学习认知有比较丰富的经验；当预设与生成不一致时，我们也会认为是正常的，因为教学过程的复杂性与教学对象的差异性使预设具有挑战性，让教师面临学生“跑偏”的情境，如果教师强行把学生拉入预设的轨道，学生会感觉压抑，没有创造的欲望。其实，这也是课堂教学迷人的地方，某位教师如果能轻松利用课堂各种生成资源，让课堂呈现“化险为夷”“柳暗花明”的景象，说明其已经成长为一名成熟的教师了。因此，研究预设与生成是小学数学教师专业成长道路上的必修课。

二、预设与生成的关系

（一）成功预设是有效教学的基础

课堂教学是有规律的。每一位教师都是带着自己的哲学思想走向课堂的，有经验的教师在解读学生学情、解读课程标准、解读教材的基础上，设计教学方案，并能顺利地实施方案，以达成教育目标。这样的预设不仅体现了教师的教学经验、教学智慧，也为学生的有效学习提供了可行的路径。

（二）动态生成是课堂有效学习的发展

教师在执行预设的方案时，常常面临学生有价值、有创造的问题与想法，经验丰富的教师会及时调整、改变预设的计划，不露痕迹，巧妙地利用生成的资源，更好地实现教学目标，使课堂焕发生命与活力。这样的经历常常能帮助教师丰富自己的教育学与心理学理论，积累更为丰富的教学经验，促进有效教学。

（三）预设成功与动态生成是相互联系的

预设与生成是对立统一的两个方面。预设更重视教学的共性、显性、可预知性，而生成更重视教学的个性、隐性，不可预知性。预设过度可能会导致对生成的忽视，表现出教师的“强势主导”；过度关注生成也可能会导致影响预设目标的实现，出现只关注“少数学生”的现象。因此，无论是预设还是生成，都要以课堂教学目标为基本遵循，不浮躁、不夸张，在预设中精彩生成，在生成中丰富预设。

三、正确处理预设与生成的策略

（一）精心预设，猜想生成

教学预设是教师在充分研究教材内容、学生学情、学生学习心理等基础上完成的。预设越精细越全面，设计的方案越多，教师在课堂中面对变化越从容，可利用的生成资源越自然，教学效果越好。因此，有经验的教师总是在问题容易产生分歧的地方做出多种预设。例如，在教学“平行四边形面积”的面积推导时，有的学生会因为提前预习过这个内容直接说出面积公式，也有的学生会根据平行四边形容易变形的特点，把平行四边形拉成长方形，根据长方形的面积公式长乘宽推导出平行四边形的面积公式是邻边相乘。面对这些可能出现的不同情况，教师可以做出多种应对的方案，并思考如何利用已有认知帮助学生形成正确的认识。只有这样，教师才能得心应手，挥洒自如，课堂才能精彩纷呈，得到良好的教学效果。

（二）不拘预设，直面生成

预设很重要，但课堂是灵动的，总会有意想不到的生成。所以，教师要灵活处理生成资源，更好地为预设目标服务，否则就会出现尴尬的场面。

【案例 7-9】用乘法口诀求商

一位教师在教“用乘法口诀求商”这个内容时，因为教材上呈现的是“在多种算法的基础上优化出用乘法口诀求商的方法”，虽然学生一开始就知道用乘法口诀求商，但教师花了大量的时间把各种方法从学生嘴巴里硬“掏”出来。之后，就有了下面这段师生对话。

师：请同学们看黑板，现在有这么多种方法来算 12÷3，你最喜欢哪种方法？

生：我喜欢减法，因为它最特殊。

师：不觉得它很麻烦吗？

生：不麻烦！

师：谁再来说说，你最喜欢哪种方法？

生：我最喜欢加法。

师：为什么？

生：因为我喜欢做加法，不喜欢做乘法。

师：（无奈地指着用乘法口诀求商的方法。）有没有喜欢用这种方法的？

有少部分学生响应。

师：其实，用乘法口诀求商是最简便的方法。以后我们做除法时，就用这种方法来做。

案例 7-9 呈现的是过度预设的教法，教师拽着学生走完预设的每一步，全然不顾学生的学情，学生也始终猜不到教师的心思。

（三）活用预设，精彩生成

教师在教学过程中需要具有足够的教学智慧，理智地对待突发的课堂生成，灵活地调整教学预设、用活预设。教师作为课堂信息资源的重组者，引导并推动着教学的动态展开。教师在动态生成中的作用是不容忽视的，要敏锐地捕捉那些不期而至的生成点，变静态的、固定的教学预设为动态的、富有灵性的生成方案。

【案例 7-10】数与形

在教学“数与形”时，教师教了“正方形数”与“三角形数”之后，预设了这样一个问题：“这节课我们研究了‘正方形数’与‘三角形数’，知道了数形结合的妙处。现在屏幕上出现了 10 层的三角形数、10 行 10 列的正方形数

(图 7-7),请同学们观察并思考,你有什么发现吗?”学生立即回答:“这个三角形数是正方形数的一半!”这是教师意料之中的结果,教师笑着说:“今天老师长见识了,100 的一半就是 55。”学生一愣,立刻意识到问题出在哪里,让教师意外的是,学生竟然说出“一个正方形数是两个相邻的三角形数的和”这样“伟大的发现”!教师趁机表扬这个学生,并顺势凸显“数形结合”的优越性。

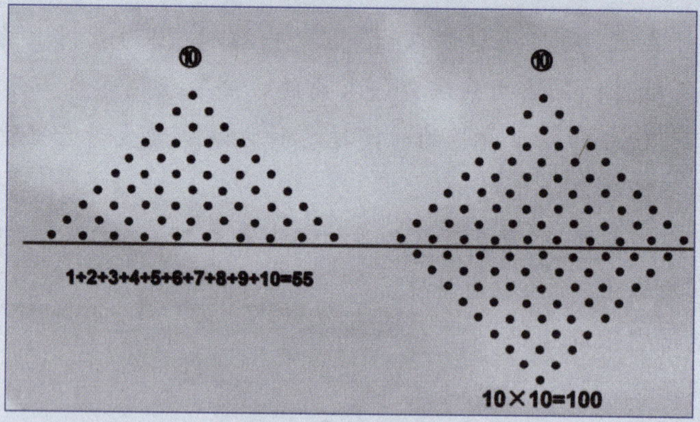

图 7-7 数形结合

总之,教师只有进行恰到好处的预设,才能恰当地应对教学的动态生成;只有具备了扎实的专业知识、较好的综合素养,才能科学而艺术地把握并处理预设与生成的关系。

第五节 课程资源的开发与利用

教师每天都在使用课程资源,同时又在开发创造课程资源。现行教材是国家根据课程标准编写的最基本的课程资源。新时代的教师要努力把教育理念的实践性解读与教学实践的理论性反思结合起来,成为课程资源的开发者、研究者和推动者。

一、课程资源开发与利用的意义

课程资源是指为开展有效的教学而提供的有利条件和素材。课程资源包括教师在教学过程中使用的要素,如服务于教学或支撑教学的人物、设备、技术、数据、自然资源等。课程资源是课程目标顺利达成的必要条件,也是教师进行教学设计的基础和依据。课程资源的开发和完善不仅能丰富教学资源、学习资源和评价手段,满足师生教学与学之用,还能兼顾地域文化差异带来的教学需求,促进教育的均衡发展和公平共建。①

（一）精益求精收集与构建课程资源库，为数学课堂教学设计提供参考

随着信息技术的普及，教师使用、收集、储存课程资源越来越快捷方便，可参考的资源也越来越多，比如数学案例、数学课件、数学微视频、数学故事、数学游戏、数学科普故事、数学学具、数学教具、数学练习、数学试卷等。教师一边收集，一边根据学情修改、整理，形成新的课程资源。教研组织、教育行政部门也会组织活动积极推进资源库的建设与利用，精益求精，取长补短，实现课程资源效益的最大化。

（二）因地制宜开发与利用课程资源，实现小学数学教材的“班本化”

我们一直提倡“用教材教”而不是简单的“教教材”，教材是根据课程标准编写的，它提供的是最基本的学习材料。但由于地域不同，教师素质不同，教学条件与学情不同，我们在使用教材的时候要进行“生活化”“班本化”，使教材贴近学生的实际，所承载的知识能引起学生的兴趣和求知欲，提升教学效果。

教师要做课程资源收集与开发的有心人，用数学的眼光去发现有效的课程资源，充分利用本地的少年宫、图书馆、博物馆、科技馆，以及当地民俗文化等。有经验的教师本身就是一个移动的“课程资源库”，上课时遇到学生难以理解的问题，他们总能迅速地找到图片、课件或现场作图，让问题迎刃而解。不仅如此，这些教师还清楚自己班级的学生最合适使用怎样的课程资源。

（三）巧用教法激活生成课程资源，为学生未来的发展奠定良好基础

课程不仅是知识，同时也是经验，是活动。课程是教材、教师、学生、环境四因素的整合。学生的经验背景、独特感受等都是课程资源。小学数学教师的任务不是一味地去灌输知识，而是要让这些丰富的资源活起来，在师生的互动中不断生成新的资源，让学生在课堂资源的开发过程中，从同学和教师身上学到远比教材多的知识，并在互动的学习环境中去感受知识的生成、体验求知的乐趣。教学活动必须尊重学生已有的知识与经验，倡导自主、合作、探究的学习方式，让学生参与教学，让课堂充满创新活力。

（四）合理利用课程资源，合理评价因材施教促进学生发展

因材施教是基本的教学实施原则之一。教师面对不同的学生群体，肩负着“让不同的人在数学上获得不同的发展”的重任。为了实现这一目标，教师在充分利用好教材这个基本资源的前提下，要根据学情给学生精选习题、推荐读物，这就要求教师要有充分利用课程资源的意识。随着信息技术的不断发展，学生的学习环境、学习工具的智能化程度越来越高。在我国很多大城市，学校已经启用了智能教室，学生人手一个学习平板，教师可以时时获取学生的学习成果、学习效果报表，为教师及时调整教法提供可能，也为高效评价学习效果提供可能，还为学生在教师的及时点拨下及时纠错提供可能。

---

① 史宁中，曹一鸣. 义务教育数学课程标准（2022 年版）解读［M］. 北京：北京师范大学出版社，2022：8.

（五）推进教育均衡发展，促进教育公平

随着教育信息化的推进，远程教育已成为人们学习的一种常用方式。人们足不出户就可以享受世界各地的优质资源，这为办学条件相对落后、师资力量相对薄弱的地区来说，无疑是注入了一支强心剂。在此过程中，教师也自发形成教师网络教研共同体，通过远程学习提升自己的专业素养，从而促进教师队伍的均衡发展，从师资角度推进教育公平。

二、课程资源开发与利用的基本原则

课程资源的开发与利用的根本目标是促进学生的全面发展，因此，在开发与利用课程资源时，教师一定要遵循最基本的教学原则，符合小学生心理发展的一般规律，为教学提供有力的支持。

（一）创新性

从当前的小学数学教学情况可以看出，大部分教师开发和利用的数学课程资源质量一般，这种常规性的资源难以满足学生的学习需求。因此，教师还应该注重创新性课程资源的开发和利用。例如，在教学五年级“探索图形”这一内容时，学生研究这样一个问题：“给一个正方体涂色，切成若干个小正方体，这些小正方体中有多少个3面、2面、1面、0面着色的？”教师制作了交互性很强的课件，学生用手指就能“点亮”着色的小正方体，用以验证自己的猜想是否正确，当学生想象“0面着色”的正方体遇到困难时，教师让学生直接在白板上操作课件，把正方体的上下左右前后各去掉一层，让“0面着色”的小正方体“显露”出来，帮助学生形成空间观念。

（二）系统性

开发和利用小学数学课程资源的过程就是将小学数学教育里各种资源优化、配置、组合的过程。因此，小学数学教师要有序列化、系统化的意识，对各类课程资源进行科学配置与系统优化，要让这些资源充分地协调运行，相互支撑。一位有经验的教师不仅是一个移动的课程资源库，而且还是一位优秀的图书管理员、电脑管理员、教具与学具管理员：图书摆放，分类清晰，索引科学；打开电脑，分年级、分课时、分类别管理各类资源；打开教具与学具储物箱，能迅速找到需要的所需物品……所有这些，都要求小学数学教师在小学数学课程资源开发利用过程中，有效地区分资源的前后顺序和轻重缓急，让整个资源的开发与利用具有递进序列的特点。

（三）丰富性

课程资源包括丰富的教与学的资源。教的资源包括课程标准、教学参考用书、教材、教辅、优秀教师的教学案例、教育教学杂志、教学课件、教学视频等，学的资源包括导读单、习题册、学习硬件与软件等。总之，认为教材是唯一的课程资源的想法是错误的。只有用开放的心态，吸纳有价值的课程资源，才能丰富自己的教学素材，拓展学生的学习视野。

（四）合法性

我们常常要借鉴使用许多优质资源，在这个过程中，我们经常会遇到资源检索、下载、参考、改编资源的问题，很多环节都会涉及知识产权的问题。因此，我们在使用时要注意合理合法，在引用他人成果时，要明确标注出处、作者，尊重知识产权。

三、课程资源开发与利用的主要策略

为了避免数学课程资源的低水平重复，教师要想办法开发与利用课程资源，从学生实际出发加以完善与运用。

（一）注重教师良好的课程资源观的塑造

每一位小学数学教师都是课程的使用者与开发者，这是最基本的课程资源观。因此，每一位新入职的教师都应该接受课程资源开发与利用的专题培训，通过培训，树立课程资源主动开发与利用的意识，学会技能，形成习惯。入职初期，教师对显性的课程更为敏感，如教学设计、多媒体课件、教学参考用书、课程标准、教材等是教师们关注度最高的资源；随着教学研究走向深入，教师会关注更多隐性的课程资源，比如校园文化、亲情友情、社会环境等。

（二）注重生成性课程资源的开发与利用

教学过程始终是师生、生生、生本交流互动的过程，在此过程中，教师或学生总会即时产生一些预设之外的新问题、新方法、新路径、新成果，正因为是生成的，所以具有真实性与典型性。教师要主动为学生提供自主学习、交流互动的机会，鼓励质疑，正所谓“疑乃思之子、学之端”“学贵有疑，小疑小进，大疑大进”。所以，小学数学教师应当切实鼓励学生的质疑精神，从中开发生成性课程资源，并加以有效利用。

（三）注重生活性课程资源的开发与利用

陶行知先生说“生活即教育”“社会即学校”，同样地，生活与数学教育关系紧密，数学教育不能脱离生活。很多数学知识、方法、原理都来源于生活，同时，数学又为生活服务。所以，小学数学教师要注重开发和利用日常生活中蕴含的生活化课程资源。例如，教师在日常生活中收集有价值的素材，依托生活中的事物来开展数学教学，这样更容易使学生产生情感、激发兴趣，感受数学学习与生活的联系，明白学习数学的价值和作用。例如，如何在操场画圆，如何保证在黑板报上画出平行的线段，井盖、车胎为什么都是圆的等内容，这些都可以成为生活性课程资源。

（四）注重创新性课程资源的开发与利用

教材并不是小学数学课程资源的唯一来源，教师只需要以教材为主要教学内容即可，并在教学中加以灵活应用。随着科学技术的飞速发展，开发利用创新性课程资源势在必行。随着多媒体技术日趋成熟，每一位教师都可以根据自己的教学预设制作创新性的课件，以激发学生学习的兴趣，提高学习效率。同时，学生也是创造者，他们独特的解题思路、观点等都可以成为创新性课程资源。

总之，每一位教师都要积极参与课程资源的开发与利用，积极学习国内外先进的教学经验、教学模式、教学技术，不断创造与完善课程资源。

第六节 核心素养导向下的小学数学教学实施

在新课程背景下，小学数学课堂教学的实施要坚持核心素养导向，始终关注核心素养在数学教学中的达成情况。

一、深刻理解核心素养的内涵

发展学生核心素养，主要是指学生在学习的过程中应具备的、能够适应未来社会发展和学生终身发展的思维品质和关键性能力。前面的章节里已经提及《数学课程标准(2022年版)》把核心素养的内涵概括成“三会”，即会用数学的眼光观察现实世界、会用数学的思维思考现实世界、会用数学的语言表达现实世界。在小学阶段，核心素养主要表现为：数感、量感、符号意识、运算能力、几何直观、空间观念、推理意识、数据意识、模型意识、应用意识、创新意识。①

二、明确指向核心素养目标的数学教学实施路径

数学课程目标体系是一个以“三会”为中心的多层次目标体系，这个目标体系的不同层次之间以递进的方式联结。“三会”是目标体系的顶层目标，即核心素养是所有具体目标的总目标。核心素养的主要表现是为达成“三会”而设置的中间目标。“四基”“四能”是达成核心素养主要表现的支撑目标。以“发现问题、提出问题、分析问题、解决问题”为支撑的教学实施路径，通过指向核心素养的主要表现，达成培养核心素养的目的。以“四基”“四能”为基础的培养核心素养的实施路径，为数学课程目标体系与数学教学实践体系之间的合理衔接提供了指导。这一点在前面已有论述，此处不再赘述。

培养学生的核心素养是小学数学教育的根本目标。因此，小学数学教师要围绕这个目标不断研究教学方法，寻找基于核心素养目标的教学实施路径。

（一）创设问题情境，帮助学生形成核心素养

在一年级学生学“分类”时，教师可以利用社区中的“垃圾分类”情境，让学生在学习应用统计的知识与方法中解决实际问题。教学从发现“垃圾因为乱放影响回收”这个问题开始，学生提出问题、分析问题，到最后解决问题，在这个过程中，学生积累了问题解决的经验。

① 史宁中，曹一鸣．义务教育数学课程标准(2022年版)解读[M]．北京：北京师范大学出版社，2022：8.

问题情境的创设应该贴近学生生活，生动直观，富于启发，善于运用直观演示、试验探索、多媒体技术、趣味实例、知识复习、制造悖论、反思分析等手段，把抽象的问题具体化，深奥的道理形象化，枯燥的知识趣味化，为学生发现问题和探究问题创造条件。同时，问题情境的创设要有情趣，要适应学生已有的知识、经验，问题过易或过难，都难以引起学生的兴趣。因此，教师不仅要熟悉教材，还要了解学生的认知结构、智能水平和生活经验，设计出在学生“最近发展区”，但又具有挑战性的问题情境。如弗赖登塔尔有一个经典的情境：“昨夜外星人访问我校，留下了一个巨大的手印(出示手印图)，今晚他还来，试问：我们给他坐的椅子应该有多高？他用的新铅笔应该要多长？”此情境有趣，并且将比、比例、相似等数学知识融入教学情境之中。当学生有意识、有步骤地思考并解决问题时，这些思考与体验就会逐渐发展为思想和经验。

(二) 优化学习方式，帮助学生形成核心素养

随着时代的发展，各个领域都在积极地进行改革和创新，以此来适应时代的发展要求，教育领域也不例外。在小学数学课堂上，使用传统的教学方法进行教学已经无法满足学生高层次的学习需要了。因此，教师在小学数学课堂教学中可以采取多样化的教学方法，如游戏法、分层教学法、小组合作学习法、先学后教法等，这些教学方法有利于营造轻松愉悦的课堂教学气氛，激发小学生的学习兴趣。在多种学习方法的引领下，学生反复思考与体验，形成新的技能、新的思想与方法，核心素养也在不断地发展。

(三) 整合教学内容，帮助学生形成核心素养

根据核心素养的教学要求，小学数学教学不能仅仅依靠数学教材，还应该将各种有效的数学教学资源充分利用起来。教师要主动将教学内容进行整合，不仅要将数学学科内部的结构整理清楚，还要将数学学科与其他学科、数学学科与现实生活的联系建立起来，既见树木，又见森林，帮助学生形成知识网络，发展核心素养。

三、开展指向核心素养目标的数学教学实践

想要实现核心素养目标，就要扎扎实实地开展数学教学实践活动。数学教学实践活动包括课堂教学实践活动与课外综合实践活动。

课堂教学实践活动要根据不同的教学内容领域所对应的主要核心素养实施。例如“数的运算”领域对应计算能力的核心素养，“图形与几何”领域则对应学生空间观念的核心素养，“统计与概率”领域对应数据分析意识的培育。例如，六年级下册“圆柱与圆锥”单元属于“图形与几何”领域，其对应的主要核心素养是空间观念，在“圆柱与圆锥”教学过程中，应紧扣空间观念培养，设计相应的观察、实验与想象等活动，建立与表面积、体积相关的表象，发展学生空间观念。在课堂教学中，教师要鼓励学生多提问，因为问题能引起学生的认知冲突，激发学生参与研讨交流的愿望。教师要引导学生在“互辩”中寻求最佳方案，使学生的探索发现意识在“冲突—平衡—再冲突—再平衡”的循环和矛盾中不断得到强化，在主动完成认知结构的建构过程中培养

学生的核心素养。

课外综合实践活动要求教师教会学生用数学知识解决生活中的问题，引导学生运用数学的思维方式想问题、解决问题，即用数学的眼光看问题，用数学的理性思维分析问题，用数学的方法去解释现象、解决问题。数学的思维方式包括：观察、想象、猜想、验证、比较、归纳、抽象、概括等，其中“概括”是核心。引导学生用数学的思维方式进行思考比学会数学知识本身更重要，让学生体会用数学方式来处理问题比仅仅得出正确结论更重要。例如，学生观察到一天中不同的时间段学校旗杆的影子长度不一样，他们从这个现象中提出一个数学问题：“影长与太阳光照射的角度有什么关系？”然后用数学的知识解释这个现象。又如，如何在黑板报上画出平行的线段，这也是个数学问题，学生利用数学课上习得的作图方法画出平行线，解决了这个具体的问题。这样的活动能让学生体验有用的数学、能用的数学和会用的数学，数学教育的核心价值也因此得到体现。

学生的数学素养从何而来，从学生的独立思考中来，从学生的活动体验中来，从学生的问题解决中来，从学生的互动交流中来，从教师有价值的引领中来……核心素养是课程改革的方向标和罗盘，视野决定高度，高度决定未来。《数学课程标准（2022年版）》大力提倡单元整体教学、跨学科主题学习等，大力推进启发式、探究式、参与式、合作式等教学方式，这些都是指向核心素养目标的学习方式，值得我们展开真研究，付出真行动，只有这样才能使师生都获得真发展。

? 理解·分析·实践

- **理解性练习题**

1. 什么是教学实施原则？

2. 什么是启发式教学？启发式教学有哪些作用？

3. 探究式教学有哪些常用的教学策略？

- **思辨性练习题**

1. 你认为“接受性学习”与“填鸭式学习”有什么区别？

2. 课堂教学中学生生成的错误可以成为教学资源吗？为什么？

3. 在课堂教学中，教师要重视学生的生成，那预设是不是就不重要了呢？为什么？

- **实践性练习题**

1. 小组合作，观摩至少五位小学数学名师的课堂，提炼名师优课中使用了哪些教学方法，哪些方法是好的，好在哪里。

2. 自选小学数学教材中的一个具体内容，运用所学的教学方法独立设计一个课时的教案，并在“课前慎思”中写出此教案遵循了哪些基本的教学实施原则，使用了哪些教学方法。

拓展阅读导航

1. 史宁中，曹一鸣. 义务教育数学课程标准(2022年版)解读[M]. 北京：北京师范大学出版社，2022.

针对《义务教育数学课程标准(2022年版)解读》，建议读者基于教学实践理解关于教学目标、教学内容、教学建议的解读，思考三者之间的关系。

2. 弗赖登塔尔. 作为教育任务的数学[M]. 陈昌平，唐瑞芬，等，编译. 上海：上海教育出版社，1995.

针对《作为教育任务的数学》，建议读者了解弗赖登塔尔对于一些问题的看法，比如“数学的传统”“今日的数学”“再创造”“数学教师”等。

3. 郑毓信. 小学数学教育的理论与实践：小学数学教学180例[M]. 上海：华东师范大学出版社，2017.

针对《小学数学教育的理论与实践：小学数学教学180例》，建议读者通过阅读经典教学案例，把“教育理论的实践性解读”与“教学实践的理论性反思”结合起来，立足专业成长，关注基本问题。思考如何认识数学教育的基本任务，如何通过数学教学促进学生思维的发展，特别是，如何使学生学会更清晰、更深入、更全面、更合理地进行思考，由“理性思维”逐步走向“理性精神”。

第八章
小学数学教育评价

■ 走近学生

晓慧在实习中得到了实践的机会,在实习指导老师的帮助下上了一堂四年级的小学数学课。在设计数学活动的过程中,晓慧设计了一个小组任务,要求学生们团队合作解决一个现实生活中的问题,涉及面积和周长的计算。她注意到,在这个任务中,学生不仅需要运用数学知识,还需要合作解决问题,从而更好地理解数学与现实生活的联系。在小组任务结束后,晓慧并没有立刻给予评价,而是组织了一次讨论。在讨论中,她鼓励学生分享他们的思考过程和策略,从中发现了不同学生的优势和不足之处。通过讨论,晓慧不仅帮助学生更好地理解了数学概念,她自己还获得了关于如何调整教学策略的宝贵信息。最终,晓慧对学生的评价不仅仅基于他们的成绩,还包括了他们的合作精神、解决问题的能力以及与他人分享的积极性。课后,实习指导老师给予了晓慧高度的肯定,并认为这种综合性的评价方式不仅能够鼓励学生全面发展,还能够帮助晓慧自身更好地反思自己的教学实践。

■ 学习目标

1. 了解数学教育评价的内涵、目的、类型和发展趋势。

2. 掌握小学数学课堂教学评价的内涵、目的、要素、方法和过程，能够设计具体的小学数学课堂教学评价标准并实施。

3. 了解小学数学学习评价的内涵、目的、类型，能够应用小学数学学习评价的方法，掌握小学数学学习评价结果分析与应用的策略，并结合核心素养导向下的实践案例理解小学数学学习评价的设计与实施。

■ 思维导图

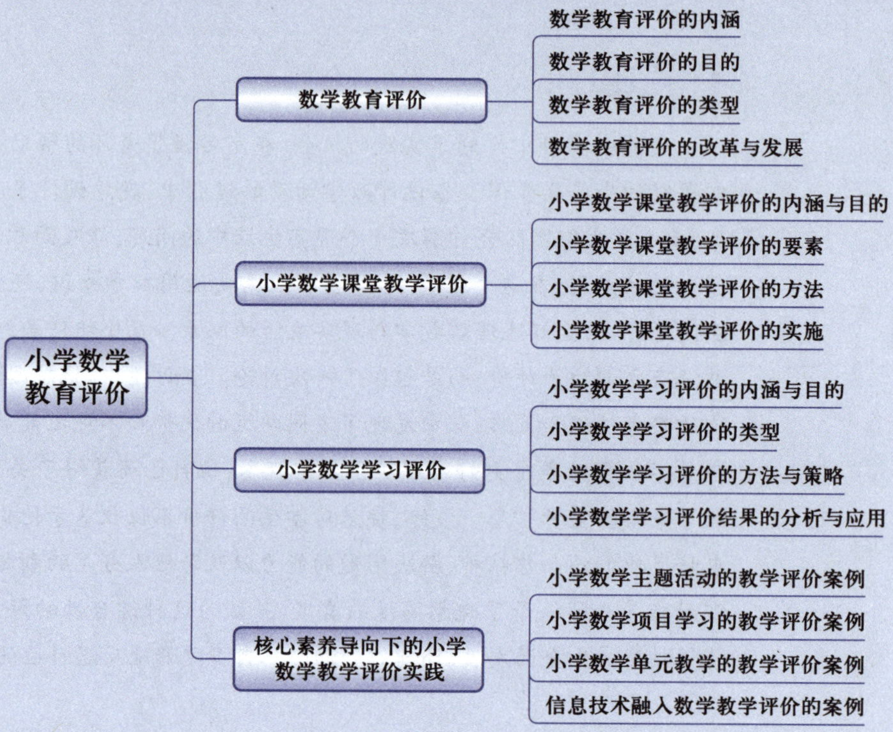

2020年10月，中共中央、国务院印发的《深化新时代教育评价改革总体方案》明确提出了新时代教育评价改革的方向和要求，强调要"坚持科学有效，改进结果评价，强化过程评价，探索增值评价，健全综合评价，充分利用信息技术，提高教育评价的科学性、专业性、客观性"。在此背景下，2022年3月，教育部印发《义务教育课程方案和课程标准（2022年版）》等文件，课程方案中明确提出倡导评价促进学习的理念，注重提高学生自我评价、自我反思的能力，引导学生合理运用评价结果改进学习。《数学课程标准（2022年版）》中新增"学业质量"部分，其中的"学业质量标准"以核心素养及其表现、课程总目标，以及学段内容要求、学业要求为依据，对学生学业成就具体表现特征进行整体刻画，用以反映各学段课程目标与核心素养的达成度，为指导教师的课堂教学和教育评价提供参考依据。[①] 面对新时代教育要求和课程标准，教师必须重新审视教育评价的内涵与方法，本章将围绕教师如何理解教育评价、如何看待新课程背景下教育评价的发展与变化、如何设计与实施教育评价等问题进行探讨。

第一节 数学教育评价

在日常生活中我们会发现自己时常充当着评价者和被评价者的角色。例如，当我们日常购买商品时，通常会根据商品的过往评价选择是否购买此商品；当我们完成一项工作时，我们会期待得到他人的赞赏。可以说，评价是人类社会中一项重要而复杂的活动。评价中的"价"字意味着评价者不仅需要对评价对象进行选择或者赋分，更关键的是对评价对象进行价值判断，因此，评价的重要性体现在我们每时每刻经历着的评价或者被评价的活动中，而复杂性在于评价最终指向了价值判断的过程，是一种反映人的主观意识的活动。在教育活动中，评价的对象是发展中的人，因此，因为教育评价对象的不确定性、动态性、发展性使得这项工作的难度大大提升。数学教育评价由于学科的特点，不仅仅局限于评价学生的知识掌握水平，还需关注学生思维和能力的发展，所以数学教育评价需要考虑学科的特点，更加全面地评价学生的数学学习和发展，帮助学生更好地提升能力与素养，并为教师提供有针对性的教学反馈和调整教学策略的依据。

一、数学教育评价的内涵

什么是数学教育评价？首先，我们需要理解教育评价内涵的演进与发展，在此基础之上进一步理解数学教育评价的含义。20世纪20年代，测量运动盛极一时，巴格

---

① 史宁中，曹一鸣．义务教育数学课程标准（2022年版）解读[M]．北京：北京师范大学出版社，2022:261.

莱、杜威对测评运动中过分放大个体差异与标准化测试等观点进行了批判。[①] 泰勒在巴格莱、杜威等人观念的影响下,提出了基于教育目标实现程度的评价方案,首次提出并正式使用"教育评价"的概念,他认为教育评价过程在本质上是确定课程和教学大纲实现教育目标的程度的过程,后修改为检验教育思想和计划的过程。[②] 泰勒的学生布卢姆认为教育是一种改变学习者的过程,提出评价是系统收集证据用以确定学习者实际上发生了某些变化,确定学生个体变化的数量或程度。[③] 日本心理学家大桥正夫认为教育评价就是对照教育目标,对教育行为产生的变化进行价值上的判断。克龙巴赫提出评价是为决策提供信息的过程。我国学者金娣、王刚将教育评价定义为"在系统地、科学地和全面地收集、整理、处理和分析教育信息的基础上,对教育的价值作出判断的过程,目的在于促进教育改革,提高教育质量"[④]。通过纵向地梳理教育评价的源流,我们可以发现教育评价并非是评价者完全主观的价值臆断,也不能等同于测量,而是需要基于目标、基于证据进行价值判断的科学活动过程。

借助英文词汇进一步理解教育评价,measurement、evaluation、assessment 三个单词都带有评价的含义,但究竟哪一个单词翻译为教育评价更加准确?哪一个单词更能体现教育评价的内涵?我们对三个英文单词的词义加以辨析,measurement 在教育学上的意义与测量运动有密切的关联,更倾向于表示量化的、标准化的测量,只是对事物作数量化的描述,随着教育评价的发展,可以发现测量与教育评价是被包含与包含的关系。而 evaluation 与 assessment 更趋近于教育评价的意义,它们不仅包含测量的含义,还在定量的基础上进一步作出价值判断,但二者之间也存在着差异。从词源学的角度分析,evaluation 源于拉丁词根 valere,意为"使……有价值的",在教学场域延伸为"价值判断";assess 源于拉丁文词根 assidere,意为"坐在旁边",在教学场域中延伸为"评价是一种民主协商、主体参与的过程,应在自然的条件下,使各方人士通过各种形式的对话达成共识,而不是评价者对评价对象进行控制的过程"。《牛津高阶英语词典(第 9 版)》中对两者的释义分别为:evaluation 是审慎衡量事物的价值或品质;assessment 是指人们围坐在一起彼此倾听、共同探究,以达成对事物的认知。所以 assessment 更强调是教师、学生、家长等多主体共同参加、收集评价资料的过程,且强调了通过这个过程促进教育活动的质量,也可以理解成是一种形成性的评价,而 evaluation 则是对所收集的资料对照教育的目标对到达程度进行价值判断的过程,并根据这种价值判断提出改善的方案,可以理解成是一种衡量目标达成度的评价。

综上所述,数学教育评价需要综合考虑教育目标、教学过程、学习结果等各方面的要素,是一个系统的、动态的、客观的过程,旨在通过对学生的学习过程、学习结果、教师课堂教学等进行价值判断,为教学和决策提供有效的信息。

---

① 田中耕治. 教育评价[M]. 高峡,田辉,项纯,译. 北京:北京师范大学出版社,2011:22.
② 涂艳国. 教育评价[M]. 北京:高等教育出版社,2007:4.
③ 布卢姆,等. 教育评价[M]. 邱渊,王钢,等译. 上海:华东师范大学出版社,1987:6.
④ 金娣,王刚. 教育评价与测量[M]. 北京:教育科学出版社,2002:2-3.

首先，数学教育评价应关注学生在学习过程中是否达到了预设的目标，需要系统分析教育目标，把教育目标转换为可操作、可落地的评价标准，根据标准对学生的学习过程与学习结果进行评价，判断在相应方面的达成程度，并且根据评价结果再改善教育的目标，相互促进，不断循环，以达到核心素养发展的育人目标。

其次，数学教育评价需要关注教学过程中学生的发展，学生在学习过程中是不断变化的，因此数学教育评价也是一个动态的、不断调整的过程，只对学生的学习结果进行评价肯定是不够的，需要关注学生个体在学习过程中的变化，在行为、认知和情感等方面的发展，形成对学习过程更为全面的刻画。

最后，数学教育评价应该基于预设的教育目标、客观的依据进行价值判断。评价不是根据完全主观的臆断，需要根据目标设定评价标准并系统地收集和分析与学生学习相关的数据、资料，通过证据判断学生的学习成果是否符合预期目标，以便作出更加准确的评价和决策。

因此，数学教育评价可以理解为，基于数学教育目标，系统地收集数学课堂教学活动、学生学习结果等不同方面的依据，作出价值判断的过程，目的在于促进数学教育目标的达成，提高数学教育质量，最终实现学生核心素养的发展。数学教育评价不仅关注学生对数学知识和技能的掌握程度，还需要关注学生在数学学习中的“四基”“四能”“情感态度与价值观”的全面发展。通过数学教育评价，教师可以了解学生的数学学习情况，为教学提供有针对性的教学支架。同时，数学教育评价也为教育决策和政策制定提供了重要的依据和参考。

二、数学教育评价的目的

数学教育评价在教育工作中扮演着重要的角色，它不仅能了解学生的学习情况，开展人才的选拔，还可以提供反馈和指导，优化管理、教学过程，辅助教育研究工作、促进学生、教师和学校发展。

（一）甄别筛选

数学教育评价的重要目的之一是甄别筛选，旨在人才的选拔和因材施教的实现。通过评价，教师可以识别出学生的学习水平和潜力，为学生提供有针对性的教学支架。同时，评价也可以作为选拔优秀人才的依据，帮助学生确定适合的教育路径和优化教育资源的配置，更好地满足学生的学习需求，提高教育资源的有效利用，并推动优秀人才的培养和发展。

教师可以通过评价了解学生的数学学习水平和潜力，基于学生与评价指标适应程度的评价对其作出区分和认定。通过对学生的知识掌握情况、学习过程与方法、情感态度与价值观等方面进行评价，教师还可以客观地判断学生的学习水平和潜力。评价结果可以帮助教师了解学生的能力与素养，识别出在数学领域表现优异的学生，为他们提供更多深入学习的机会和挑战。

选拔优秀人才和优化教育资源配置作为甄别筛选的目的，评价为此提供了依据，数学教育评价作为主要的依据用于选拔进入高等教育阶段或特殊数学教育项目的学生。评价可以通过客观的标准来评价学生的数学能力和潜力,帮助确定适合的教育路径和优化资源的配置。在选拔方面,数学竞赛、学业考试等都可以作为评价工具,帮助筛选出具备优秀数学能力和潜力的学生,并为他们提供进一步培养和发展的机会。

(二) 优化管理

评价的另一个重要目的是优化管理,评价作为一种价值判断,通过上级对下级、组织对个人的评价,或者是被评价者的自我评价,可以促进个体、集体、组织的发展。在数学教育中,评价的主客体可以是教师对学生,也可以是教育管理者对教师,还可以是学生对教师等,在评价的作用下,管理者更好地督促被管理对象认真履行职责,完成规定的任务,达到预期的目标。

评价为管理者与决策者提供了数据支持和决策依据。通过收集、分析和解释各种教育数据,管理者和决策者可以了解教师或学生的学习状况和需求,为教育决策提供准确的信息,帮助教师制订合理的教学计划。

(三) 辅助研究

评价可以辅助研究的开展,评价的数据与结果具有教育研究的价值,有利于开展教育教学研究活动。一方面,评价促进了教育改革和创新。通过评价研究可以发现数学教育中存在的问题和不足,为改进教学方法、调整教学策略提供依据,同时还可以鼓励教师进行教育研究和创新,提高他们的教育专业水平和教学能力。另一方面,评价促进了教育研究和理论发展,为教育政策的制定和改善提供科学依据。评价研究为教育研究者提供了丰富的数据和实证基础,帮助他们深入研究教育问题,推动数学教育理论的发展和创新,同时促进了国际数学教育的比较和合作,通过共享评价工具和方法,提高数学教育研究和实践的国际化水平。

(四) 促进发展

评价最核心的目的是育人,以评促学、以评促教,通过评价促进学生、教师、学校等各主体的持续发展。

从学生发展的角度来看,评价能够提供有效的反馈和指导,帮助学生了解自己在数学学习中的表现和进步,并发现自身的优势和不足之处。通过评价结果,学生可以获得有针对性的学习建议和改进方向,进而促进自身的发展。

从教师发展的角度来看,评价可以帮助教师了解自己的教学效果,发现教学中存在的问题并及时调整教学策略。通过评价结果,教师可以反思和改进自己的教学方法,提高教学质量,提升教学效果,促进自身的专业成长。

从学校发展的角度来看,评价可以帮助学校全面了解教学质量和学生的学业成就,为学校决策和发展提供依据。评价结果可以帮助学校发现教学和管理中的问题,制定相应的改进措施,优化教学资源配置和课程设置,提高学校整体的教育教学质量。

三、数学教育评价的类型

数学教育评价根据不同的分类标准可以分为多种类型，了解数学教育评价的类型主要是从评价的外延对评价进行更深入的认识，从而对数学教育评价建立更加全面的认识。

（一）按照评价发生的时间分类

依据评价发生的时间，我们可以将数学教育评价分为诊断性评价、形成性评价和终结性评价。这三种评价类型在不同阶段和不同目的下发挥不同的作用，共同促进学生的发展和教育质量的提升。

1. 诊断性评价

诊断性评价（diagnostic assessment）是一种旨在识别学生学习问题和困难的评价方法，它的主要目的是及早发现学生的学习困难，并为教师提供关于学生学习状况和需求的有用信息。诊断性评价通常在学习过程之前进行，通过收集和分析学生的学习数据、作业、考试结果、课堂观察等多种信息，以了解学生当前的学习状态、掌握程度和最近发展区，可以帮助教师识别学生的学习需求和差距，以便有针对性地调整教学内容、方法和策略，帮助学生克服困难，促进学习进步。

2. 形成性评价

形成性评价（formative assessment）强调在学习过程中持续地收集、分析和利用信息来指导教和学。形成性评价更注重学生的学习反馈和自我调整。形成性评价通过检测学生的学习进展，识别学习问题，并提供及时的反馈和指导，帮助学生自主调整学习策略和方法，促进深层次的学习理解和能力的发展。教师可以利用形成性评价的结果来调整教学设计、提供教学支架，以满足学生的学习需求。

3. 终结性评价

终结性评价（summative assessment）是对学习过程的总结性评价，通常在学习阶段结束或某一学习目标达成后进行，用于评价学生的学业成就。终结性评价通常采用考试、测验或作业等方式进行，以确定学生在“四基”、“四能”与核心素养等方面的达成程度。终结性评价的结果对学生的学习成绩和学业发展具有重要的决策意义，同时也为学校和教育管理部门提供了对教学质量和学生学习效果的评价依据。

（二）按照评价对象分类

数学教育评价按评价对象分类可以分为教师教学评价、学生学习评价、数学课程评价和数学教材评价，不同的评价对象导致评价的侧重点也有所不同。

1. 教师教学评价

教师教学评价是对教师在数学教育工作中的教学表现、教学能力等方面进行评价，包括教师的教学设计、教学方法、教学效果和教学风格等方面的评价。教师教学评价可以通过观察课堂教学、听课、教学反思和同行评价等方式进行，旨在为教师专业发展和教学改进提供建议。

2. 学生学习评价

学生学习评价是对学生在数学学习中的过程表现、学业成就等方面的评价，包括对学生的“四基”、“四能”与核心素养等方面的评价。学生学习评价通常通过考试、书面测验、口头测验、活动报告、课堂观察、课后访谈、课内外作业、成长记录等方式完成，多种方式可以互相结合进行，旨在了解学生的知识、能力、思维的发展，为教学的改进提供依据。

3. 数学课程评价

数学课程评价是对数学课程的设计和实施进行评价。它涉及课程目标的设定、教材的选择、教学资源的利用和课程内容的组织等方面的评价。课程评价可以通过课程评价问卷、课程观察和课程反馈等方式进行，旨在改进课程设置和提高教学效果。

4. 数学教材评价

数学教材评价关注教材的内容、组织、适用性和教学支持。数学教材内容的评价主要考查教材的准确性、完整性和适宜性；数学教材组织的评价主要关注教材的结构和布局；数学教材适用性的评价主要考虑教材对不同学生群体的适应性；数学教材教学支持的评价主要关注教材对教师教学活动的支持程度。综合这些评价观点，数学教材评价旨在确保教材的内容全面、组织合理、适用性广泛，并提供教师教学所需的支持和指导，以促进学生的数学学习和发展。

（三）按照评价标准分类

根据评价标准进行分类，数学教育评价可以主要分为绝对评价、相对评价和个体内差异评价等类型。

1. 绝对评价

绝对评价指以课程标准为参照，对学生的学习过程表现或学业成就进行评定的评价方法。其评价标准是课程标准，用于确定评价对象在实现目标或达到标准方面的程度，常用于学生数学学习学业成就的评价等方面，能够客观地评估学生的学业成就水平，为教育教学提供重要的参考依据。包括单元测验、期中考试、期末考试、学业水平考试等，通常通过及格率、通过率、百分制平均成绩、不同等级占比等体现集体水平。

2. 相对评价

相对评价不是基于课程标准对个体进行评定，而是以被评价群体的常模为参照，将个体与同一群体中的其他个体进行比较，以确定其相对表现的好坏程度，以及学生在整个群体中的相对位置。① 相对评价关注学生在整个群体中的相对表现，常用于排名和竞争性评价。例如，根据班级或全校学生的成绩分布，将学生按照得分高低进行排名。相对评价强调学生之间的相对优劣，可以用于选拔和竞争性的选拔考试，主要

① 刘志军. 教育评价[M]. 北京：北京师范大学出版社，2018：77.

包括排名次、计算等级分、划定百分等级、计算标准分等方式。

3. 个体内差异评价

个体内差异评价将学生的成绩与其自身以往的表现进行比较,关注学生在不同时间点或不同任务上的进步和差异。个体内差异评价可以帮助教师了解学生的学习进步和发展趋势,从而对教学进行改进。个体内差异评价是一种形成性的学生评价理念,也是探索增值评价的一种方式。在课堂理答、作业评价、测试评价中,教师都可以积极运用个体内差异评价,关注学生学习的前后变化,对学生积极的表现及时给予肯定,及时关注学生出现的退步等现象,通过根据学生变化的调节评价促进学生持续发展。

(四)按照评价定位的分类

随着教育评价的不断发展,不断有学者对评价方式内涵不断窄化为单一的、结果性的考试评价提出反思和批判,强调评价过程中学生主体的参与,使评价成为促进学习的手段或作为学习本身的一部分。因此,通过不断反思评价在学习过程中的定位及与学习的关系,基于对评价定位的思考,可以将数学教育评价分为对于学习的评价、为了学习的评价和作为学习的评价三种主要的类型。

1. 对于学习的评价

对于学习的评价(assessment of learning)指以总结性为目的,旨在通过学生间的比较,向家长和学生证明学生学校学习的进步情况。当前学校主流的评价是对于学习的评价,这一评价通常是在某件事(例如,一个课时、一个单元、一个学期或一个阶段)结束后开展的事后评价,并采用围绕学生所学材料内容出题进行测验或考试的形式。在对于学习的评价中,评价结果通常是以分数或成绩单的符号化形式进行表达,总结学生各学科的平均成绩并向家长报告。这种评价方式主导着课堂评价活动,教师负责试卷的开发与评分。教师通过试卷评价学生学习的质量和准确度,致力于打分和评级,强调学生间的比较,以分数或成绩的方式给学生反馈,提供进步的方向或建议。这类测试能够表明哪些学生做得好,哪些做得不好。由于测试内容通常有限,分数难以充分体现学生具备的技能与知识广度,所以这些测试难以表征学生对某些观念或概念的掌握程度。

2. 为了学习的评价

为了学习的评价(assessment for learning)指向提供给教师能够调整学生参与的教学和学习活动的信息,以区别、理解学生个体是如何学习的。为了学习的评价提供了取代学校传统评价的另一视角,实现了从终结性评价到形成性评价的转变,从作出判断到创造描述以用于下一阶段的学习的转变。这类评价表明,学生是以个性化、特别的方式展开学习。为了学习的评价不仅可以用以预测学生知道什么,还可用以深入了解学生如何、为何运用所知,从而教师能够简化、指向教学和资源。评价不是为了给学生打分或在学生之间比较判断,而是为凸显每个学生的优势和劣势,并为他们提供能够促进其学习的反馈。为了学习的评价通常发生在学习的中段,且经常不止一次。这种评价能够帮助教师提供支持下一步学习的反馈,其作用的发挥有赖于教师的诊断技能。

3. 作为学习的评价

作为学习的评价(assessment as learning)指的是学生在评价过程中扮演主动参与和起关键作用的角色,能够理解评价的要求并将其与已有知识联系起来,在此过程中掌握或巩固相关学习内容。通过强调学生在评价中的重要作用,不仅促进了评价和学习过程,更重要的是成了连接二者的关键环节。作为学习的评价也是元认知中调节过程的一部分,在此过程中,学生监控自己正在学习的内容,并使用反馈对所理解内容进行调整、适应和改变。作为学习的评价的目标是使得学生成为自身的评价者,也是支持元认知运用于数学教育的一种方式——即以发展元认知为目标运用评价工具。将学习评价纳入"为了学习"的范畴,强调了形成性评价中学生的重要作用,他们不再只是贡献者或受益人,而成为联结学习与评价两个领域之间桥梁。聚焦于学生在自我监管下如何批判性思考、理解信息并建立新知识等方面,教师可以运用作为学习的评价来帮助孩子发展关键能力与必备品格,使学生成长为善于反思的人。

知识卡片:

1999年,英国评价改革小组(Assessment Reform Group,ARG)在《为了学习的评价:基于研究的指导课程评价原则》(*Assessment for learning:research-based principles to guide classroom practice*)报告中提出了"作为学习的评价"的十条原则:

- 应作为有效教学计划的部分
- 应聚焦学生如何学习
- 应被视为课堂实践的中心
- 应被视为一项关键的教师专业技能
- 应当是敏感且建构的,因为评价具有情绪影响
- 应重视学习者动机的重要性
- 应促进实现学习目标和对评价标准的共识性理解
- 学习者应接收有关如何提升的建构性指导
- 应发展学习者自我评价能力,使其进行自我反思和管理
- 应识别学习者的全面发展

四、数学教育评价的改革与发展

随着人类社会从工业化迈入了智能化的新阶段,云计算、大数据、人工智能等技术给我们的日常生活带来了巨大的冲击,全球经济竞争和国家发展格局也在经历着变革。为了应对智能化时代的变革,许多国家都推出了相关的发展规划,试图通过在人工智能方面的重新布局,展开新一轮的角逐。例如,2012年美国国家科学技术委

员会发布了《先进制造业国家战略计划》,2013 年德国学界和实业界共同推出《保障德国制造业的未来—关于实施“工业 4.0”战略的建议》,2015 年我国发布了《中国制造 2025》。[①] 针对第四次工业革命带来的社会生活的复杂化,国际社会普遍重视学生应对 21 世纪挑战的“核心素养”培养,核心素养开始成为我国学校育人的新取向,学生需要在课堂中通过自主的学习发展和提升能力、素养,即学生需要在课堂中“学会学习”,教育目标、教师的教学、学生的学习和教育评价需具有一致性,我国学校教育目标从重视双基到三维目标再到核心素养的系统变革,教育评价也不断发生着变革。从重视双基的评价目标,到三维目标体系下的评价发展,再到当前的核心素养导向,数学教育评价应该如何顺应时代的发展,这是当前教育改革中一个重要的议题。

(一) 素养导向下评价目的与内容的变革

评价目标与评价内容的变化从双基到三维目标再到核心素养培养目标,反映了人们对数学教育“育人”的价值理念更加全面和深入的关注。评价内容从基础知识和基本技能逐渐扩展到关注学习的过程、方法和情感、态度与价值观,再到关注“四基”、“四能”和核心素养等方面,这些变化反映了对学生全面发展的重视和对不同层面能力与素养的培养需求。数学教育评价的目的与内容的变化旨在促进学生在数学学习中培养更加全面的能力和素质,以适应日益复杂和多元化的社会发展。

1. 重视对“双基”的评价

早期数学教育评价主要以“双基”的掌握为评价目的,主要是衡量学生对数学基础知识和基本技能的掌握程度。评价内容主要集中在学生对基本概念、公式、原理、定理的理解,以及计算能力、解题方法的获得,旨在了解学生在数学基础方面的掌握程度。在发挥积极作用的同时,也带来了一些问题,如过于注重基础知识和基本技能的评价容易导致教学过程的机械化,忽视了培养学生的思维和能力,同时也可能造成评价结果的片面性,即使学生在基础知识和基本技能上得到了较高分数,但可能在能力和素养方面存在不足。

2. 基于三维目标的评价

在数学教育评价的发展中,从“双基”到三维目标的转变带来了评价目的和内容的显著变化。重视“双基”的评价主要关注学生对数学基础知识和基本技能的掌握程度,而在三维目标下,评价目的更加强调从关注学生的学习结果转向关注对学生学习过程的评价。评价内容从基础知识和基本技能扩展到对过程与方法,情感态度与价值观等方面,评价方式上更加侧重用过程性评价、表现性评价替代终结性评价,体现了对学生在学习过程中思维与能力的发展更全面的关注,促进学生形成积极的数学学习态度和情感认同。

3. 核心素养导向下的评价

核心素养导向下的数学教育评价中,评价目的和内容发生了重大变化。评价目

① 陈佑清. 学习中心教学论[M]. 北京:教育科学出版社,2019:17.

的从仅仅关注数学知识和技能的掌握转变为培养学生的学科素养和综合素养，由学科本位转到关注学生发展。[①] 评价内容从“双基”“三维”扩展到“四基”、“四能”和核心素养等方面。评价的对象不再仅限于教师，避免把所有的责任都让教师一方来承担，而是同时关注教师和学生，发挥课堂教学中学生的学习主体责任，突出了对学生全面发展和素养发展的重视，旨在培养学生成为适应未来社会发展的人，具备应对未来挑战的能力和素养。

（二）技术变革带来的评价方式与内容变革

技术变革为数学教育评价带来了评价方式和内容的全面变革。从传统的纸笔测试到多模态信息化的评价，再到智能化评价，评价方式越来越多样化、个性化和智能化，评价内容也越来越注重对学生核心素养的培养。

1. 纸笔测试的 1.0 评价时代

在 1.0 评价时代，数学教育评价主要依赖传统的纸笔测试。评价内容主要集中在学生对数学知识和基本技能的掌握程度，通过书面的选择题、填空题和解答题来评价学生的学习成果。评价方式相对单一，主要基于教师的评分和人工批改。评价结果相对静态，无法提供实时的反馈和个性化的指导。

2. 多模态信息化的 2.0 评价时代

随着技术的发展，数学教育评价进入了 2.0 评价时代，采用了多模态信息化的评价方式。评价内容不再局限于书面的题目，而是通过多种形式的信息呈现，包括图像、音频、视频等。评价方式也多样化，利用技术工具和平台，如电子测验、在线作业、虚拟实验等，能够收集学生的多样化表现和反馈。这种评价方式使得评价更加灵活和综合，能够更好地捕捉学生能力、素养的发展。

3. 智能化的 3.0 评价时代

人工智能赋予课堂教学评价改革与技术实现的框架构建（吴立宝、曹雅楠、曹一鸣）

随着人工智能和大数据技术的兴起，数学教育评价进入了 3.0 评价时代，实现了智能化的评价，评价方式和内容都得到了革命性的改变。智能化的评价是多元主体协作下进行价值判断的过程，是采集多方面信息发现价值的过程，是精准采集为教学改进提供决策的过程，是发挥其反馈功用发展价值的过程。[②] 智能评价系统可以自动化地收集和分析学生的学习数据，通过机器学习和数据挖掘技术，提供个性化的评价和反馈。评价内容不仅关注学生的知识掌握和技能，还注重培养学生的创新思维、问题解决能力、合作精神、学科素养和综合素养等。此外，智能评价系统还能提供即时的学习建议和个性化的学习路径，帮助学生更好地调整学习策略，提高学习效果。

（三）多元主体参与下评价关系的变革

1. 从教师主导到学生参与、自主评价

在过去，评价主体主要是教师，评价关系相对单向。教师扮演着评价的主要角色，

---

① 辛涛，姜宇. 基于核心素养的基础教育评价改革[J]. 中国教育学刊，2017(4)：12-15.

② 吴立宝，曹雅楠，曹一鸣. 人工智能赋能课堂教学评价改革与技术实现的框架构建[J]. 中国电化教育，2021(5)：94-101.

通过传统的纸笔测试或口头评价来评价学生的学习结果，强调教师对学生的监控和评判，学生作为被评价的对象相对被动。在近年来的课程改革中，评价主体逐渐多元，评价关系发生了显著的变化。学生逐渐成为评价的主体之一，评价关系变得更加双向和合作。学生参与到评价过程中，被赋予更多的权力和责任，可以参与自我评价、互评以及与教师共同制订评价标准和目标，学生被鼓励主动参与评价，促进自主学习和发展。此外，还出现了更加多样化和综合化的评价方式和工具，如项目作品评价、表现评价、反思记录等。这些评价方法注重学生的实际表现和能力展示，能够更加全面地展示学生的学习成果和潜力，提供更准确和有意义的反馈，反映了教育领域对学生参与和发展的重视。从教师主导到学生参与、自主评价的转变，为学生提供了更多的发展空间和机会，鼓励学生成为学习的主体，培养他们的自主学习能力和终身学习的意识。同时，多样化的评价方式和工具也更好地满足了评价的多样性需求，提供了更准确和全面的评价信息，促进学生的发展。

2. 多元主体参与下的合作评价

教师、学生、家长、社区、研究工作者、教育管理者多等主体参与，角色从被动接受者转变为积极参与者，他们形成交互式评价网络，共同合作、互动、支持、监督，共同促进学生的发展。[①] 多元主体参与的评价模式提供了更全面、准确和有意义的评价信息，推动了学生的综合发展。除了教师和学生角色的变化，家长在评价中的角色也发生了变化。他们不再仅仅是接收评价结果的接收者，而是参与评价过程的合作伙伴。家长与教师密切合作，了解孩子的评价进展和学习成果，共同制订学习目标和提供支持。家长的参与增强了评价的准确性和有效性，促进了家校合作和学生的全面发展。此外，社区也成为评价的参与者和支持者。社区资源和专业知识的融入评价过程，丰富了评价内容和方式。社区与学校合作，提供实践机会和实际问题解决的情境，丰富学生的学习经验，提供了更加丰富的评价依据。

第二节　小学数学课堂教学评价

课堂教学作为学校教学的基本组织形式，通过教师的教、学生的学以及师生间的互动，共同完成教学任务。[②] 在小学数学课堂教学中，评价是一个至关重要的环节，它能够为教师的教和学生的学提供反馈和指导，促进教学质量的提升和学生学习目标的达成，旨在全面了解教学的质量和学生的学习情况，通过评价教师的教学行为、学生的学习表现以及师生之间的互动情况等多方面，实现对课堂的诊断和分析，从而促进课堂教学质量的提升。

---

① 裴娣娜. 现代教学论基础[M]. 北京：人民教育出版社，2012：346.

② 裴娣娜. 现代教学论基础[M]. 北京：人民教育出版社，2012：341.

一、小学数学课堂教学评价的内涵与目的

小学数学课堂教学评价是针对一节或几节课进行研究,使用科学的评价手段,根据评价标准,对教学与学习进行价值判断,包括对数学课堂教学效果的评价、对构成课程过程各要素(如教师、学生、教材内容、教授方法和环境等)之间相互作用的评价。①

小学数学课堂教学评价在诊断课堂质量、改进教与学、提供导向、促进学生核心素养的形成与教师专业的发展等方面具有重要的意义。评价的首要目的是对课堂教学质量进行诊断,分析和揭示教学活动中存在的问题及原因,提出相应的改进措施;评价的另一个目的是帮助改进教与学,评价结果提供了对教学过程和内容的反馈,可以指导教师进行教学策略和方法的调整,以提高教学效果。同时,评价也为教师提供了优质教学的导向,使教师明确什么样的教学行为和过程更加符合课程标准的理念和要求。评价的最终目的是促进学生的全面发展和教师的专业发展。基于事实依据,为学生提供适配的教学支架,充分挖掘学生的潜力,促进学生核心素养的形成,也为教师提供了反思和改进的机会和方向,推动教师的专业发展。

二、小学数学课堂教学评价的要素

课堂教学包括了教师教的活动、学生学的活动、课堂教学环境等多个子系统,不同子系统间相互支持、配合形成了动态的课堂教学系统。因此,课堂教学评价应关注课堂教学中的多种要素,从教学目标、教学内容活动、教学策略与方法、教学管理与组织,再到教师行为、教师能力与素养、学生行为和教学效果等方面进行评价。通过对这些内容的评价,可以全面了解教学质量和学习效果,为教师提供改进教学的指导,同时也为学生提供学习反馈和指导。

1. 教学目标

教学目标是教学活动的核心,评价教学目标的实现程度对于教学质量的评价至关重要。在小学数学课堂中,评价教学目标的内容包括教师是否明确设定了具体、可衡量的目标,这些目标是否与学生的学习需求和课程要求相一致;评价学生对教学目标的理解和掌握程度,以及他们是否能够将所学的数学知识和技能应用于实际问题中,展示出对教学目标的实际运用能力;评价教师是否能够明确并有效地传达课堂教学的目标,以及教学活动是否有助于学生实现这些目标。评价标准可以包括目标的明确性、与学生学习需求的契合程度以及学生对目标的理解和掌握程度等。

2. 教学内容

教学内容是教师根据教材及学生实际,确定单位时间内学生应学习的基本知识、基本技能、基本能力等。② 在评价教学内容时,我们可以关注:评价教学内容的合理性

---

① 曹一鸣,李俊扬,秦华.我国数学课堂教学评价研究综述[J].数学通报,2011,50(8):1-5.

② 裴娣娜.现代教学论基础[M].北京:人民教育出版社,2012:341.

和完整性，即考查教学内容是否选择得当、组织合理，能够满足学生的学习需求和能力水平；评价教学内容的可理解性和可操作性，即观察学生对教学内容的理解程度和应用能力，以确保学生能够有效掌握和运用所学的数学知识；评价教学内容的发展性和递进性，即考查教学内容是否有序地呈现，能够帮助学生逐步建立数学的基础和框架；评价教学内容的实际性和应用性，即观察学生对教学内容的应用能力，使他们能够将所学的数学知识运用到实际生活和问题解决中。

3. 教学策略与方法

教学策略和方法是指在教学过程中，教师在一定理论基础上为实现教学目标，依据一定的教学情境，合理处理教学各要素的关系而采取的工作方式，是用来引导学生学习的工具和手段。在评价教学策略与方法时，我们需要关注教师是否能根据学生的学习特点和教学目标选择适合的策略，并能灵活运用多种方法来促进学生的学习兴趣和参与度；还应关注教学效果的达成，学生数学知识的理解和能力的发展，以及教师在教学过程中的策略调整和改进。

4. 教学组织和管理

评价教师在课堂上的组织和管理能力，主要包括时间的分配、学生的参与程度、学习氛围的营造等方面。评价内容可以包括课堂纪律的维护、学生活动的引导和监督、学生互动的促进等。

5. 教师行为

教师行为是指教师在课堂中的言行举止和教学态度，评价教师的行为可以反映教师的专业水平和教学质量。评价教师行为的内容包括教师是否能够清晰地传递数学知识和技能，以及是否能够建立良好的师生关系和营造积极的学习氛围。同时，评价教师的教学准备和组织能力，包括是否能够充分准备教学内容，灵活运用教学资源和教具，以及在课堂上能否有效管理学生和引导学习。

6. 教师教学能力与素质

教师教学能力与素质指的是课堂教学中教师表现出的处理教材、教学设计、沟通表达等方面的能力与素养。针对这一方面，我们可以评价教师的专业知识与能力，包括对数学学科内容的深入理解和掌握，以及教学方法和策略的运用能力；可以评价教师的教学技能与策略，包括课堂管理、教学组织、问题解决和学生互动等方面的能力；可以评价教师的课堂管理能力，教师应能够有效组织学生的学习活动，引导学生参与讨论和合作。

7. 学生行为

学生行为是指学生在数学课堂中的表现和参与程度，评价学生行为有助于了解学生的学习状态和能力发展。评价学生行为的内容包括学生对教师讲解和指导的反应和参与程度，以及学生在解决数学问题时的思维过程和解题策略等。同时，评价学生的学习态度和合作能力，包括学生是否积极主动地参与课堂活动，是否愿意提出问题和分享想法，以及是否能够与他人合作解决问题等。

8. 教师与学生互动

评价教师与学生之间的互动和沟通情况，包括教师的提问技巧、学生的参与程度、教师对学生的指导和反馈等。评价标准可以包括教师与学生的互动频率和质量、学生对教师指导的反应和理解程度等。

9. 教学效果与特色

教学效果是评价教学质量的最终目标，它关注学生的学习成果和综合能力的提高。评价教学效果的内容包括学生在数学知识和技能方面的掌握程度，以及学生在数学思维、问题解决和情感态度等方面的发展。同时，评价教学效果还包括学生在应用所学数学知识解决实际问题中的能力，以及学生对数学学习的兴趣和动机的提升。可以评价教师的教学效果和学生的学习成果，包括学生对数学知识和技能的掌握程度、数学思维和问题解决能力的发展等。评价标准可以包括学习成绩的提升、学生能力与素养的培养、学生数学兴趣和自信心的提高等。

三、小学数学课堂教学评价的方法

小学数学课堂教学评价的方法多种多样，在教学实践中常用的评价方法有评语评价法、口头报告、言语随机评价、等级评价法、学业成绩报告单、量表评价法、档案记录等，这些方法将在本章第三节详细展开论述。在教育研究领域，通常包含调查研究法、量表评价法等。① 这些评价方法的综合应用为研究者提供更直观和具体的信息，有助于深入了解教师的教学过程和学生的学习情况，并提供针对性的反馈和改进建议，从而促进教师的专业发展和提高学生的学习成效。

1. 调查研究法

观察法。通过观察教师教学行为和学生学习表现，评价教师的“教”与学生的“学”。观察可以包括教学内容的组织、教学资源的使用、与学生的互动等方面；同时评价学生在课堂中的参与程度、学习表现和对知识的掌握情况。

观察法的目的是通过教与学的观察，帮助教师改进教学。课堂观察能提供真实的课堂反馈，但其结果可能受观察者的主观因素影响，且单次观察难以反映教师长期的教学效果。

访谈法。通过与教师进行面对面的访谈交流，了解其教学理念、教学目标的设定和教学策略的选择等方面而进行评价。一方面可以探讨教师对教学设计、教学方法的使用，以及对学生表现的观察与反思，从而获得教师对教学过程的主观认识；另一方面也可以探讨学生对课堂教学的感受，学习过程中的体验以及对知识的理解程度。教师和学生的反馈可以为课堂教学评价提供更全面的信息，以更好地改进教学策略。访谈能深入了解教师的个人见解和反思，但由于其主观性强，信息的准确性可能受到限制。

---

① 曹一鸣，李俊扬，秦华. 我国数学课堂教学评价研究综述[J]. 数学通报，2011，50(8)：1-5.

测验法。通过书面测试或其他形式的测验来评价学生的学习效果。可以设计适合小学数学课堂的测验题目，也可以设计一些活动，以评价学生对于不同知识点的理解和应用能力，且需要考虑测验的信度、效度、区分度、难度等。通过测验了解学生在不同阶段的学业成就水平。

教学录像分析。通过录制教师在课堂上的教学过程，并对录像进行回放和观察，可以客观地评价教师的教学方法和学生的反应。教学录像可以捕捉到教师的言行举止、教学策略的运用、学生的参与情况等细节，从而帮助研究者更加准确地评价教师的教学效果和学生的学习情况。

学生作品分析。通过评价学生在课堂上完成的作品、项目或展示，来评价教师的教学成果和学生的学习成果。学生作品可以是数学问题的解答、数学模型的构建、数学游戏的设计等，研究者可以根据作品的质量、创意和正确性等方面进行评价，以了解教师的教学效果和学生的学习成果。

2. 量表评价法

当前，小学数学课堂教学评价使用最广泛的评价方法是量表评价法。从 20 世纪 50 年代开始，对于评价“一堂好课”的标准就开始成为教育研究者和实践工作者关注的重心。量表评价法可以用于教师自评或者同行评议，目前可应用于小学数学课堂教学的量表众多，以下根据量表指标的特点分为基于教学要素的评价量表、基于教学行为的评价量表和其他类评价量表。[①]

基于教学要素的评价量表是最为常见的课堂教学评级量表，它将数学课堂教学分解为教学目标、教学内容、教学方法、教学过程和教学效果等要素，并为每个要素设计了相应的评价指标，然后进行逐一分解，进一步细分为若干二级指标，以更具体地衡量教学的各个方面，研究者可以根据这些指标对课堂教学进行赋分，通常使用 4 档或 5 档评分等级（表 8-1）。

表 8-1　基于教学要素的评价量表[②]

学校： 评课人：		班级： 时间：	内容：		执教者：		
评价指标	权重	指标细则	等级与分数				评分
			优	良	中	差	
教学目标	0.15	目标理解到位，措辞准确	5	4	3	2	
		目标要求适当，制订全面（三维目标）	5	4	3	2	
		目标贯彻始终	5	4	3	2	

① 李俊扬，秦华，李少军. 数学课堂教学评价标准的研究与思考[J]. 数学教育学报，2011，20(5)：24-27.

② 罗东周. 小学数学课堂教学评价的认识和实践[J]. 小学教育科研论坛，2003(Z1)：30-32.

续表

评价指标	权重	指标细则	等级与分数				评分
			优	良	中	差	
教材内容	0.16	课时划分完整，容量适度	4	3	2	1	
		内容安排具有层次性	4	3	2	1	
		内容处理突出重点，突破难点	4	3	2	1	
		内容处理有胆识，具有开放性和创造性	4	3	2	1	
教学过程	0.35	善于创设教学情境，调动学生学习积极性	6	5	4	3	
		内容呈现多元化，数学知识生活化	5	4	3	2	
		双向活动互动，学生能在教师的启发下，自主探索、精诚合作，积极主动参与学习过程	5	4	3	2	
		教学反馈、矫正及时，能根据教学信息的反馈随时调整教学	5	4	3	2	
		落实“教师为主导，学生为主体，导学为主线，尝试创新为目标”的教学思想	5	4	3	2	
		注意学生良好思维品质的培养、数学思想的渗透，鼓励学生勇于创新	5	4	3	2	
		精导实练，保证课内至少有 5 分钟作业时间	4	3	2	1	
教师素质	0.18	指导恰当，语言准确有趣	3	2	1	0	
		板书实用、科学、艺术	3	2	1	0	
		合理使用教学媒体，实验操作热练规范	3	2	1	0	
		深入浅出，化难为易	3	2	1	0	
		教态自然，仪表端庄	3	2	1	0	
		尊重、相信每个学生，构建民主、和谐、平等的师生关系	3	2	1	0	
教学效果	0.16	学生合作意识强，思维活跃	4	3	2	1	
		基础知识得到落实，各种能力得到培养，思想教育渗透得法	4	3	2	1	
		学生良好的学习习惯得到培养	4	3	2	1	
		课堂内不同层次的学生都有收获、提高，作业效果好	4	3	2	1	
评析要点：			总分				

基于教学行为的评价量表将数学课堂教学中的具体行为进行分类，依据课堂教学中教师和学生为两个主要维度，两个维度又分为若干个指标。教师的行为主要包括教学活动组织、教学内容呈现、教学方法使用、教师基本功等要素；学生的行为主要包括学生的课堂参与、师生生生互动、课堂生成等。基于教学行为的评价量表能够提供具体的行为指标，使评价过程更加客观和具体化（表 8–2）。

表 8–2　基于教学行为的评价量表[①]

<table>
<tr><th colspan="2" rowspan="2">评价维度</th><th colspan="2" rowspan="2">评课因素</th><th rowspan="2">权值</th><th colspan="4">评课层次</th><th rowspan="2">对比因素</th></tr>
<tr><th>优</th><th>良</th><th>中</th><th>差</th></tr>
<tr><td rowspan="10">A 评析教师教学行为的 5 个维度（40 分）</td><td rowspan="8">A1 组织能力（15 分）</td><td rowspan="3">组织教材</td><td>对教材进行科学合理的调整、充实与处理</td><td rowspan="3">5</td><td rowspan="3"></td><td rowspan="3"></td><td rowspan="3"></td><td rowspan="3"></td><td rowspan="3">照本宣科，缺乏创新；重难点处理不妥当；教学目标不符合要求，脱离学生实际；教学过程与教学目标脱节</td></tr>
<tr><td>突出重点、分散难点、抓住关键</td></tr>
<tr><td>教学目标全面、明确、恰当、落实好</td></tr>
<tr><td rowspan="3">组织教学活动</td><td>教学程序安排科学合理，衔接自然，符合学生认知规律，教学节奏科学协调</td><td rowspan="3">6</td><td rowspan="3"></td><td rowspan="3"></td><td rowspan="3"></td><td rowspan="3"></td><td rowspan="3">教学过程设计不合理，时间安排不恰当；内容空、难度过大或过小，节类不协调；课内活动单调或只追求表现形式学生不能积极展开思维，无实效</td></tr>
<tr><td>课内活动新颖实用，形式多样，重视组织学生经历有数学思考含量的“数学化”过程，能引发学生积极思维</td></tr>
<tr><td>教法及教学手段运用自如，教学有特色，与现代信息技术自然整合、运用恰当、注重实效</td></tr>
<tr><td rowspan="2">组织语言</td><td>教态亲切和蔼，语言清晰生动、文明规范</td><td rowspan="2">4</td><td rowspan="2"></td><td rowspan="2"></td><td rowspan="2"></td><td rowspan="2"></td><td rowspan="2">教态严肃呆板，语调平板，缺乏激情，不能感染和吸引学生：语言逻辑混乱，口齿不清</td></tr>
<tr><td>能根据内容的起伏节奏和学生情感变化及时调整音调、音速，新颖别致，富有启发性和感染力</td></tr>
<tr><td rowspan="2">A2 注意中心（5 分）</td><td>关注学生</td><td>注意力放在学生身上，关注不同层次的学生在参与学习的过程中思维与心智的发展情况</td><td>3</td><td rowspan="2"></td><td rowspan="2"></td><td rowspan="2"></td><td rowspan="2"></td><td rowspan="2">注意力放在自己的教案或自己的思路上，只顾自己唱主角，让学生为配合自己</td></tr>
<tr><td>及时反馈</td><td>及时反馈与调节学生的活动</td><td>2</td></tr>
</table>

① 曾美露. 中学数学课堂教学评价表[J]. 数学教育学报，2003(4):66–67.

续表

评价维度		评课因素		权值	评课层次				对比因素
					优	良	中	差	
A 评析教师教学行为的 5 个维度（40 分）	A3 教学态度（5 分）	尊重信任	充分尊重和信任学生，以热情和宽容的态度善待学生	3					对学生冷淡，不耐烦，摆出权威架子，经常用指责的方式管理学生
		激励评价	注意捕捉合适的时机激励评价学生，有足够的热心和耐心帮助学困生	2					
	A4 教学机智（5 分）	灵活调整	敏锐、快速地捕捉各种信息，根据学生需要灵活调整教学策略，保证主要目标完成	3					反应较迟钝，应变能力较差，不善于采取恰当的解决问题方法处理偶发事件，不善于及时调整教学思路，不善于和学生沟通
		恰当处理	恰当处理课堂教学中的偶发事件，消除学生形成的不利兴奋点，把注意力重新转移回来，使教学程序恢复正常	2					
	A5 教学境界（10 分）	面向全体	把握教学目标，正确处理基础和发展的关系；因材施教，使不同的学生获得不同程度的发展；保证学生参与学习的时空，使每一个学生都有必需的学习机会和时间	4					不能有效调动学生积极性，只注重面向少数学生，把认知性任务当成课堂教学中心或唯一目标；不重视创造友好、民主、平等的教学氛围，激励学生主动参与学习，不重视学生个性特长的发展
		全面发展	知识、技能、原理的阐述具有科学性，准确且恰当，有利于学生数学素养的形成和发展；注重暴露思维过程，提高每一个学生的抽象、符号变换、应用、思维、计算等基础能力；让每一个学生都会用自身的情感体验主动参与学习数学	3					
		自主发展	从学生实际出发，教学设计符合认知规律，注重学生自行获取数学知识的方法，促使学生主动参与数学实践；注重学生的个性发展，培养学生的创造能力（如是否能提出开放性问题、能提供几种解答）	3					
B 评析学生学习活动的 5 个维度（60 分）	B1 参与状态（14 分）	参与形式	参与学习活动的形式多样、恰当，如师生谈话、合作交流、动手实践，自主探索等	4					学生无精打采或只有少数学生在按教师要求学习，只重视练习阶段时学生的参与，学生参与学习的方式单一
		投入	学生积极参与教学的全过程	3					

续表

评价维度		评课因素		权值	评课层次				对比因素
					优	良	中	差	
B评析学生学习活动的5个维度(60分)	B1参与状态(14分)	展开	不同层次的学生都能积极参与	2					
		深入	学生在参与学习中，师生、生生能进行深层次的思考和交流，即能进行实质性参与	3					
		拓展	学生不仅参与学，还参与教；不仅课内，而且延伸到课外	2					
	B2情绪状态(10分)	气氛活跃	学生具有适度的紧张感和愉悦感	6					课堂气氛沉闷，学生情绪较低落，注意力分散，课堂秩序较混乱
		及时反馈	学生善于自我控制，调节学习情绪，保持良好的注意状态	4					
	B3交往状态(14分)	交流充分	构建师生、生生及媒体之间信息交流的立体结构，信息交流充分	6					师生配合不够，缺少民主，师生或生生之间，讨论的内容属浅层次、低水平或没有经过个体思考就匆忙展开合作讨论，或合作讨论不充分，刚一开锣就草草收场。只追求表面形式，而无视实际效果
		有效合作	合作讨论的内容有思考性，有价值：有明确的分工，每一个学生都有事可做；注重合作前的独立思考，有足够的时间和空间展开合作讨论	8					
	B4思维状态(12分)	主动积极参与思考	引发大多数学生积极思考，展现出解决问题的强烈欲望，答题率80%以上；学生敢于提出问题，发表见解	6					学生举手答题率较低，很少有发表见解的机会或对学生的质疑没有及时、深入的研讨。学生自主独立思考的时间很少
		思维得到深层次发展	学生提出的问题与见解具有挑战性与独创性，能把经过猜想和探索发现的结论作为新的思维素材，去努力探索新的发现	6					

续表

<table>
<tr><th colspan="2" rowspan="2">评价维度</th><th colspan="2" rowspan="2">评课因素</th><th rowspan="2">权值</th><th colspan="4">评课层次</th><th rowspan="2">对比因素</th></tr>
<tr><th>优</th><th>良</th><th>中</th><th>差</th></tr>
<tr><td rowspan="2">B 评析学生学习活动的 5 个维度(60 分)</td><td rowspan="2">B5 生成状态(10 分)</td><td>成就感</td><td>学生都能各尽所能，感到踏实和满足；学生保持一种积极进取的心态，有强烈的成功欲望，对学习有信心和兴趣</td><td>5</td><td rowspan="2"></td><td rowspan="2"></td><td rowspan="2"></td><td rowspan="2"></td><td rowspan="2">学生学习态度很被动或紧张：缺乏上进心、自信心；不积极参与思考或分析问题思路狭窄，不灵活；易受不良情绪干扰</td></tr>
<tr><td>严谨感</td><td>学生能调控自己学习的消极心理，调整不利于积极思维的思维定势，消除惰性、畏惧、自卑、闭锁等不良心理</td><td>5</td></tr>
<tr><td rowspan="2">综合评价</td><td colspan="2">优点及特色</td><td>优
90—100 分</td><td>良
75—89 分</td><td>中
61—74 分</td><td colspan="3">差
60 分以下</td><td>问题及建议</td></tr>
<tr><td colspan="2"></td><td></td><td></td><td></td><td colspan="3"></td><td></td></tr>
</table>

其他类评价量表。目前也还存在其他结构的数学课堂教学评价量表，例如从学生的非智力因素(学习动机、学习兴趣、自信心)、认知过程(学习方式、思维的发展、解决问题与应用意识)、教学效果、教学基本功和教学特色等方面进行评价的量表。

四、小学数学课堂教学评价的实施

课堂教学评价对教师具有重要的作用，能够帮助教师了解自己的教学效果和改进方向。下面我们将探讨小学数学课堂教学评价的实施过程，包括设计评价方案、收集评价数据、分析与解读评价结果、提供反馈与支持等，旨在为实施课堂教学评价提供参考。

1. 设计评价方案

设计评价方案，需要明确评价的目的、内容和标准。在确定评价方案时，教师可以结合教学目标、教学内容和教学方法等因素，制订评价指标和评价工具，一般可以借鉴已经被广泛检验信度与效度的量表作为制订评价指标和工具的依据，或者根据需要评价的课堂教学内容对评价量表进行动态调整。

2. 收集评价数据

评价数据可以通过多种途径进行收集。教师可以通过课堂观察记录教师的教学行为、学生的学习情况和课堂氛围，也可以采用访谈的方式与教师进行沟通，了解其教学理念、教学策略和对学生的指导方式等。此外，教师还可以利用书面测试、作业任务、小组合作活动等方式，评价学生对数学知识和技能的掌握情况。

3. 分析和解读评价结果

小学数学课堂教学评价回答的是“什么样的小学数学课是一堂好课”的问题，因此收集到的评价数据需要基于素养导向的评价目标进行分析和解读。通过分析教师的教学行为和学生的学习情况可以得出评价结果，了解教师在教学过程中的优势和改进之处，需要综合考虑不同评价指标之间的关系，对评价数据进行比较和综合分析。

4. 提供反馈和提升支持

评价结果应该及时向教师反馈，为教师提供具体的改进建议和支持措施。正面肯定教师的优点和成绩，同时指出存在的问题和改进的方向，激励教师进行进一步的专业发展和提升。

评价的实施需要关注评价的公正性、客观性和有效性，确保评价过程的科学性和可靠性。同时，评价结果应该与教师的职业发展相结合，为教师提供适宜的专业发展支持，帮助教师不断提升教学水平和教学质量。

第三节　小学数学学习评价

《小学教师专业标准（试行）》在“专业能力”中特别强调了教师应具备“激励与评价”的能力，具体要求为“对小学生日常表现进行观察与判断，发现和赏识每一个小学生的点滴进步；灵活使用多元评价方式，给予小学生恰当的评价与指导；引导小学生进行积极的自我评价；利用评价结果不断改进教学工作”。学习评价旨在通过对学生的学习过程与结果进行价值判断，帮助教师了解学生的学习情况，提供反馈和指导，促进学生的进步和发展。因此，学习评价是一个动态的、交互式的过程，旨在促进学生全面发展，激发学习兴趣，培养学生的能力与素养。随着教育理念的不断发展和学生需求的变化，小学数学学习评价也在不断地变化与发展，从单纯对知识掌握水平进行评价逐渐发展为更加全面地了解学生在数学知识、技能、能力、情感态度等方面的表现，在核心素养导向下，教师还需要重点关注学生数学核心素养的形成与发展，使学生在数学学习中获得更好的发展。《数学课程标准(2022年版)》中提供了小学数学每个学段、每个主题内容的学业质量标准，为一线教师进行学习评价提供了详细的参考依据。

一、小学数学学习评价的内涵与目的

（一）小学数学学习评价的内涵

小学数学学习评价的内涵是指通过科学的方法和工具，对小学生数学学习过程和结果进行评定，作出价值判断与反馈改进，包括对学生在“四基”、“四能”和核心素养等方面的表现进行评价。因此，小学数学学习评价的对象是小学生数学学习过程和结果，目的是了解学生的学习过程，提供反馈信息，促进学生能力与素养的发展，

通过收集学生数学学习过程与结果中的信息与资料，基于评价标准进行价值判断。

（二）小学数学学习评价的目的

小学数学学习评价的目的是多方面的，除了选择甄别筛选、管理研究和促进发展的目的以外，还需要关注诊断、导向、激励、反思等目的。

1. 诊断

小学数学学习评价的一个重要目的是诊断学生在数学学习中的进展和理解程度。通过评价学生的数学学习成果，教师可以了解不同学生的掌握水平和理解程度，找出学生在数学学习中存在的困难和问题。诊断的目的是帮助教师和学生确定需要重点关注和加强的方面，为后续的教学和学习计划制订、完善提供反馈与依据。

2. 导向

小学数学学习评价还具有导向的目的，通过评价学生的数学学习过程与结果，教师可以了解学生当前的数学能力水平，并根据评价结果制订适当的教学目标和教学策略。评价结果可以指导教师对数学教学内容、方法等进行设计、调整，确保教学内容和方法与学生的实际需求相匹配，促进学生的数学学习进步。

3. 激励

小学数学学习评价的目的还包括激励学生。教师给予积极的评价和认可，学生可以得到肯定和鼓励，增强学生对数学学习的兴趣和动力。评价结果可以反映学生的努力和成就，为学生提供正面的反馈，促使学生继续努力并取得更好的数学学习成就，激励是培养学生积极学习态度和自信心的重要手段。

4. 反思

小学数学学习评价的目的之一是促使教师与学生进行反思和自我评价。教师可以通过评价结果反思自己的教学目标和计划、教学方法和策略等是否有效，如何调整教学目标、计划和方法。学生可以通过评价结果了解自己的学习情况，认识到自己的优势和不足，并反思自己的学习方法和学习策略，更好地调整学习策略，改进学习方法，提高数学学习效果。

二、小学数学学习评价的类型

小学数学学习评价按照不同的分类标准有多种类型：按照评价的方法可以分为定性评价、定量评价和综合评价相结合的方式；按照评价发生的阶段可以分为日常评价、阶段性评价和终期评价；按照评价的目的和性质可以分为过程性评价和结果性评价。下面主要讨论过程性评价和结果性评价。

（一）过程性评价

过程性评价是教师对学生的学习过程进行观察和价值判断的重要手段。学生在学习的过程中，知识技能、数学思考、问题解决和情感态度价值观等方面的提升与发展都不是一蹴而就的，这些方面在数学学习的过程中潜移默化地逐步发展的，因此对学生的评价不应只关注学生的成绩，同时也需要考查学生的参与程度、思考过程、问题解决过程等，这些都是过程性评价需要考查的内容。过程性评价主要的形式包括书面测验、口头测验、活动报告、课堂观察、课后访谈、课内外作业、成长记录等。在日常教学过程中对学生学习情况进行观察和记录，通过观察学生的课堂表现、参与度和学习态度等，教师可以了解学生在学习过程中的表现，及时了解学生的学习进展和困难，提供相应指导和支架，并通过学习评价的反馈结果，调整教学策略。

（二）结果性评价

结果性评价是指对学生在某一阶段的课程内容学习后取得的学业成就的测量与评价，是对学生在某一阶段的学习成果进行综合评价，重点考查学生对基础知识和基本技能的掌握，关注学生对数学思想方法的感悟，以及运用数学知识解决实际问题的能力。[①]这里的某一阶段可以是比较长的学期、学年、学段，也可以是与主题、单元的完成相对应。比较常见的结果性评价包括考试、测验等，通常采用标准化的评价方式，可以较为客观地量化学生经历了某一阶段学习之后的学习情况，既为学生的学习水平提供参考和比较，又可以激励学生，同时还为教师提供教学的反馈，改进教师的教学。考试评价侧重考查学生在考试中的知识运用和解题能力，以及应试技巧和时间管理能力。

结果性评价通常以分数和等级形式呈现学生的学习情况，便于学校、教师对学生的学习情况较为客观地进行评价。但结果性评价并不能全面反映学生的学习情况和能力，故教师在评价中应综合考虑过程性评价的方式与结果性评价的方式，相互补充，注重平衡两方面的比重。针对学生日常学习中独立学习、小组合作、师生互动等方面的表现，对学生学习过程中“四基”、“四能”和核心素养的发展情况进行评价，教师可以更加全面地了解学生的学习情况，提供更加适切的指导和支持，促进学生的全面发展。考试评价则可以对学生的学习成果进行量化和比较，为学校和家长提供参考依据，同时也激发学生的学习动力。因此，教学评价和考试评价相互补充，能够共同促进学生的学习和发展。

三、小学数学学习评价的方法与策略

随着教育改革的不断深化，小学数学学习评价的导向发生了本质的变化，学习评价不单纯只是通过赋分给学生贴标签、排名次，而是成了促进学生学习的一种方式，或者可以说是学生学习的一部分。因此，评价的方式也产生了具体的变化，学生不同维度的学习结果有多种表现形式，教师只有使用多元化的评价方式才能更好地判断学生在学习中产生的变化，下面我们仍然主要围绕过程性评价和结果性评价两个主要维度对小学生学习评价的方法和策略进行说明。

（一）过程性评价的方法与策略

小学数学学习过程性评价包括书面测验、口头测验、活动报告、课堂观察、课后访

① 史宁中，曹一鸣．义务教育数学课程标准（2022年版）解读［M］．北京：北京师范大学出版社，2022：289.

谈、课内外作业和成长记录等多种形式。综合运用这些评价方式可以提供多角度、多层次的评价信息，帮助教师全面了解学生的数学学习过程。

1. 书面测验

书面测验主要是通过纸笔测试的形式在学习过程中对学生的数学知识、技能、解题能力等进行评价的方式。教师可以设计选择题、填空题、解答题等形式的试题，以核心素养为导向，以《数学课程标准(2022年版)》中的学业质量标准为依据，考查学生对特定数学概念、规则、定理、原理的掌握和应用情况。书面测验提供了客观的学生学习中存在的问题，方便比较学生群体之间的差异和学习进展，为教学改进提供重要依据。

2. 口头测验

口头测验是通过口头问答或口头解题的方式对学生的知识、技能、思维过程、解题策略、表达能力等进行评价。教师可以针对特定情境中的问题，与学生进行对话和交流，了解学生的数学思考过程、解题策略和问题解决的能力。同时，与纸笔测验相比，口头测验也能反映学生的口头表达能力和思维逻辑，促进学生的思维能力与核心素养的发展，帮助教师针对学生思维认知中的障碍提供支持。

3. 活动报告

活动报告是学生基于数学学习活动的经验和成果，撰写或展示学习结果的评价形式。活动报告可以主要考虑应用于“综合与实践”领域内容的评价，学生通过实际的数学探究、实验、主题学习、项目学习或研究等活动，记录自己的发现、思考和总结。例如，学习单就是一种活动报告的形式，包含学习目标、学习任务、问题解答、思考练习等内容，教师可以根据学生填写的学习单了解并评价他们的学习过程和理解程度。活动报告能够体现学生的创造性思维、批判性思维和问题解决能力，应用意识与创新意识，鼓励学生主动参与和探索数学学习过程。教师可以通过活动报告了解学生在学习活动中的参与情况，多方面的能力、核心素养以及情感态度与价值观等的发展情况。

4. 课堂观察

课堂观察是教师根据一定的目的，使用课堂观察的评价工具对学生在课堂上的表现和参与情况进行评价的方式。教师可以观察学生的听讲过程、课堂互动、解题过程、合作过程和学习态度等方面的表现。课堂观察既可以帮助教师了解学生在智力因素方面的发展，还可以了解学生非智力因素方面的表现。教师可以借助评价量表来辅助课堂观察的实施，记录学生在不同方面的表现，如参与度、合作能力、问题解决能力等，教师根据学生的表现进行评价和记录，以便后续分析和反馈。

5. 课后访谈

课后访谈是教师在课后与学生进行面对面交流，了解学生对课堂内容和学习过程的理解和反思，从而对学生的知识技能、能力素养以及情感态度与价值观发展情况进行评价。教师可以针对学生的个别表现进行深入探讨，如询问学生对数学概念的理解、解题思路的选择和困惑、对课堂活动的感受等，从而改进教学，促进学生发展。

6. 课内外作业

课内外作业是教师布置给学生完成的数学练习或任务。通过作业的完成情况和质量，教师可以评价学生对课堂内容的理解和应用能力。作业可以包括练习题、问题解决任务、探究性作业等，旨在巩固学生的知识和技能，发展学生的能力与核心素养，并培养他们自主学习的习惯。

7. 成长记录

成长记录是教师依据教学目标与计划，请学生根据特定目的持续一段时间主动且系统地收集、组织学习过程材料的档案，以评定其努力、进步、成长情形的一种综合性评价方法。它通过收集和展示学生的学习过程中产生的成果和作品，以及记录学习过程中的活动表现，如活动报告、数学小论文、课内外作业、试卷等，[①]全面评价学生的学习发展和素养形成。学生和教师可以共同参与，学生将自己的学习成果整理归档，教师提供反馈和指导。这种评价方式鼓励学生参与学习评价，促进其自我评价和反思能力的发展，同时提供了全面、客观的评价视角，使评价更具深度和准确性。

（二）结果性评价的方法与策略

结果性评价是对学生在数学学习中所掌握的学习结果进行量化衡量，旨在客观地评价学生的学习成绩和能力水平。通过结果性评价，教师可以了解学生在数学方面的掌握程度，为学生提供成绩和排名参考，也为后续的教学改进提供依据。然而，结果性评价并不仅仅局限于成绩的获取，更重要的是通过评价结果的运用与呈现，激发学生的学习动力，促使他们在学习中不断提升自己的能力和素养。同时，对于教师而言，评价结果也是评价教师自身教学效果、发现教学问题并改进教学方法的重要工具。结果性评价既是对学生学习成果的评价，也是促进学生和教师进步的关键环节。

结果性评价以书面测试为主，测试是评价学生经过阶段性数学学习后的知识掌握程度的常用方法，也可以用于评价学生的数学思维能力、问题解决能力、素养的发展、情感态度价值观的发展等。教师可以设计各种形式的测验，如选择题、填空题、解答题等，以全面了解学生的数学学习情况。测试具有客观性、普及性特征，主要用来评测广泛的学习结果。依据不同的方式，测试可以分为标准化测试与教师自编测试。标准化测试使用统一的测试工具和评分标准，对学生进行考试，以评价他们的学业成就水平。这种评价方式通常采用客观题、主观题或混合题型，如选择题、填空题、解答题等。测试也可以用来考查高阶思维与认知技能，如 PISA 数学素养测试（图 8−1）、TIMSS 测评等。素养测试的核心思想是尽可能直接评估学生用数学去解决现实世界问题的能力，而不是检测在无支持背景下运用抽象数学知识和技能解决问题的能力，[②]一般具有试题背景生活化、试题考查综合化、试题评价多重化、试题形式多元化、

① 史宁中，曹一鸣. 义务教育数学课程标准（2022 年版）解读［M］. 北京：北京师范大学出版社，2022：292.

② 斯泰西，特纳. 数学素养的测评：走进 PISA 测试［M］. 曹一鸣，等译. 北京：教育科学出版社，2017：20.

试题内容探究化等特点。

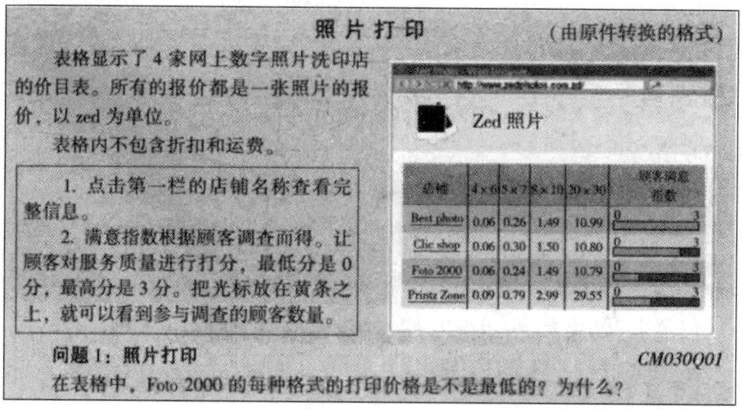

照片打印 （由原件转换的格式）

表格显示了4家网上数字照片洗印店的价目表。所有的报价都是一张照片的报价，以zed为单位。

表格内不包含折扣和运费。

1. 点击第一栏的店铺名称查看完整信息。

2. 满意指数根据顾客调查而得。让顾客对服务质量进行打分，最低分是0分，最高分是3分。把光标放在黄条之上，就可以看到参与调查的顾客数量。

Zed 照片

店铺	4×6	5×7	8×10	20×30	顾客满意指数
Best photo	0.06	0.26	1.49	10.99	0　3
Clic shop	0.06	0.30	1.50	10.80	0　3
Foto 2000	0.06	0.24	1.49	10.79	0　3
Printz Zone	0.09	0.79	2.99	29.55	0　3

问题1：照片打印 *CM030Q01*

在表格中，Foto 2000的每种格式的打印价格是不是最低的？为什么？

图 8-1　PISA 数学素养测试例题[①]

目前，我国的结果性评价在融合了国际大型素养评价的基础上，结合我国学生的特点进行了本土化的转化，因此未来的结果性评价应重点考虑以下几个方面。

1. 遵循课程标准的要求

测试试题应全面理解和体现课程标准要求，根据最新课程标准所规定的学业质量标准进行命题。《数学课程标准（2022年版）》将“学业质量”界定为“学生在完成课程阶段性学习后的学业成就表现”，数学课程学业质量反映的是学生完成了相应学段数学课程学习后的学习成就，通过刻画学生的学习成就表现，反映学生学习结果性目标和过程性目标的达成情况。[②] 因此，试题各领域考查内容所占比例应与其在《数学课程标准（2022年版）》中所占比例大体一致，难易程度要大体平衡，确保测试试题的科学性和准确性。

2. 重点考查数学课程要培养的学生核心素养

以培养学生的核心素养为导向，测试试题应该紧密围绕学生的核心素养展开，关注测试试题的素养立意和育人导向，关注数学的本质和通性通法，题目设计要综合考查“四基”、“四能”与核心素养。教师可以设计与日常生活相关的问题情境，让学生能够运用数学知识解决实际问题，从而更好地考查学生的能力与素养。

3. 考查多个维度

测试试题需要关注多个维度的评价，包括对基础知识与基本技能的评价，对学习过程与方法的评价，对学生情感态度与价值观的评价及对核心素养的评价。数学的基础知识和基本技能方面的掌握程度，包括对学生对数学概念、定理、公式和算法的理解和运用能力的评价。对学习过程与方法的评价可以通过学生在数学问题解决中

① 斯泰西，特纳. 数学素养的测评：走进PISA测试[M]. 曹一鸣，等译. 北京：教育科学出版社，2017：200.

② 曹一鸣，王立东，何雅涵. 义务教育数学考试评价与教学实施：基于《义务教育数学课程标准（2022年版）》的学业质量解读[J]. 教师教育学报，2022，9（3）：97-103.

的方法和策略的运用进行评价。对学生情感、态度与价值观的评价关注学生在数学学习中的情感体验，态度、价值观的培养，包括对学生对数学的兴趣、自信心、团队合作能力、创造力等方面的评价。对核心素养的评价上文已论述，此处不再赘述。

4. 考查多个数学内容主题

测试试题应该涵盖小学数学课程的各个内容主题，如数与代数、图形与几何、统计与概率、综合与实践等。通过设置不同主题的试题，评价学生在各个领域的掌握程度和发展水平。

5. 适度考虑问题情境的复杂程度

测试试题的命制需要根据学生的年级和学习基础，合理设置问题情境的复杂程度。对于小学生而言，教师可以从简单熟悉的情境开始，逐渐引导他们面对简单陌生和复杂陌生的情境，培养他们在不同情境下灵活运用数学知识解决问题的能力。适当增加应用性、探究性和综合性试题的比例，通过真实情境和有意义的问题，促使学生将数学知识应用到实际生活中，培养学生的实际应用能力和综合思维能力。

6. 多样化题型和解题方式

测试试题的命制可以采用多样的题型，包括选择题、填空题、解答题等。同时，也可以鼓励学生采用不同的解题方式，如图形表示、模型建立、推理论证等，培养他们数学思维的灵活性和创新意识。

7. 清晰的评分标准

针对不同题型和解题方式，教师需要制订清晰明确的评分标准。评分标准应该明确反映学生核心素养的表现，包括数感、量感、符号意识等。同时，对于开放性试题，教师需要考虑评分标准的多样性，以确保评分的客观性和准确性。规范命题管理和质量监测，命题过程应严格按照规范进行管理，包括命题流程规范、试题质量评估等。建立质量监测机制，确保命题框架合理、试题命制规范、内容准确无误、情境问题恰当、语言表达清晰，并确保考试结果的真实性和有效性。

四、小学数学学习评价结果的分析与应用

小学数学学习评价结果的分析与应用应注重学生的进步和发展，通过定性和定量相结合的方式进行评价，并根据学生的年龄特征采取不同的评价方式。评价结果应帮助学生建立自信心和数学学习兴趣，养成良好的学习习惯，促进核心素养的发展。同时，评价结果也是教师反思和提升教学的依据，为教学改进提供参考和支持。

（一）小学数学学习过程性评价结果的分析与应用

1. 过程性评价结果的呈现与分析

小学数学学习评价结果的呈现与分析应综合考虑学生的学习过程和能力发展，注重定性和定量相结合的方式。首先，在第一学段，评价结果的呈现应以定性的描述性评价为主。教师可以通过观察学生的课堂表现、作业完成情况和参与度等方面，记录学生的数学学习情况。这些评价结果可以用文字描述，强调学生在数学学习中的

兴趣、思考能力和解决问题的策略等方面的发展。随着学生进入第二学段和第三学段，评价结果的呈现可以结合描述性评价和等级评价。除了描述学生的学习情况和进步，教师还可以根据学习目标和标准，将学生的数学学习水平分为不同等级，如优秀、良好、一般和需要提升等。这样的评价结果能够更明确地指示学生的学习状态和发展方向，并为教师提供针对不同等级学生的教学策略。

2. 过程性评价结果的应用

过程性评价结果的应用应注重学生的进步和提升空间。教师应针对学生的评价结果，提供积极的反馈和具体的建议，鼓励学生继续努力，并设定合适的学习目标，根据评价结果帮助学生认识到数学学习的优势与不足，引导学生形成良好的情感、态度与价值观。

对于教师而言，过程性评价结果的应用是反思和提升教学的重要依据。教师可以通过分析学生的评价结果，比较学生的表现与评价指标的要求间的差距，了解自己的教学问题所在，探究教学过程中影响学生能力发展和素质提高的原因，并寻找改善教学的对策，促进教学改进。

过程性评价结果应及时、准确地向学生和家长反馈，通过评价加强家校的沟通。教师可以与学生和家长共同探讨评价结果，帮助家长认识到孩子的优点和潜力，并指导家长对孩子的家庭辅导的方向与程度。

（二）小学数学学习结果性评价结果的分析与应用

结果性评价一般是通过测试分数或测试等级呈现评价的结果，主要是从量化的角度探究学生的学习结果。教师对于学生结果性评价的结果进行分析与应用时，需要站在一定的量化视角下对测试的分数或等级进行分析，通过平均数、难度、区分度等数值进行统计与分析，才能更加全面地使用好评价产生的数据。

1. 测试结果的算术平均数和加权平均数

算术平均数是一组表示相同意义数值的平均水平统计量。算术平均数是评价整个班级或学校学生数学学业水平测试表现的一种常用指标。教师通过计算学生的得分总和除以参与测试的人数，可以得到算术平均数，这一数值可以反映学生整体的数学水平，对比不同班级或学校之间的差异，一般用 $\overline{X}$ 表示。

设 $x_1,x_2,\cdots,x_n$ 表示一组数值(即一组变量的测量值)，其中 n 为正整数，则计算平均数 $\overline{X}$ 的公式为：

$$\overline{X}=\frac{x_1+x_2+\cdots+x_n}{n} \text{或} \overline{X}=\frac{1}{n}\sum_{i=1}^{n}x_i$$

用文字表示为：

算术平均数=总分数÷考试人数

其中，总分数是所有学生在该项考试中的得分总和，考试人数是参加考试的学生总人数。这样计算出的算术平均数可以反映整个班级或学校学生的平均水平。

算术平均数是将各变量的重要性同等看待，从整体上评价这组变量的情况。有时候各变量的重要性不同，即对总体的贡献不同，因此应当有区别地对待，这种区别一般通过加权来体现。

加权平均数是把 n 个变量的测量值分别乘以相应的权重再求和。

若设 $a_1, a_2, \cdots, a_n$ 分别为 $x_1, x_2, \cdots, x_n$ 的权重，则 n 个值的加权平均数为：

$$\overline{X}=a_1x_1+a_2x_2+....+a_nx_n$$

其中 $a_1+a_2+....+a_n=1, a_i>0$。

2. 测试结果的难度

难度指标用于评价测试试题的难易程度，通常以学生的正确率或平均得分来衡量，一般记为 P。难度可以分为简单、适中和困难三个级别。适度的难度能够反映学生的学习水平，挑战他们的能力，同时不至于过于困难而导致过低的得分。

难度的计算公式为：

$$P=\frac{R}{N}$$

用文字表示为：

难度=答对该题的人数÷被试学生总数

对于分步计分的试题（如计算题、证明题、叙述题等），难度计算公式为：

$$P=\frac{\overline{X}}{N}$$

用文字表示为：

难度=被试学生该题得分平均数÷该题满分值

若求整张测试试卷的难度，可由各部分试题的难度值 $P_1, P_2, \cdots, P_n$，分别乘以它们所占试卷总分数的百分数 $C_1, C_2, \cdots, C_n$，然后相加：

$$P=P_1C_1+P_2C_2+\cdots+P_nC_n$$

难度指标反映了学生对于试题的整体表现。需要说明的是，P 值越大，试题越容易；P 值越小，试题越难。难度范围通常在 0 到 1 之间，接近 1 表示试题较容易，接近 0 表示试题较难。难度>0.8 时，说明试题较容易，大部分学生都能回答正确；0.6<难度≤0.8 时，试题难度适中，学生的回答分布相对均匀；难度≤0.6 时，试题偏难，较少学生能够回答正确，因此一般考试大多选取难度以 0.6—0.8 为宜。

3. 测试结果的区分度

区分度是评价测试试题质量的重要指标，用于判断题目是否能够有效区分学生的能力水平，又叫鉴别度，区分度可以通过计算不同得分组之间的差异来确定。如果区分度较高，说明题目能够有效区分学生的能力，反之则需要重新考虑题目的设计和命制。区分度常用计算方法是两端分组计算法。

将被测试的学生按成绩分为高、低两组（各占总人数的 27% 为宜）。以 P_H、P_L 分别表示高分组、低分组答对该题人数的比率，则该题的区分度为：

$$r_D=P_H-P_L$$

用文字表示为：

区分度=高分组平均得分率-低分组平均得分率

区分度衡量了试题对于不同能力学生的区分程度，一般来说，$r_D \geq 0.40$ 为区分度比较好，能够有效区分学生能力；$0.20 \leq r_D < 0.30$ 为区分度适中，能够区分一部分学生能力；$r_D < 0.20$ 为区分度较差，无法有效区分学生能力。这些区分数值标准是一般性的参考值，教师可以根据具体的评价体系和实际情况进行调整。教师可以根据这些指标，进一步分析和理解学生的数学能力水平，并结合其他评价指标和教学目标，制订有针对性的教学策略和措施。

第四节 核心素养导向下的小学数学教学评价实践

当前，在全球范围内，越来越多的国家关注学生核心素养的培养，并将学生核心素养的培养与评价作为教育的主要任务。在小学数学教学中，核心素养的培养与评价具有重要意义，小学数学教学评价需要从传统的知识考核转向核心素养评价。

核心素养导向下的小学数学教学评价旨在综合评价学生在数学学习过程中的各个方面能力和素养的发展。除了对学生的数学知识和技能进行评价，我们还应注重学生的数学思维能力、问题解决能力、沟通表达能力以及情感态度与价值观的培养，准确地反映学生的综合能力，帮助他们全面发展并适应未来的挑战。

《数学课程标准(2022 年版)》中提出要改变单一讲授式的教学方式，注重启发式、探究式、参与式、互动式等，探索大单元教学，积极开展跨学科的主题式学习和项目式学习等综合性教学活动，重视大数据、人工智能等对数学教学改革的推动作用。针对教学方式变革提出的新要求，小学数学教学评价实践应该具体如何实施，如何在评价的过程中培养学生的核心素养，为他们的未来发展奠定坚实的基础，下文将给出一些实践探索的案例供教师参考。

一、小学数学主题活动的教学评价案例

在《数学课程标准(2022 年版)》中，“综合与实践”领域的内容以主题活动和项目学习的形式呈现，明确了以主题式学习和项目式学习为主的两种学习方式，并且指出主题活动评价要以教学目标为依据，内容主要包括：学生对相关知识内容的理解，对现实情境与数学表达之间关系的把握；学习活动中操作、思考、交流、创意等方面的表现；学习过程中的作品、报告等物化成果的评价。

主题活动关注学生在跨学科的真实情境下综合运用所学知识与方法解决实际问题，主题活动的教学评价方式超越了传统的学科边界，注重学生的综合能力培养，包括数学思维能力、问题解决能力、沟通表达能力、信息素养以及情感态度与价值观的发展。通过观察、访谈、作品展示、项目成果评价和同伴评价等多种评价方式，教师

能够全面了解学生在跨学科学习中的综合表现，促进其全面发展和应对未来挑战的能力。

例如，在一个主题活动中，教师可以观察学生在团队合作中的角色扮演、解决实际问题的能力和对学习任务的投入程度，评价他们的合作能力、创新思维和自主学习能力。同时，教师可以通过学习单、量表等评价媒介了解学生对项目内容的理解和个人观点的表达，评价他们的沟通能力和思维深度。此外，教师还可以通过展示会或展览等平台让学生展示自己在主题活动中的成果。

开展主题活动的最终目的是培养学生能够跨越学科边界，灵活运用各学科知识和技能解决现实问题的能力。通过对主题活动的教学评价，教师可以更准确地了解学生在主题活动中的发展情况，为学生提供个性化的指导和反馈，帮助学生全面发展，并为其未来的学习和生活奠定坚实的基础。

下面是一个小学四年级的主题活动"中原粮仓"的评价案例，该主题活动从河南省十年的粮食供给量、粮食需求量等数据的调查与统计入手，通过粮食的供需关系让学生充分感受了潜在的"粮食危机"，从而倡导学生爱粮、节粮。在该主题活动的第一课时，教师设计的教学任务为"数"说中原粮仓，具体内容是教师带领全班同学到河南工业大学的中国粮食博物馆调研参观，从而了解粮食发展的历程，认识现实生活中的大数。根据教学任务，教师设计了学习单（表 8-3），学生根据学习单的指引参观中国粮食博物馆，并根据在博物馆取得的信息填写学习单，根据学习单评价学生第一课时的学习情况。

表 8-3　"中原粮仓"主题活动第一课时学习单[①]

<table>
<tr><th colspan="3">走进中国粮食博物馆学习单</th></tr>
<tr><td>学校：</td><td>班级：</td><td>姓名：</td></tr>
<tr><td colspan="3">1. 河南省主要产的粮食作物种类有哪些？</td></tr>
<tr><td colspan="3">2. "五谷"是指哪几种谷物？</td></tr>
<tr><td colspan="3">3. 在博物馆内你观察到了什么？看到了哪些令你印象深刻的数据信息？它们的意义是什么？</td></tr>
</table>

① 该案例由河南省郑州市高新区阅城小学王君老师提供。

续表

4. 民间储存粮食的各类容器是怎样进行互相换算的?
5. 通过此次中国粮食博物馆参观游学,你还学到了哪些数学知识?
6. 通过此次中国粮食博物馆参观游学,你还想提出哪些数学问题?

该主题活动的主要目标是让学生掌握数据的收集、整理、分析和归纳,鼓励学生对所观察到的信息进行思考,让学生学会用数据说话。第一课时的主要内容是数据的收集和整理。首先,学习单中评价问题的设置体现了明确评价目标。通过问题1、问题2和问题3的第一小问,教师可以明确地了解学生在完成参观任务的过程中是否能够对博物馆内的重要信息进行收集、记录和整理。其次,学习单还关注学生在对数据意义的理解,通过问题3的后两小问和问题4,学生需要在数据整理的基础上解读数据背后的意义,有助于学生数据意识的形成。除了对该主题活动所需要基本知识内容的掌握,学习单还关注了对学生问题提出能力与参观过程中情感态度的评价,通过以评价为导向促进学生提升问题解决的能力且激发学生的数学思考和探索欲望,培养学生对数学学科与生活高度关联的认知,提升对数学学习的兴趣。

在主题学习中,通过学习单、任务清单等形式,教师可以引导学生思考和探索,也充分引导学生在回答问题的过程中展现自己的学习过程,有助于教师对学生完成主题学习的过程进行评价。这些问题涵盖了记录与分析数据、有效的合作交流、数据分析与图表制作、数学问题的提出等方面,学习单中问题的设计应符合评价要求中关注学生学习的过程与方法、能力、素养的形成。当然,以上学习单也有需要进一步思考和完善的地方,比如如何评价学生的小组合作、如何针对学习单设计更加具有操作性的评价标准供教师使用等问题。

二、小学数学项目学习的教学评价案例

《数学课程标准(2022年版)》建议小学第三学段可以尝试以项目学习的方式开展“综合与实践”领域的教学内容。在小学数学项目学习中,项目学习评价以教学目标为依据,内容主要包括:学生对真实情境中问题的理解,用数学语言表达问题的适切性,结果预测的合理性,关注解决问题的实施方案,解决问题过程中的思考、

交流与创意表现，项目研究成果的质量。教师可以结合学生的项目成果和展示，在项目初始阶段分发自我评价量表，让学生先阅读评价规则，并在项目学习结束后进行自评；在项目实施过程中，教师完成过程观察评价量规；在成果展示的过程中，可以邀请其他教师、家长、社区人员等参与完成结果评价量表，即第三方评价工作；在项目结束后，团队内成员相互完成团队内部互评量表，即互评工作。通过数据统计，教师对于学生的学习水平和认知水平进行综合评价，形成学生在项目学习过程中的综合评价手册。

下面是一个小学六年级的项目学习"学校的新图书馆应该建在哪儿"的评价案例，该项目学习以学校准备在暑期修建图书馆为背景，通过让学生小组合作绘制一张新图书馆方位的平面图，培养学生能结合校园的实际情况，制订比较合理的测量方案和绘图比例，在教师指导下有序展开测量，学会基于参照点的方向和距离两个条件确定物体的位置，依据绘图比例绘制简单的校园平面图，解释绘图的原则，交流新图书馆位置的依据，从而培养空间观念，提升规划能力。在项目学习的过程中，教师通过设计学生自我评价量表、教师课堂观察评价量表（表 8-4）等工具，基于深度学习的理论框架从学习笔记、师生互动、团队合作、成果汇报等多个维度了解学生在项目学习的过程中的具体学习情况。

表 8-4　"学校的新图书馆应该建在哪儿"项目学习课堂观察量表

水平层次	水平名称	评价维度	具体描述	赋分
水平 0	—	学习笔记	没有进行记录	0 分
		师生互动	没有参与师生互动	
		团队合作	不参加团队合作	
		成果汇报	没有产生成果	
水平 1	被动	学习笔记	将黑板、投影和教材上的知识基本完整记下来	1 分
		师生互动	学生单向输入，与教师无思维交流	
		团队合作	在团队合作中较少提出自己的观点	
		成果汇报	产生教师要求的个人成果	
水平 2	主动	学习笔记	提取学习内容上的知识的关键点并选择性地记录下来	2 分
		师生互动	积极思考教师讲授的问题	
		团队合作	主动参加团队活动，并提出相关的想法	
		成果汇报	产生教师要求的成果并且附有自己的想法体现	

续表

水平层次	水平名称	评价维度	具体描述	赋分
水平3	建构	学习笔记	通过画图、列表等用自己喜欢的形式对学习内容的关键点进行重新整理	3分
		师生互动	与教师积极沟通，并提出独到的看法	
		团队合作	在合作中能吸收同伴的观点并形成见解	
		成果汇报	产生个人成果，附有自己的想法体现且成果有创新意识	
水平4	交互	学习笔记	通过和教师、同学的讨论后对学习的知识进行梳理产生新的理解与想法并记录下来	4分
		师生互动	与教师积极沟通，能与教师进行多次有效的沟通交流	
		团队合作	在团队合作中能引领同学参与，并批判性地接受别人的观点，产生自己的见解	
		成果汇报	通过合作、资源整合产生团体作品	

该评价采用了多个水平层次来划分学生的表现，从水平0到水平4，涵盖了学生在项目学习中不同阶段的能力和理解水平。这种多维度评价能够更全面地反映学生的实际水平，避免了简单的二分法评价，有助于准确地了解学生在项目学习中的成长和发展。

在项目学习中，教师需要关注多维度、综合考查学生的能力表现，不仅关注学生的结果，还注重考查学生在问题解决过程中的能力表现，尤其是在与其他同学合作的过程中合作解决问题的能力；不仅要关注学生是否完成了项目的任务，还需要考虑学生在完成任务的过程中认知的参与水平。这样的评价结果才能够帮助教师向学生提供有针对性的指导和反馈。也就是说，教师可以了解学生在不同水平层次上的表现，及时了解学生的学习情况，并针对性地给予指导和支持，促进学生的进一步学习和发展。

三、小学数学单元教学的教学评价案例

对于小学数学单元教学，教师需要综合考查学生在整个单元学习的过程中，包括单元前、单元起始课、单元探究课、单元复习课等不同课时之间学习的过程和结果，评价学生对整个数学单元的掌握程度、能力、素养以及情感态度与价值观的发展。

下面是一个小学三年级的单元教学“小数的初步认识”的评价案例，教师根据单元学习目标制订系列评价量表，每个评价量表以A、B、C为等级进行评价。第

一个评价量表(表 8-5)对应前置任务,由学生依据评价标准自评、互评。第二个评价量表(表 8-6)对应研学任务,以教师评价和学生评价相结合的方式进行评价。同时对学生的课堂表现进行评价,小组合作情况由组内成员按照评价标准互相评价,听讲情况由教师和学生共同评价,巩固练习由教师评价。第三个评价量表(表 8-7)对应展演任务,以教师评价为主,也可以根据情况选择学生互评的评价方式。

表 8-5 “小数的初步认识”单元教学前置任务评价量表①

维度	“生活中的小数”评价量表		
	A	B	C
读生活中的小数,表述一位小数的实际意义	能找到生活中的小数并正确读出,能结合实例准确、完整表述一位小数的实际意义	能找到生活中的小数并正确读出,不能结合实例完整表述一位小数的实际意义	能找到生活中的小数但不能正确读出,也不能结合实例表述一位小数的意义

表 8-6 “小数的初步认识”单元教学研学任务评价量表

维度	“小数的初步认识”评价量表		
	A	B	C
小数的含义	能准确表述一位小数就是十分之几分数,十分之几的分数可以用一位小数来表示	能准确表述一位小数就是十分之几分数,但不能把十分之几的分数改写成一位小数	不能说明小数的含义
读、写小数	能正确读、写不同类型的小数	能正确读、写一位小数	不能正确读、写一位小数
比较一位小数的大小	能够正确比较一位小数的大小,并能说明理由	能够正确比较一位小数的大小,但不能说明理由	不能比较一位小数的大小
一位小数的加、减法	能够正确笔算一位小数的加、减,并能说明算理	能够正确笔算一位小数的加、减,不能说明算理	不能正确笔算一位小数的加、减,不能说明算理
解决简单的实际问题	能准确分析题意,正确列式解答	能准确分析题意,正确列式,但计算出错	不能正确列式解答

① 本案例由河南省郑州市高新区外国语小学刘娟老师提供。

表 8-7 “小数的初步认识”单元教学展演任务评价量表

维度	课堂表现评价量表		
	A	B	C
小组合作	能完整清晰地表达自己的观点，认真倾听他人的发言，针对问题积极讨论、认真记录	能表达自己的观点但不够完整，需要他人补充；能够认真倾听他人的发言；针对问题能够参与讨论，但不能完整记录	不能完整表达自己的观点，能倾听他人的发言，但不能积极讨论、不会记录
听讲情况	能积极主动回答老师提出的问题，及时完成课堂任务，课堂上主动质疑，能够清晰表达自己的观点	能回答老师提出的问题，也能够完成课堂任务，但课堂上缺乏主动	不能回答老师提出的问题，不能完成课堂任务，课堂上缺乏主动
巩固练习	巩固练习能按要求工整书写，按时全部完成，正确率较高	巩固练习能按要求工整书写，全部完成，但正确率中等	巩固练习不能按时全部完成，正确率低
维度	“数学日记”评价量表		
	A	B	C
数学日记写作	能够完整记录生活经历，准确表达数学信息，正确列式并说明列式理由，能够完整表达数学思路，逻辑清晰	能够完整记录生活经历，但不能准确表达数学信息，能正确列式，但不能说明列式理由。能结合自己的算式表达自己的数学思路，但表达逻辑性不强，数学语言不准确	能完整记录生活经历，但不能准确表达数学信息，不能正确列式解答，数学语言不准确

单元教学的评价和普通课时评价的区别在于其整体设计、分步实施的特点，在上述案例中，教师站在整个单元整体设计的角度上，对单元学习前、单元学习过程中和单元学习后不同维度的评价进行了整体的谋篇布局。每个评价量表都包含了多个维度来评价学生的表现，涵盖了知识理解、技能运用、思维能力、合作能力等方面，有助于全面了解在单元学习每个过程学生在不同方面的表现。评价量表中设置了不同水平的描述，从基础水平到高级水平，逐步提高对学生表现的要求，通过不同的水平能够准确地反映学生认知发展的过程。

四、信息技术融入数学教学评价的案例

随着信息技术的快速更新迭代，科技赋能小学数学教学评价是未来的一种重要发展趋势，教师可以利用信息技术观察、记录、分析大量学生开展学习活动的过程数据，也可以通过信息技术快速诊断学生的学习发展水平，为教学的改进带来更加精准而快速的信息渠道。以下是一个运用课堂教学智慧评价系统，从思维激发、交流互动、

关注全体等方面，对三节小学数学计算类新授课（小学二年级、四年级和五年级各一节常规的计算类新授课）进行课堂大数据分析，检查课堂教学中学生核心素养的培养状况的案例。表 8-8 展示的是在评价二年级的“用有余数除法解决问题”一课时，教师设置了 22 个学生去划船的租船问题，通过将课例上传人工智能实现技术平台后，对活动组织有效性的分析过程。

表 8-8　“用有余数除法解决问题”课例在信息技术评价工具辅助下的过程性分析①

	授课主题	题目 事情 步骤	方案 疑问 三角	算法 除法 总数	关键词 解决 检查	题目 除法 答案
教学效果	师生发言相关度	0.47	0.36	0.55	0.24	0.56
	学生发言主题	信息 解答 书记	字母 右脚 县城	除法 平均数 我们学校	游泳	余数 题目 筷子
	最长单个学生发言	28.4 秒	58.4 秒	90.5 秒	8.5 秒	25.6 秒
	主要学习风格	现实型	现实型	哲理型	现实型	现实型
教学方法	提问模式	简单型	追问型	思考再答型	—	追问型思考再答型
	知识传递的主要方式	是何	是何	是何	是何	是何
	互动主要模式	师生互动	师生互动	学生练习	教师讲授	师生互动
	学习促成的主要方式	③概念→思想练习	③概念→思想练习	②概念→内化建构	②概念→内化建构	③概念→思想练习
课堂时间		0:00:00	0:09:21	0:21:35	0:27:48	0:30:58

表 8-8 基于授课主题将课堂 40 分钟分为若干活动片段，以时间序列为横轴变量，呈现教师教学组织、学生学习效果的过程性变化。课例被分为 5 个教学片段，课堂主要围绕概念性知识（是何）展开学习。其中，第 4 个片段学习如何检查解答结果的正确性，教学用时 3 分 10 秒，师生发言相关度为 0.24，以教师讲授为主；第 2 个片段学习用画一画求解至少要租几条船，教学用时 12 分 14 秒，师生发言相关度为 0.36，

① 许世红，邓伟伦，王芳，等. 人工智能视域下课堂教学智慧评价：CSMS 推动小学数学核心素养培育的案例研究[J]. 教育测量与评价，2022(4)：30-42.

以师生互动为主。我们通过信息技术工具的辅助分析可以发现在这两个片段的教学活动中，师生发言的相关度偏低，需要调整优化，这样的分析为教师的教学提供了精准的改进建议。

信息技术赋能数学教学评价可以提供更加科学客观的依据，也能为教师与研究者大大节省时间，提升研究的信度与效度。这些优点有助于提高评价的准确性和有效性，帮助教师深入了解学生的数学表现，并为教学提供有针对性的指导和支持。

理解 · 分析 · 实践

- **理解性练习题**

1. 阐释教育评价在数学教育过程中的重要性。
2. 概述课堂教学评价的目的。
3. 列举一些常用的小学数学学习评价方法和工具。

- **思辨性练习题**

1. 你认为小学数学课堂教学评价应该关注哪些方面的内容？为什么？
2. 你认为课堂教学评价对教师的专业发展有什么样的作用？
3. 如何评价小学生在数学学习过程中能力与素养的发展？请举例说明。

- **实践性练习题**

1. 观察一堂小学数学课堂，尝试着对所观察的课堂进行评价，并尝试提出改进建议。

2. 设计一个小学数学学习评价方案，包括评价目标、评价方法和评价工具。解释你的设计理念和实施步骤。

3. 选择一个小学数学学习情境，观察学生的学习过程并记录，然后根据观察结果对学生的学习提出建议。

拓展阅读导航

1. 任子朝，孔凡哲. 数学教育评价新论[M]. 北京：北京师范大学出版社，2010.

2. 刘志军. 教育评价[M]. 北京：北京师范大学出版社，2018.

3. 马云鹏，孔凡哲，张春莉. 数学教育测量与评价[M]. 2版. 北京：北京师范大学出版社，2019.

4. 斯泰西，特纳. 数学素养的测评：走进PISA测试[M]. 曹一鸣，等译. 北京：教育科学出版社，2017.

5. 黄友初. 数学素养的内涵、测评与发展研究[M]. 北京：科学出版社，2016.

6. 曹一鸣，李俊扬，秦华. 我国数学课堂教学评价研究综述[J]. 数学通报，2011，50(8)：1-5.

7. 于国文，陈鹏举，冯启磊，等.PISA数学测评内容和情境演变及其启示[J]. 数学教育学报，2019，28(4)：17-23.

8. 吴立宝,曹雅楠,曹一鸣. 人工智能赋能课堂教学评价改革与技术实现的框架构建[J]. 中国电化教育,2021(5):94-101.

9. 曹一鸣,王立东,何雅涵. 义务教育数学考试评价与教学实施:基于《义务教育数学课程标准(2022年版)》的学业质量解读[J]. 教师教育学报,2022,9(3):97-103.

10. 曹一鸣,宋宇,赵文君,等. 面向教育2030的数学课堂对话人工智能评价体系构建研究[J]. 数学教育学报,2022,31(1):7-12.

关于书籍的阅读,建议重点关注教育评价的一般理论问题及数学教育、小学数学教育的理论与实践相结合的问题,思考如何有效评价学生在数学学习中的发展和进步。

关于前沿文献的阅读,建议主要思考在新课程理念的落实中如何将新课程理念融入数学教育评价的实践中。通过阅读文献中提供的案例与分析,关注学生的能力、素养发展多样化的评价方法的思考和启示。

建议阅读《深化新时代教育评价改革总体方案》及《义务教育课程方案(2022年版)》和《数学课程标准(2022年版)》中关于评价的部分内容,了解评价改革的发展方向、原则和理念,思考如何将评价改革的理念转化为实际行动。

读者意见反馈

为收集对教材的意见建议，进一步完善教材编写并做好服务工作，读者可将对本教材的意见建议通过如下渠道反馈至我社。

咨询电话　400-810-0598

反馈邮箱　gjdzfwb@pub.hep.cn

通信地址　北京市朝阳区惠新东街 4 号富盛大厦 1 座

高等教育出版社总编辑办公室

邮政编码　100029